Paris

1893

Spencer , Herbert

Justice

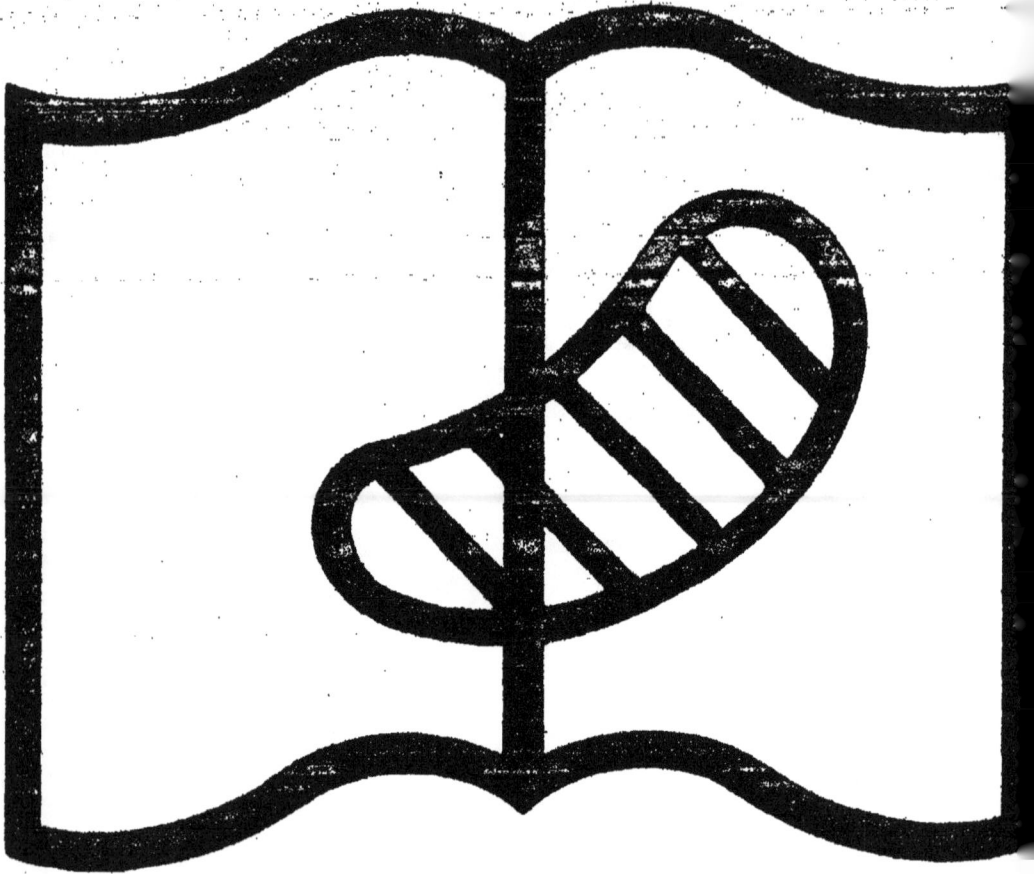

Symbole applicable
pour tout, ou partie
des documents microfilmés

Original illisible

NF Z 43-120-10

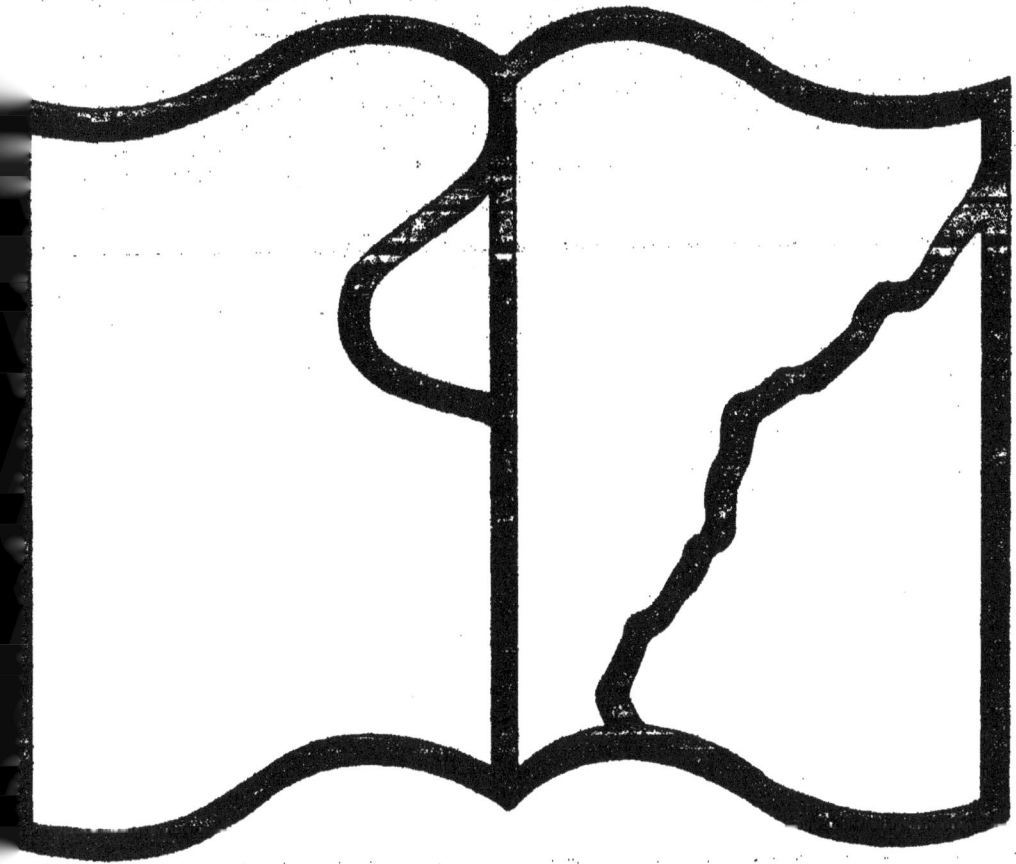

**Symbole applicable
pour tout, ou partie
des documents microfilmés**

Texte détérioré — reliure défectueuse

NF Z 43-120-11

165

JUSTICE

COLLECTION D'AUTEURS ÉTRANGERS CONTEMPORAINS

HISTOIRE — MORALE — ÉCONOMIE POLITIQUE

VOLUMES PARUS

I

THOROLD ROGERS, professeur d'Économie politique à l'Université d'Oxford. — **Interprétation économique de l'Histoire**, traduction et Introduction par M. CASTELOT, ancien Consul de Belgique.

II

HOWELL, membre de la Chambre des Communes. — QUESTIONS SOCIALES D'AUJOURD'HUI : **Le Passé et l'Avenir des Trade Unions**, traduction et Préface par M. LE COUR GRANDMAISON, député.

III

GOSCHEN. — **Théorie des Changes étrangers**, traduction et Préface par M. LÉON SAY, de l'Académie française, 3ᵉ édition française, suivie du Rapport de 1875 sur le payement de l'Indemnité de guerre, par LE MÊME.

POUR PARAITRE PROCHAINEMENT

V

GUMPLOWICZ. — **La Lutte des Races**, traduction de M. BASE.

IMPRIMERIE DE SAINT-DENIS. — BOUILLANT, 20, RUE DE PARIS.

COLLECTION D'AUTEURS ÉTRANGERS CONTEMPORAINS

JUSTICE

PAR

HERBERT SPENCER

TRADUIT PAR M. E. CASTELOT

Ancien Consul de Belgique.

PARIS

LIBRAIRIE GUILLAUMIN ET Cie

Éditeurs du Journal des Économistes, de la Collection des principaux Économistes,
du Dictionnaire de l'Économie politique,
du Dictionnaire universel du Commerce et de la Navigation.

Rue Richelieu, 14

1893

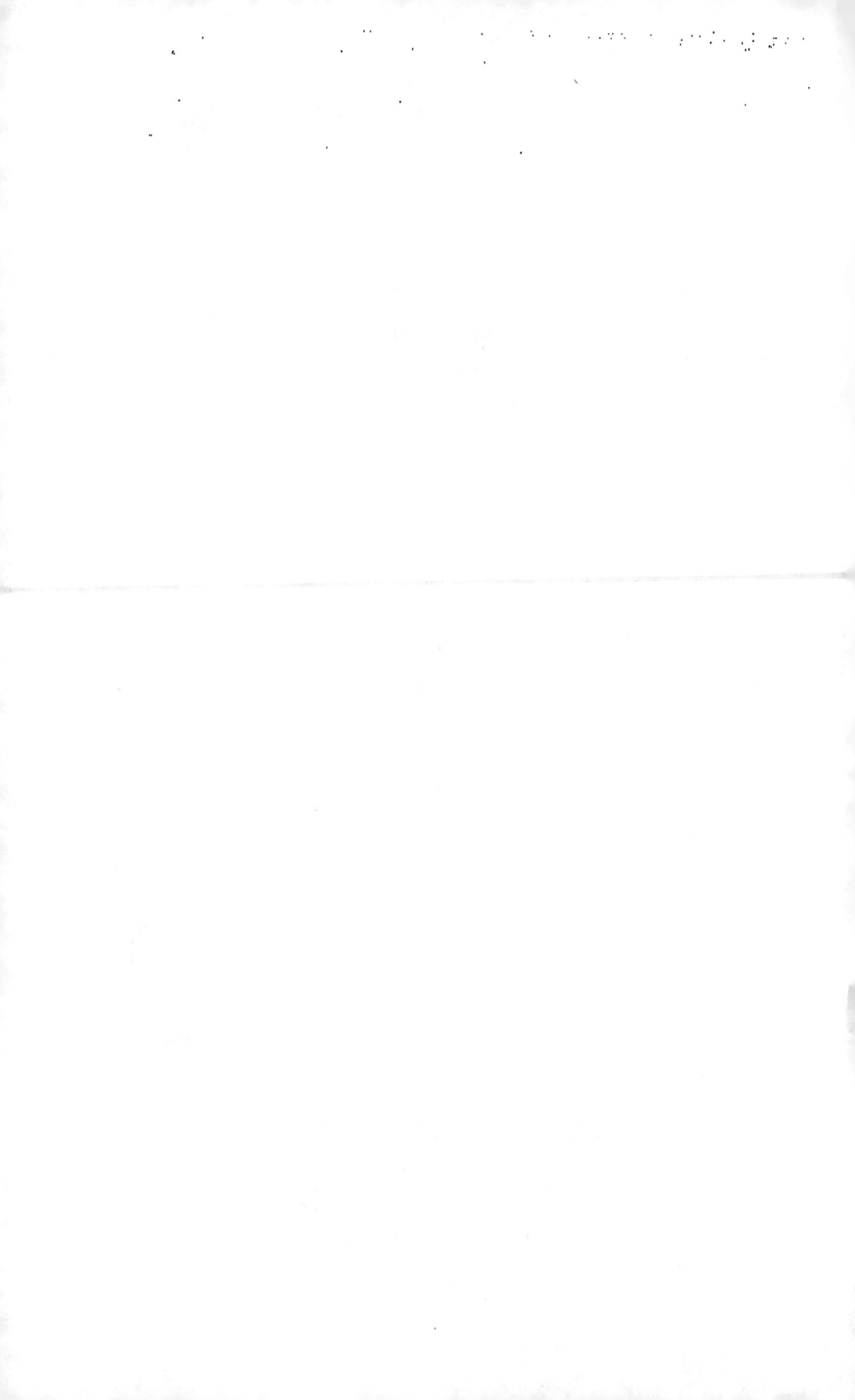

AVERTISSEMENT

Il convient d'attirer l'attention du lecteur sur la place que *Justice* occupe dans les *Principes de Morale* de M. Herbert Spencer.

L'ensemble des *Principes* comprendra deux volumes, dont chacun doit, dans la pensée de l'auteur, se subdiviser en trois parties. Seule, la première partie du premier volume a, sous le titre de *Bases de la Morale évolutionniste*, été traduite en français dans la *Bibliothèque scientifique internationale*.

Cédant aux raisons qu'il expose dans sa Préface, M. Spencer a écrit *Justice*, c'est-à-dire la première partie de son second volume, avant d'avoir terminé le premier. Elle constitue la quatrième partie de l'ouvrage complet; c'est elle dont nous publions aujourd'hui la traduction.

PRÉFACE DE L'AUTEUR

« Des avertissements, répétés dans ces dernières années à des intervalles plus rapprochés et avec plus de clarté, disais-je dans la Préface des *Bases de la Morale Évolutionniste* (*The Data of Ethics*), publiées au mois de juin 1879, m'ont appris que je pouvais être définitivement privé de mes forces — en supposant même que ma vie se prolonge, — avant d'avoir achevé la tâche que je m'étais marquée à moi-même ». J'ajoutais que « la dernière partie de cette tâche » — l'affiliation de la Morale à la doctrine de l'Évolution — étant celle « pour laquelle toutes les parties précédentes ne sont, à mon avis, qu'une préparation », il m'était pénible de prévoir que je n'arriverais peut-être pas à l'accomplir. C'est là le motif qui m'a décidé à écrire immédiatement et par anticipation l'ouvrage sur « *la Morale Évolutionniste* ».

Une maladie, dont les caractères se rapprochaient de la catastrophe qu'on avait prévue, s'est appesantie graduellement sur moi. Pendant des années, ma santé et ma puissance de travail ont décliné : ce déclin aboutit, en 1886, à un affaissement complet, arrêtant tout progrès dans l'élaboration de la Philosophie Synthétique jusqu'aux premiers jours de 1890. A partir de cette époque, j'ai pu de nouveau m'acquitter chaque jour d'une certaine somme de travail sérieux. Aussitôt surgit la question : « Par où commencer? » Je me décidai sans hésiter à compléter d'abord mes *Principes de Morale*, puisque les grandes divisions des *Principes de Sociologie* étaient déjà terminées. Mais une nouvelle question se présentait : « A quelle partie des *Principes de Morale* donner le pas sur les autres ? » Comme mon reste d'énergie ne me soutiendra probablement pas jusqu'au bout de ma tâche, je conclus qu'il serait sage de commencer par la partie la plus importante de mon œuvre inachevée. Laissant provisoirement reposer la seconde partie — « Les Inductions de la Morale », — et la troisième — « La Morale de la Vie Individuelle », — je me consacrai à la quatrième : « La Morale de la Vie Sociale : La Justice », que j'ai maintenant eu le bonheur de terminer.

Si l'amélioration de ma santé persiste, j'espère faire paraître, vers la fin de l'année prochaine, la seconde et la troisième parties, qui formeront le complément du premier volume ; si je suis alors en état de poursuivre mon travail, j'aborderai la cinquième partie : « La Morale de la Vie Sociale : La Bienfaisance Négative », et la sixième partie : — « La Morale de la Vie Sociale : La Bienfaisance Positive ».

L'ouvrage présent embrasse un domaine qui coïncide, en grande partie, avec celui de ma *Statique Sociale*, publiée en 1850. Cependant, ces deux livres diffèrent par l'étendue, par la forme et, en partie, par les idées. Ils diffèrent particulièrement en ceci : tout ce qui, dans mon premier livre, était interprété comme étant d'ordre surnaturel, a disparu du second, où j'ai tout interprété sans sortir de l'ordre naturel, c'est-à-dire évolutionnaire.. De plus, la *Statique Sociale* ne faisait qu'indiquer l'origine biologique de la Morale, tandis que je l'ai maintenant exposée avec précision : l'élaboration des conséquences de cette origine donne son caractère cardinal à mon livre actuel. J'ai aussi de plus en plus fait reposer la déduction sur l'induction. Pour chaque cas particulier, j'ai prouvé que le cours du progrès humain a, un à un, confirmé chacun des corollaires du premier principe que j'ai énoncé.

Je crois devoir ajouter que les cinq premiers chapitres de ce livre ont déjà paru dans la *Nineteenth Century* (livraisons de mars et avril 1890).

H. S.

Londres, Juin 1891.

JUSTICE

CHAPITRE PREMIER

De la Morale animale.

§ 1. — Ce titre surprendra le lecteur qui n'a pas lu la première partie de mon ouvrage. Mais s'il connaît les chapitres qui traitent de la « Conduite en général » et de « l'Évolution de la Conduite », il saisira ce que j'entends par la Morale animale [1].

Dans ces chapitres, il est démontré que la Conduite dont traite la science de la Morale ne doit pas être séparée de la science de la Conduite en général, que la conduite la plus parfaite est celle qui assure la vie la plus longue, la plus

---

[1] Voici quelques extraits des passages auxquels se réfère l'auteur :

« La définition de la conduite à laquelle nous aboutissons est celle-ci : ou l'ensemble des actes adaptés à une fin, ou l'adaptation des actes à des fins... La Conduite, dans la pleine acception du mot, doit être prise comme embrassant toutes les adaptations d'actes à des fins, depuis les plus simples jusqu'aux plus complexes, quelle que soit leur nature spéciale, qu'on les considère d'ailleurs séparément ou dans leur totalité (page 3)... Nous avons été amenés à reconnaître que la Morale a pour sujet propre la forme que revêt la conduite universelle dans les dernières étapes de son évolution (page 15)... Nous voyons maintenant, en laissant de côté les autres fins, qu'on appelle bonne la conduite par laquelle cette conservation de soi est favorisée, et mauvaise la conduite qui tend à la destruction de l'individu (page 20). »

(*Les Bases de la Morale évolutionniste*, Bibliothèque scientifique internationale.)

ample et la plus complète, et qu'il en résulte pour chaque espèce d'animaux ses règles de conduite propres, bonnes d'une bonté relative et agissant sur cette espèce de la même manière qu'agissent sur l'espèce humaine les règles de conduite morale qui ont obtenu l'assentiment unanime.

Bien des gens pensent que la Morale a pour objet l'étude de la Conduite au point de vue de l'approbation ou de la désapprobation que nous y attachons. Mais son objet primordial, c'est la conduite envisagée objectivement en tant qu'elle produit de bons ou de mauvais résultats pour soi, pour autrui ou pour tous à la fois.

Même les personnes qui assignent à la Morale la mission unique de distribuer le blâme ou l'éloge, reconnaissent tacitement qu'il existe une morale à l'usage des animaux, car les actes de ces derniers excitent en elles la sympathie ou l'antipathie. Elles louent l'oiseau qui pourvoit de nourriture sa compagne retenue à couver dans son nid. Elles regardent avec aversion la poule qui refuse de couver, mais admirent celle qui défend bravement ses poussins.

Les actes égoïstes ou altruistes des animaux sont donc classés en actions bonnes ou mauvaises. On approuve et l'on trouve naturel qu'un écureuil fasse ses provisions d'hiver; on estime que celui qui a négligé ce soin et qui périt d'inanition, subit le juste châtiment de son imprévoyance. Nous appelons poltron, épithète de désapprobation, le chien qui abandonne sans combattre l'os qu'il était en train de ronger.

Il est donc clair que nous jugeons les actes des animaux selon qu'ils sont utiles ou nuisibles à la préservation de l'espèce ou de l'individu.

§ 2. — Ces deux exemples d'actes égoïstes et d'actes

altruistes nous font découvrir les deux principes cardinaux et opposés de l'éthique animale.

Durant l'enfance des animaux, les avantages leur sont accordés en raison inverse de leur aptitude à s'aider eux-mêmes. Dans le groupe familial, le membre le mieux partagé est celui qui mériterait le moins de l'être, si son mérite se mesurait à l'échelle des services rendus. Au contraire, à l'âge adulte, la part d'avantages est en raison directe du mérite, celui-ci étant déterminé par l'adaptation aux conditions de l'existence. Les uns souffrent des conséquences de leur adaptation défectueuse, les autres jouissent de celles de leur adaptation plus parfaite.

Telles sont les deux lois auxquelles une espèce doit se conformer pour durer. Chez les types animaux inférieurs, les parents ne s'occupent de leur progéniture que pour déposer à portée des germes de petites quantités d'aliments; aussi l'énormité de la fécondité y balance-t-elle l'énormité de la mortalité. Nous arrêtant donc aux types animaux supérieurs, il est certain que l'espèce disparaîtrait bientôt si les avantages accordés aux petits étaient proportionnés aux services rendus; si, d'autre part, les avantages étaient accordés aux adultes en raison de leur faiblesse, l'espèce dépérirait et s'éteindrait au bout de quelques générations. (Voir *Principes de Sociologie*, § 322.)

§ 3. — Comment, au point de vue de l'éthique, apprécierons-nous ces principes? En premier lieu, si ce n'est pour les espèces tout à fait inférieures, ce sont ces principes qui ont sauvegardé la vie animale. Rangeant à part les protozoaires, parmi lesquels leur opération est à peine perceptible, on voit que sans les avantages assurés *gratis* aux rejetons et sans les avantages acquis aux seuls efforts des adultes, la vie animale aurait cessé d'exister.

En second lieu, en vertu de ces mêmes principes, la vie a graduellement évolué vers des formes plus élevées. Par la sollicitude dont a été entourée la progéniture, sollicitude qui a grandi avec les progrès de l'organisation, par les survies des adultes les plus aptes à la concurrence, survies devenues plus fréquentes avec ces mêmes progrès de l'organisation, la supériorité a perpétuellement été favorisée et de nouveaux progrès ont sans cesse été assurés.

D'un autre côté, il faut avouer que cette sollicitude pour le bas-âge, qui ne recule devant aucun sacrifice, et cette lutte pour l'existence parmi les adultes, ont semé le carnage et la mort par inanition, qui dès le début ont caractérisé l'évolution de la vie. Il est encore vrai que l'évolution progressive due à la prévalence de ces principes, est responsable de la génération de parasites cruels, dont le nombre dépasse celui de toutes les autres créatures connues.

La perception de ces principes ne peut qu'irriter le pessimiste qui se livre à l'étude de la vie animale. Mais l'homme qui envisage la vie prise en général au point de vue optimiste ou mélioriste, et qui accepte le postulat de l'hédonisme, y trouvera des sujets d'une satisfaction plus ou moins mélangée, et, se plaçant au point de vue de l'éthique, il applaudira à leur accomplissement.

Les croyances populaires considéreront ces principes comme étant l'expression de la volonté divine: pour l'agnostique, ils révèlent le mode d'action du Pouvoir Inconnaissable qui régit l'Univers. Dans les deux cas, ils auront trouvé leur justification.

§ 4. — Nous ne nous engagerons pas pour le moment

dans une controverse à fond entre le pessimisme et l'optimisme; il nous suffit de prendre pour point de départ un postulat hypothétique et de le limiter à une espèce isolée. De l'hypothèse que la préservation et la prospérité de cette espèce sont désirables, se dégagera une conclusion tout à fait générale, et de celle-ci trois nouvelles conclusions d'une étendue plus limitée.

La conclusion absolument générale, c'est que dans la hiérarchie des obligations, la préservation de l'espèce prend le pas sur la préservation de l'individu. Puisque l'espèce n'existe que comme agrégat d'individus, le bien-être de l'espèce ne constitue une fin que parce qu'il contribue au bien-être des individus qui la composent. Mais la disparition de l'espèce entraîne celle de tous les individus et l'impossibilité absolue d'accomplir cette fin, tandis que la disparition des individus, même sur une grande échelle, peut en laisser exister un nombre suffisant pour que, grâce à la continuation de l'espèce, la réalisation du but final reste possible. En cas de conflit, la préservation de l'individu doit donc, dans une mesure qui varie avec les circonstances, se subordonner à la préservation de l'espèce.

Les corollaires sont les suivants :

1° Les adultes doivent se conformer à la loi d'après laquelle les avantages obtenus sont en raison directe des mérites possédés, ceux-ci étant estimés à l'échelle du pouvoir d'auto-sustentation. Sinon l'espèce souffrirait des deux manières suivantes : elle souffrirait dans un avenir immédiat par la perte des individus supérieurs qui seraient sacrifiés aux individus inférieurs et cela au préjudice de la somme totale de bien-être ; elle souffrirait, dans un avenir plus éloigné, par la propagation d'êtres inférieurs entravant celle des supérieurs et aboutissant à une détérioration générale de l'espèce, qui à la longue, entraînerait son extinction ;

2° Pendant le premier âge, avant que l'auto-sustentation soit possible, et même un peu plus tard, alors qu'elle commence à se manifester, le secours accordé doit être le plus grand pour les membres dont le mérite est le moindre ; les avantages obtenus devront donc être en raison inverse du mérite mesuré à l'échelle du pouvoir d'auto-sustentation. A défaut de la gratuité des avantages accordés à la progéniture, gratuité d'abord entière, puis restreinte à mesure que l'âge adulte approche, l'espèce disparaîtrait par l'extinction de tous les rejetons. Il va de soi que ce qui précède implique une subordination volontaire et proportionnelle de la part des adultes ;

3° A cette subordination de soi imposée par les liens de la parenté, s'ajoute, dans certains cas, une subordination de soi ultérieure. Si la constitution de l'espèce et ses conditions d'existence sont telles que le sacrifice, complet ou partiel, de quelques-uns de ses membres contribuera à la prospérité commune en assurant à l'espèce le salut d'un nombre plus considérable d'individus, ce sacrifice sera justifié.

Telles sont les lois auxquelles une espèce doit se conformer pour durer. Si la préservation d'une espèce particulière constitue un *desideratum*, il en résultera pour elle une obligation que nous appellerons, suivant les circonstances, une obligation quasi éthique ou éthique de se conformer à ces lois.

CHAPITRE II

De la Justice sous-humaine.

§ 5. — Des deux principes d'action essentiels, mais opposés, dont la persistance assure la conservation de l'espèce, nous ne nous occuperons ici que du second. Laissant de côté la loi qui régit la famille composée d'adultes et de petits, nous allons exclusivement étudier la loi qui régit l'espèce en tant qu'elle se compose d'adultes.

Nous avons reconnu que, conformément à cette loi, les individus qui méritent le plus, d'après leur adaptation aux conditions de l'existence, jouiront d'avantages plus grands, tandis que les individus inférieurs jouiront d'avantages moindres, souffriront de maux plus grands ou seront même simultanément victimes de ces deux effets. Au point de vue biologique, cette loi implique la survie des plus capables. Exprimée en langage scientifique, elle ordonne que tout individu doit être assujetti aux effets de sa propre nature et de la ligne de conduite qu'elle lui impose. Dans tout le domaine de l'animalité, cette loi règne sans restriction aucune, car il n'existe aucune force qui, pour les adultes, puisse modifier les relations qui subsistent entre la conduite et les conséquences qui en dérivent.

Afin de bien nous rendre compte de la portée de cette loi, nous nous arrêterons un instant à étudier une loi analogue, ou plutôt la même loi se manifestant dans une autre sphère. En effet, elle n'agit pas seulement sur les membres d'une même espèce, bien ou mal pourvus suivant leur activité bien ou mal adaptée, mais elle se manifeste encore dans les relations réciproques entre les parties d'un même organisme.

Tout muscle, toute glande, tout viscère reçoit du sang à proportion de la fonction dont il s'acquitte. Oisif, il est pauvrement entretenu et s'atrophie ; actif, il est richement nourri et se développe. De cette balance entre la dépense et la nutrition résulte en même temps la balance entre les rôles relatifs des parties de l'organisme, de sorte que, dans son ensemble, celui-ci est rendu apte à vivre par l'adaptation de chacune de ses parties aux services qui en sont exigés. Il saute aux yeux que ce principe d'auto-adaptation, propre à chaque individu, est parallèle au principe qui adapte l'ensemble de l'espèce au milieu où elle se trouve placée. La nutrition plus complète et la prolificité plus grande des membres de l'espèce, qui jouissent de facultés et d'activités mieux adaptées à leurs besoins, coïncidant avec la sustentation défectueuse, au détriment d'eux-mêmes et de leur progéniture, des individus doués de facultés et d'activités moins bien adaptées, déterminent l'expansion spéciale de l'espèce la plus appropriée à en assurer la survivance dans les conditions du milieu qui l'entoure.

Telle est donc la loi de justice sous-humaine : chaque individu recevra les profits et subira les dommages de sa propre nature et de la conduite qui en découle.

§ 6. — En gros comme en détail, la justice sous-humaine est extrêmement imparfaite.

Elle est imparfaite en gros, parce qu'il existe d'innombrables espèces dont la subsistance repose sur la destruction en masse d'autres espèces, et que pour ces dernières servant en masse de proie aux premières, les rapports entre leur conduite et les conséquences qui devraient en résulter sont si habituellement suspendus, qu'ils ne persistent que chez un nombre minime d'individus. A la vérité, nous pouvons considérer la perte prématurée de la vie de la presque totalité des membres exterminés par leurs ennemis, comme une conséquence de leur nature et de leur incapacité à lutter contre les forces destructives auxquelles ils sont exposés. Néanmoins, nous n'en devons pas moins reconnaître que cette fin violente de l'immense majorité atteste qu'au sein de cette espèce la justice, telle que nous l'avons conçue, n'a que peu d'occasions de se déployer.

La justice sous-humaine est imparfaite en détail parce que les rapports entre la conduite et les conséquences qu'elle entraînerait, sont à chaque pas troublés par des catastrophes qui fondent indistinctement sur tous les individus, à quelque degré de l'échelle qu'ils soient parvenus. Telles sont les innombrables morts causées par les rigueurs de la température, frappant aussi bien les membres les meilleurs que les pires. D'autres morts innombrables sont dues à la famine, qui dans une large mesure emporte pêle-mêle les bons et les mauvais. Les ennemis des types peu élevés sont aussi une cause de mort à laquelle sont sacrifiés les individus les mieux et les plus mal doués. Il en est de même des invasions, souvent dévastatrices, des parasites, qui s'attaquent à tous indifféremment.

La prolificité extrême des animaux inférieurs, nécessaire pour compenser leur immense mortalité, nous montre que pour eux la supériorité n'assure pas une survivance prolongée: dans ces régions la justice sous-humaine, constituée par la réception continue des résultats de la conduite, ne régit qu'exceptionnellement les cas individuels.

§ 7. — Nous arrivons enfin à une proposition hautement significative; c'est que la justice sous-humaine s'accentue à mesure que l'organisation s'élève.

Il importe peu que l'hirondelle happe au passage telle ou telle mouche, que l'ichneumon fasse un choix dans une nichée de chenilles, qu'un cétacé avale tel ou tel poisson dans un banc de harengs. L'événement est absolument indépendant des qualités particulières des victimes : bons et mauvais sont exposés au même sort. Il n'en est plus ainsi pour les créatures d'un type plus élevé. Des sens aiguisés, la sagacité, l'agilité confèrent à tel carnassier une facilité spéciale à s'emparer de sa proie. Dans un troupeau d'herbivores, l'animal doué de l'ouïe la plus fine, de la vue la plus perçante, de l'odorat le plus subtil ou de la célérité la plus grande, est aussi celui qui aura le plus de chances d'échapper au danger.

Évidemment, à mesure que les qualités physiques et mentales d'une espèce s'élèvent, et avec elles son aptitude à éviter les périls qui surgissent, la continuation de l'existence de chaque individu sera plus indépendante des accidents de force majeure. Plus les résultats de cette supériorité générale seront marqués, plus aussi s'accentueront les résultats des supériorités spéciales. Des écarts entre les facultés individuelles auront une influence plus décidée sur le sort des individus eux-mêmes. D'une part, le manque d'une faculté abrégera la vie ; d'autre part, une grande puissance de cette faculté la prolongera, ce qui revient à dire que les individus seront de plus en plus soumis aux effets de leur propre nature. En d'autres termes, la justice ira de plus en plus en s'affirmant.

§ 8. — Telle qu'elle se manifeste parmi les créatures qui

mènent une vie solitaire, la nature de la justice sous-
humaine se trouve maintenant suffisamment expliquée. Si
nous passons à celles qui vivent à l'état grégaire, nous
découvrirons un élément qui ne nous était pas encore
apparu.

Un simple rassemblement, tel qu'un troupeau de daims,
ne profite à l'individu et à l'espèce que par la sauvegarde
plus efficace qui résulte de la supériorité d'une multitude
d'yeux, d'oreilles et de nez, sur les yeux, les oreilles et le
nez d'un individu isolé. L'alarme étant donnée plus tôt,
tous profitent des sens des plus perspicaces. Parfois, cette
coopération, que nous appellerons passive, devient une
coopération active, comme chez les corbeaux, où l'un fait la
garde tandis que les autres prennent leur repas; parmi les
cimarrons [1], variété ovine constamment traquée dans les
montagnes de l'Amérique Centrale, qui placent également
des sentinelles; parmi les castors, qui détachent des
escouades pour travailler aux digues, ou parmi les loups [2],
qui par un plan d'attaque, où les rôles sont partagés, arrivent à s'emparer d'une proie, qui, à défaut de celui-ci, leur
aurait échappé. Nous voici donc en présence d'avantages
croissants pour les individus comme pour l'espèce, ce qui
nous permet d'affirmer en général que l'état grégaire et
une coopération plus ou moins active ne s'établissent dans
une espèce qu'à cause des avantages qu'elle en retire. Sinon,
la survie des plus forts s'opposerait à leur adoption.

Remarquez que cette association profitable ne devient
possible qu'à de certaines conditions. Les actes de sustentation de chacun étant plus ou moins accomplis en présence d'autres individus accomplissant les mêmes actes, il

[1] J. Oswald. *Zoological Sketches*, 61.
[2] G.-J. Romanes. *Animal Intelligence*, Londres, 1882, p. 436.

en résulte une tendance à plus ou moins d'empiétements réciproques. Si ces empiétements se multiplient, l'association peut cesser d'être profitable; pour qu'elle le demeure, il faut que ces actes soient restreints, de façon à laisser subsister un excédent d'avantages. Sinon, la survie des plus forts extirpera dans l'espèce la variété chez qui l'association avait commencé à se former.

Nous voyons donc apparaître un nouveau facteur de la justice sous-humaine. Subissant les avantages et les inconvénients inhérents à sa propre nature et à la conduite que celle-ci lui prescrit, chaque individu ne peut plus suivre cette conduite qu'avec cette restriction qu'elle n'entravera pas à l'excès la conduite par laquelle chaque autre individu recueille des avantages ou évite des inconvénients. La conduite moyenne ne doit donc pas être agressive au point d'anéantir le bénéfice de l'association; à l'élément positif de la justice sous-humaine vient, pour les animaux grégaires, s'ajouter un élément négatif.

§ 9. — L'observance nécessaire de la condition que chaque membre du groupe, en vaquant à sa propre sustentation et à celle de sa progéniture, n'entravera pas la même occupation chez ses associés, façonne l'espèce chez qui l'association s'est établie. Les inconvénients éprouvés à chaque violation de ces restrictions disciplinent tous les membres d'une manière continue et leur enseignent à les respecter au point qu'à la longue ce respect devient un trait caractéristique et naturel de l'espèce. En effet, il est manifeste que la transgression habituelle de ces restrictions entraînerait la dissolution du groupe. Seules peuvent survivre à l'état de variétés grégaires les variétés où domine la tendance héréditaire à les respecter.

En outre, il se développe peu à peu une appréciation consciente et générale de la nécessité qu'il y a de maintenir ces limites, et des châtiments sont infligés aux membres qui les transgressent, châtiments infligés non seulement par les membres lésés, mais par le groupe tout entier.

L'éléphant « vagabond » (c'est-à-dire celui qui se distingue par sa méchanceté) est expulsé du troupeau, sans doute à cause de son humeur agressive. Un castor [1] oisif est, dit-on, expulsé de la colonie et mis ainsi dans l'impossibilité de profiter d'un travail auquel il se soustrait ; de même, les abeilles ouvrières tuent les bourdons devenus inutiles. Dans différents pays, il a été constaté qu'après un débat bruyant et prolongé, une compagnie de corneilles [2] exécute sommairement un membre reconnu coupable. Un témoin oculaire affirme que parmi les corbeaux, un couple qui dérobe les matériaux des nids voisins, voit bientôt son propre nid mis en pièces.

La condition *a priori* de la coopération harmonique est donc tacitement reconnue comme une quasi loi, puisqu'une pénalité frappe sa violation.

§ 10. — Chez les animaux menant une vie solitaire, le principe primordial de la justice sous-humaine, qui exige que chaque individu subisse les conséquences favorables ou nuisibles de sa propre nature et de la ligne de conduite qu'elle implique, principe qui aboutit à la survie des mieux doués, ne se complique que des obligations attachées à la parenté. Pour ces animaux, les actes purement égoïstes de l'auto-sustentation sont dominés, pendant la période de la vie consacrée à la reproduction, par la subordination de soi

[1] Dallas, in *Cassell's Natural History*, III, 99.
[2] G.-J. Romanes, *Animal Intelligence*, 323-5.

que rend nécessaire l'éducation de leur progéniture, mais ils n'en subissent aucune autre. Pour les animaux grégaires, ayant acquis une intelligence dressée à tenir un juste compte des limites imposées par la présence de leurs congénères, le bien-être de l'espèce réclame non seulement la subordination de soi, qui est nécessaire à l'éducation de la progéniture, mais encore une subordination de soi ultérieure.

Après la naissance des veaux, on voit les bisons mâles[1] se former en cercle autour du troupeau des vaches et des veaux afin de les protéger contre les loups et les autres bêtes de proie, arrangement qui entraîne quelque danger pour chaque taureau en particulier, mais assure la préservation de l'espèce. Si un troupeau d'éléphants[2] s'apprête à sortir de la forêt pour aller s'abreuver, l'un d'eux se détache en reconnaissance; s'il ne découvre aucun danger, il poste quelques éléphants en sentinelle. Ceci fait, le gros du troupeau s'ébranle et se dirige vers l'abreuvoir. Dans ce cas, quelques individus s'exposent à un danger particulier en vue d'augmenter la sécurité du reste. Cette précaution se manifeste encore avec plus d'intensité chez les singes[3], qui s'associent pour défendre ou pour délivrer un des leurs: dans une retraite en présence de l'ennemi, ils se groupent de façon à ce que les femelles et les petits ouvrent la marche, tandis que les vieux mâles forment l'arrière-garde et font face au danger. Il se peut que dans quelques cas particuliers, l'espèce ne profite pas de cette disposition, qui l'expose à une mortalité plus forte: cependant à la longue elle en profite par le développement chez ses membres d'un caractère qui rend l'attaque dangereuse pour l'assaillant.

---

[1] G.-J. Romanes. *Animal Intelligence*. 334-5.
[2] G.-J. Romanes. *Animal Intelligence*, 400-1.
[3] Gillmore. *The Hunter's Arcadia*, 170.

Puisque, grâce à cette conduite, telle variété d'une espèce
grégaire verra le nombre de ses membres se maintenir ou
même s'accroître, tandis que d'autres variétés, où ce genre
de subordination est inconnu, n'atteindront pas ce résultat,
il faut bien que cette conduite soit pourvue d'une certaine
sanction. La conservation de l'espèce étant le but suprême,
toutes les fois qu'une mortalité accidentelle des membres
tombés pour la défense de l'espèce assure cette conservation avec plus d'efficacité que ne le ferait la préoccupation
pour chaque individu de ne poursuivre que son avantage
exclusif, la justice sous-humaine doit se soumettre à cette
seconde restriction.

§ 11. — Il nous reste à déterminer l'ordre de priorité et
les sphères respectives de ces principes. La loi primordiale
pour tous les êtres, c'est la loi de relation entre la conduite et les conséquences qui en découlent ; c'est elle
qui, dans toute l'étendue du règne animal, assure la prospérité des individus qui, par leur structure, sont le mieux
adaptés à leurs conditions d'existence ; c'est elle qui, au
point de vue de la morale, s'affirme par le principe que tout
individu doit recueillir les avantages et les inconvénients
qui sont inhérents à sa nature même. Elle s'applique aux
êtres qui mènent une vie solitaire, sans autre restriction
que celle de la subordination de soi qu'impose aux plus
avancés d'entre eux l'éducation de leur progéniture.

Pour les créatures vivant en commun, et à un degré proportionnel au développement de l'esprit de coopération,
entre en jeu la loi, la seconde dans l'ordre du temps et de
l'autorité, qui veut que les actes par lesquels, conformément
à sa nature, chaque individu recherche des avantages et évite
des dommages, soient restreints par la nécessité de ne pas

mettre obstacle aux actes analogues de ses associés. Le respect invariable de cette loi est, dans la plupart des cas, la condition indispensable de la durée de l'association ; aussi cette loi est-elle impérative pour les êtres qui en recherchent les bienfaits. Toutefois, il est évident que cette seconde loi n'est que la forme spéciale que prend la première quand elle est mise en présence des conditions de la vie en commun ; en effet, en affirmant que les actions et les réactions de la conduite et de ses conséquences doivent, pour chaque individu, être ainsi restreintes, elle affirme en même temps, du moins implicitement, que ces actions et ces réactions doivent se soumettre aux mêmes restrictions chez les autres individus, c'est-à-dire chez tous indistinctement.

La troisième et dernière en date de ces lois, est d'une portée moins étendue. Elle déclare que, puisque le sacrifice accidentel de quelques-uns des membres d'une espèce peut être favorable à l'ensemble de l'espèce, il est des circonstances qui sanctionnent ces sacrifices. Elle constitue, par là même, une restriction de la loi première, qui veut que tout individu ne recueille que les avantages et ne subisse que les désavantages de sa propre nature.

Pour finir, il convient de remarquer que la première loi est absolue pour les animaux en général, que la seconde est absolue pour les animaux vivant en commun, mais que la troisième ne s'applique qu'aux espèces qui, dans les luttes contre leurs ennemis, gagnent plus qu'elles ne perdent au sacrifice de quelques-uns de leurs membres. L'absence d'ennemis fait disparaître la restriction qu'elle impose.

CHAPITRE III

La Justice humaine.

§ 12. — Le contenu du dernier chapitre annonce le contenu de celui-ci. Puisqu'au point de vue évolutionniste la vie humaine est un développement ultérieur de la vie sous-humaine, la justice humaine est de même un développement ultérieur de la justice sous-humaine. Pour notre facilité, nous les étudions séparément, mais elles sont essentiellement de même nature; elles constituent les parties d'un tout continu.

Chez l'homme comme chez les créatures inférieures, la conservation de l'espèce est assurée par la loi en vertu de laquelle les individus adultes le mieux adaptés aux conditions de l'existence qui leur est propre sont ceux qui prospèrent aussi le plus, tandis que les individus le moins adaptés sont ceux qui prospèrent le moins. A défaut d'obstacles, cette loi assure la survie des plus aptes et l'expansion des espèces le mieux adaptées. Comme précédemment, cette loi, entendue dans son acception éthique, implique que chaque individu recueillera les résultats favorables ou défavorables de sa propre nature et de la conduite qui en découle, qu'il ne sera pas privé des effets normalement favorables de ses actions et ne pourra pas se décharger sur autrui de leurs conséquences mauvaises.

Il ne nous importe pas d'examiner en ce moment jusqu'à quel point il peut convenir à d'autres personnes d'assumer

2

volontairement une part des suites mauvaises de ses actes.
Nous étudierons plus tard les effets restrictifs de la pitié,
de la clémence et de la générosité, en traitant de la « Bienfaisance négative » et de la « Bienfaisance positive ». Ici,
nous ne nous occupons que de « Justice pure ».

Par son origine et par son expression éthique, la justice
de cette loi la recommande à l'acceptation commune. Les
propos et les critiques que nous entendons journellement
répéter, impliquent la perception que les conséquences de
la conduite ne doivent pas être dissociées de la conduite
elle-même. Si une personne a subi un préjudice et qu'on
dise qu'elle n'a qu'à s'en prendre à elle-même, cette
phrase implique l'opinion qu'elle a été traitée avec équité.
Quelqu'un souffre-t-il des conséquences de son manque de
jugement ou de sa mauvaise conduite, la réflexion : « On
trouve son lit comme on l'a fait », repose sur la conviction
de la convenance de cet enchaînement de la cause à l'effet.
Il en est de même de la remarque : « Il n'a eu que ce qu'il
mérite ». Une conviction analogue est sous-entendue quand
il s'agit de conséquences avantageuses. Les remarques :
« Il a bien mérité sa récompense », « Il n'a pas été récom-
pensé selon son mérite », expriment le sentiment qu'il doit
exister un rapport proportionnel entre l'effort accompli et
l'avantage recueilli, et que la justice réclame cette pro-
portionnalité.

§ 13. — Nous avons reconnu dans le chapitre précédent
que la justice s'accentue avec les progrès de l'organisation,
proposition qui s'étaie de nouveaux exemples, si nous passons de la justice sous-humaine à la justice humaine. Le
degré de justice et le degré d'organisation marchent de pair,
tant pour la race humaine — prise dans son ensemble —

que pour ses variétés supérieures opposées à ses variétés inférieures.

Nous avons constaté qu'une espèce animale supérieure se distingue d'une espèce animale inférieure en ce que son ensemble subit moins de mortalité du fait de forces destructives et accidentelles ; chacun de ses membres est soumis en moyenne pendant un terme plus prolongé au rapport normal qui existe entre la conduite et ses conséquences. Nous constatons maintenant que l'espèce humaine, prise en masse et soumise à un taux de mortalité bien inférieur à celui de la plupart des espèces animales, soumet ses membres pendant des périodes bien plus prolongées aux résultats, bons ou mauvais, de leur conduite bien ou mal adaptée.

Nous avons également constaté que pour les animaux supérieurs la supériorité de la longévité moyenne permet aux différences individuelles de produire leurs effets pendant des périodes plus longues ; il en résulte que les destinées diverses des individus sont, à un degré bien plus marqué, déterminées par le rapport normal entre la conduite et ses conséquences, rapport normal qui constitue la justice. Nous constatons qu'au sein de l'humanité, la diversité des facultés contribue à un degré encore plus marqué et pendant des périodes encore plus longues, à favoriser les êtres supérieurs et à déprimer les êtres inférieurs soumis au jeu continu de la conduite et de ses conséquences.

Il en est de même pour les variétés civilisées du genre humain comparées à ses variétés sauvages. Leur taux de mortalité décroissant implique une proportion croissante de membres jouissant de leurs actes bien adaptés et souffrant de leurs actes mal adaptés. Il est encore manifeste que les écarts plus grands de longévité individuelle et les différences

de position sociale impliquent que dans les sociétés civilisées comparées aux sociétés sauvages, les différences de conduite qui en découlent sont mieux à même de produire
leurs résultats appropriés, bons ou mauvais. La somme de
justice y est plus considérable.

§ 14. — Nous voyons encore plus clairement dans la race
humaine que dans les races inférieures, l'état grégaire s'établir, parce qu'il est avantageux à la variété chez qui il prend
naissance, en partie en favorisant la sécurité générale et en
partie en facilitant le travail de la sustentation. Nous voyons
le degré de tendance au groupement déterminé par son degré
d'utilité aux intérêts de la variété qui l'adopte, car si les
membres de cette variété s'alimentent de substances à l'état
de nature, ils ne s'associent qu'en groupes étroits : le gibier
et les fruits répartis sur de vastes espaces n'assurent la
subsistance que de groupes peu nombreux. L'agriculture,
qui permet de nourrir un grand nombre d'hommes sur une
superficie peu étendue, et les progrès industriels concomi-
tants qui introduisent des coopérations nombreuses et
variées, poussent au contraire au groupement.

Nous enregistrons enfin une vérité à peine entrevue pour
les êtres inférieurs, mais nettement accusée pour les êtres
humains : c'est que les avantages de la coopération ne leur
sont accessibles qu'à la condition de se soumettre à certaines exigences qu'impose l'association. Aux obstacles mu-
tuels qui surgissent pendant que les individus vivant dans
un même voisinage poursuivent leurs fins particulières, il
faut assigner des limites telles qu'elles laissent subsister un
surplus d'avantages au profit de l'association. Quelques
types humains, les Abors[1], par exemple, mènent une vie

---

[1] Dalton. *Journal of the Asiatic Society, Bengal*, XIV, 126.

solitaire, parce que leur humeur est tellement agressive qu'elle s'oppose à la vie en commun. Ce cas extrême prouve que si, dans plusieurs groupes primitifs, les antagonismes individuels engendrent souvent des querelles, les groupes se maintiennent cependant parce que les membres en retirent un surcroît d'avantages, particulièrement sous forme d'un accroissement de sécurité. Il est encore évident qu'avec le développement des communautés, la division du travail y devient plus complexe et que les échanges se multiplient; les avantages de la coopération n'y seront assurés que par le maintien de plus en plus ferme des limites mises à l'activité de chaque homme en particulier par les activités simultanées des autres hommes. L'état misérable et la décadence des communautés au sein desquelles les attentats réciproques des membres sont si fréquents et si violents qu'ils les empêchent le plus souvent de recevoir le résultat normal de leurs labeurs, nous font toucher du doigt la vérité de cette proposition.

Nous avons vu certains êtres inférieurs grégaires ressentir si vivement la nécessité de la restriction mutuelle des activités individuelles qu'ils infligent des châtiments à ceux d'entre eux qui ne les restreignent pas suffisamment. Plus impérative encore et plus distinctement ressentie comme telle, cette nécessité engendre parmi les hommes l'habitude de plus en plus marquée d'infliger des châtiments aux délinquants. A la vérité, les groupes primitifs abandonnent communément à l'offensé le soin de se venger de l'offenseur; jusque dans les sociétés féodales européennes, on tenait le plus souvent qu'il appartenait personnellement à chaque homme de faire valoir et de défendre ses droits. Cependant la perception croissante de la nécessité du maintien de l'ordre intérieur et les sentiments qui accompagnent

cette perception, ont rendu habituelle l'infliction des châtiments par l'ensemble de la société ou ses ministres autorisés. Un système de lois édictant des restrictions à la conduite individuelle et des pénalités à leur infraction est résulté
naturellement de la vie humaine accomplie dans les conditions sociales, et nous voyons de nombreuses nations composées d'hommes appartenant à des types divers, s'accorder
pour considérer les mêmes actes comme des attentats et
les frapper d'une même interdiction.

De cette série de faits se dégage un principe, reconnu en
pratique, sinon en théorie : c'est que tout individu accomplissant les actes qui assurent son existence et recueillant
librement leurs résultats normaux, bons ou mauvais, doit,
dans l'accomplissement de ces actes, s'assujettir aux restrictions qu'impose l'accomplissement d'actes du même
genre par les autres individus qui doivent comme lui en
recueillir les résultats normaux, bons ou mauvais. C'est en
cela que consiste d'une manière vague, sinon définie, ce
qu'on appelle justice.

§ 15. — Nous avons reconnu que parmi les êtres inférieurs grégaires, la justice, sous sa forme simple et universelle, est caractérisée en premier lieu par la subordination
de soi qu'implique la parenté et jusqu'à un certain point
par la contrainte qu'impose l'association. Elle l'est en second
lieu, mais à un degré moindre, par le sacrifice complet ou
partiel d'individus sacrifiés au salut de l'espèce. Pour les
êtres grégaires des rangs supérieurs, ce caractère ultérieur
de la justice primitive prend de vastes proportions.

La défense de l'espèce contre des ennemis d'autre race
n'est plus seule, comme pour les êtres inférieurs, à le réclamer : parmi les hommes, cette subordination de soi est en plus

réclamée au nom des nécessités de la défense contre des
ennemis de même race. S'étant répandus par toutes les
régions où ils ont trouvé à se nourrir, les groupes humains
se sont partout heurtés, et les inimitiés mutuelles résultées
de ces chocs ont rendu les sacrifices causés par les guerres
entre les groupes bien plus considérables que les sacrifices
faits à la défense contre les animaux inférieurs. Néanmoins,
pas plus pour la race humaine que pour les races inférieures, la destruction du groupe ou de la variété n'implique
celle de l'espèce, et il s'ensuit que l'obligation dérivant de
la subordination de soi aux intérêts du groupe ou de la
variété, est une obligation d'ordre inférieur à celle de
donner à la progéniture des soins sans lesquels l'espèce
disparaîtrait, et à celle de réprimer les actes dans les limites
imposées par les conditions sociales : l'inaccomplissement
total ou partiel de ces dernières obligations entraînerait la
dissolution du groupe. Cependant elle doit être considérée
comme une obligation dans la mesure où l'existence de
chacun des groupes qui la composent assure la durée de
l'espèce.

Mais cette subordination de soi ainsi justifiée et rendue
dans un certain sens obligatoire, s'arrête aux nécessités de
la guerre défensive. Ce n'est que parce que la préservation
du groupe en tant qu'ensemble assure la préservation de la
vie de ses membres et leur aptitude à poursuivre le but de
la vie, qu'il existe une raison de sacrifier certains d'entre
eux; cette raison cesse d'exister s'il ne s'agit plus d'une
guerre défensive, mais d'une guerre offensive.

On pourrait objecter que puisque les guerres offensives
donnent l'initiative des luttes qui se terminent par la destruction des groupes les plus faibles, elles contribuent au
peuplement de la terre par les plus vigoureux et servent

les intérêts de la race. Mais en supposant même que les groupes vaincus se composent toujours d'hommes mentalement ou physiquement moins aptes à la guerre (ce qui n'est pas, puisque le nombre joue un rôle décisif et que les groupes les moins nombreux peuvent être formés des guerriers les plus valeureux), nous n'en aurions pas moins une réponse probante à opposer à cette objection. Le développement de la vigueur, du courage et de la ruse n'a d'importance capitale qu'aux premiers stages du progrès humain. Après la formation de sociétés nombreuses et le développement de l'esprit de subordination nécessaire à leur organisation, des facultés autres et plus hautes acquièrent cette importance capitale, et les luttes violentes pour l'existence cessent d'assurer la survie des plus aptes. Les Perses ont failli conquérir la Grèce et les hordes tartares submerger la civilisation européenne ; une guerre offensive ne servira donc les intérêts de la race qu'à défaut d'aptitude à une vie sociale élevée. A mesure que celle-ci se développe, la guerre offensive, loin d'assurer le progrès humain, ne fait que le retarder.

Bref, nous sommes à même d'affirmer qu'au niveau où ils commencent à être accessibles à des considérations morales, les hommes atteignent l'étape où la guerre offensive cesse d'être justifiable, puisqu'il devient incertain qu'elle assure la prédominance des races aptes à une vie sociale élevée et qu'il est certain qu'elle excitera des réactions morales nuisibles à la fois aux vainqueurs et aux vaincus. La seule guerre défensive conserve alors des titres à une justification quasi morale.

Remarquons à ce propos que la subordination de soi et la nécessité de la restriction du principe abstrait de justice qu'implique la guerre défensive, appartiennent à la période transitoire, que rend nécessaire le conflit physique des races. Elles devront disparaître aussitôt que l'humanité aura atteint l'état pacifique, ce qui revient à dire que toutes les questions qui se rapportent à l'étendue de ces restrictions sont du domaine de ce que nous avons distingué comme étant la morale relative; elles ne sont pas du domaine de la morale absolue qui ne traite que des principes de la conduite juste au sein d'une société d'hommes parfaitement adaptés à la vie sociale.

J'insiste sur cette distinction, qui, dans les chapitres suivants, nous aidera à démêler les problèmes compliqués de la morale politique.

CHAPITRE IV

Le Sentiment de Justice.

§ 16. — L'acceptation de la doctrine de l'évolution organique implique certaines conceptions morales. Cette doctrine implique que, par suite d'un commerce incessant avec les nécessités de la vie, les nombreux organes de chacune des innombrables espèces d'animaux se sont directement ou indirectement moulés et adaptés aux exigences de la vie. Simultanément, des modifications nerveuses ont produit le développement de sensations, d'instincts, d'émotions et d'aptitudes intellectuelles nécessaires à l'usage approprié de ces organes. C'est ainsi que nous voyons les rongeurs mis en cage exercer leurs muscles maxillaires et leurs incisives et ronger sans but le premier objet venu, les animaux grégaires s'abandonner au chagrin de ne pouvoir rejoindre leurs compagnons, et les castors captifs témoigner de leur passion pour la construction des digues en empilant les branches et les pierres qu'ils trouvent à leur portée.

Ce processus d'adaptation mentale s'est-il arrêté à l'homme primitif ? Les êtres humains sont-ils incapables d'adapter progressivement leurs sentiments et leurs idées aux modes d'existence que leur impose l'état social qu'ils ont atteint ? Devons-nous admettre que leur nature, qui s'est adaptée aux exigences de l'état sauvage, ne changera plus et ne subira pas l'influence des exigences de la vie civilisée ? Ou bien admettrons-nous que le développement de certains traits et la suppression de certains autres rapprocheront de plus en plus leur nature aboriginelle d'une nature qui trouvera son milieu approprié dans une société développée, dont les activités exigées par ce milieu deviendront les activités normales? Plusieurs adeptes de la doctrine de l'évolution paraissent ne pas croire à l'adaptabilité continue de l'espèce humaine. Jetant un coup d'œil distrait sur les témoignages fournis par les comparaisons établies entre les races humaines différentes et entre les états successifs de la même race à des époques différentes, ils rejettent en bloc l'induction tirée des phénomènes de la vie générale. C'est abuser de la méthode inductive comme on a abusé de la méthode déductive. Ne serait-ce pas pousser l'amour de l'induction jusqu'à la déraison, et que penser de l'homme qui, méprisant les observations passées, se refuserait à croire qu'il faudra quatorze jours à la nouvelle lune avant de se montrer dans son plein et entrer ensuite dans son déclin, tant qu'il n'aura pas pu se former par lui-même une conviction et observer en personne les phases successives de cet astre? Nous pourrions ranger dans la même catégorie les personnes qui, dédaignant la preuve inductive de l'adaptabilité illimitée, tant physique que mentale, que nous révèle l'ensemble du monde animal, n'admettent l'adaptabilité de la nature humaine à la vie sociale qu'après coup, alors que l'adaptation est terminée, et qui vont même jusqu'à nier les témoignages qui attestent que cette adaptation continue à se produire autour de nous.

Quant à nous, considérant comme une déduction inévitable de la doctrine de l'évolution organique que les types les plus élevés des êtres vivants vont, comme les types inférieurs, se moulant sans cesse sur les nécessités qu'imposent les circonstances, nous comprendrons les évolutions morales parmi les évolutions ainsi élaborées.

§ 17. — L'indigestion produite par un mets favori détermine la prise en aversion de ce mets, phénomène qui montre comment, dans la région des sensations, l'expérience crée des associations qui influent sur la conduite. Le fait que la maison où nous avons perdu une épouse, un enfant, ou enduré une longue maladie, reste si intimement associée avec un état mental douloureux que nous persistons à l'éviter, éclaire d'une manière suffisante le mode dont, dans la région émotionnelle, les actes sont susceptibles d'être déterminés par les connexités mentales qui se forment durant le cours de la vie. Si les circonstances ambiantes accoutument une espèce à certains rapports entre sa conduite et les conséquences de celle-ci, les sentiments appropriés qui s'y rattachent peuvent finir par caractériser cette espèce. Soit par la transmission héréditaire des modifications engendrées par l'accoutumance, soit par des survies plus nombreuses d'individus, dont la structure nerveuse s'est le plus modifiée dans le sens voulu, il se forme graduellement des tendances directrices déterminant une conduite appropriée et détournant d'une conduite inappropriée. Comme exemple de ces adaptations, nous citerons le contraste observé entre les oiseaux qui vivent dans les îles que l'homme n'a jamais visitées; ils ne manifestent aucune crainte à son approche, tandis que les oiseaux de nos pays la redoutent aussitôt qu'ils ont quitté le nid maternel.

C'est ainsi que se sont produits dans une certaine mesure chez les êtres inférieurs, et que continuent à se produire chez l'homme, les sentiments appropriés à la vie sociale. Habituellement nuisibles au groupe au sein duquel ils éclatent, les actes agressifs le sont encore souvent aux individus qui les commettent, car, malgré les plaisirs qu'ils peuvent leur procurer, il n'est pas rare qu'ils entraînent des souffrances qui l'emportent sur ces plaisirs. Au contraire, une conduite qui se restreint aux limites requises et qui ne provoque aucune passion antagoniste, favorise l'harmonie de la coopération, profite au groupe et devient par là même avantageuse à la plupart des individus qui le composent. Toutes choses égales d'ailleurs, il en résulte une tendance à la survie et à l'expansion des groupes formés de membres doués de cette adaptation de nature.

Parmi les sentiments sociaux qu'élabore ainsi l'évolution, le sentiment de justice est d'une importance capitale. Examinons de plus près sa nature.

§ 18. — Bouchez les narines d'un animal; il fera des efforts furieux pour dégager sa tête. Garrottez ses membres ; il se débattra avec rage pour recouvrer sa liberté. Enchaînez-le par le cou ou la jambe et il s'écoulera quelque temps avant qu'il renonce à tenter de s'échapper. Enfermez-le dans une cage, il se livrera à une agitation prolongée et incessante. Généralisant ces exemples, nous constatons donc que plus les restrictions imposées aux actes qui assurent la vie sont violentes, plus violente aussi sera la résistance qu'elles suscitent. Inversement, l'empressement avec lequel l'oiseau saisit l'occasion de prendre son vol, et la joie d'un chien qu'on vient de lâcher, attestent le prix qu'ils attachent à la liberté de leurs mouvements.

L'homme manifeste des sentiments analogues, mais il les manifeste d'une manière plus étendue et plus variée. Des entraves invisibles l'irritent autant que des entraves visibles, et à mesure que son évolution s'élève, il s'affecte de plus en plus de circonstances et d'actes qui, par des voies éloignées, favorisent ou entravent la poursuite de ses fins. Un parallèle élucidera cette vérité. L'amour primitif de la propriété se contente de la possession d'aliments, d'un abri et, un peu plus tard, de vêtements. Puis il apprécie successivement la possession des armes et des outils, à l'aide desquels il se les procure : celle des matériaux dont on fabrique ces armes et ces outils ; celle de la monnaie, qui les achète, ainsi que d'autres objets ; celle de promesses remboursables en monnaie ; puis enfin, celle d'un bon détaché d'un carnet et payable chez un banquier. Une jouissance vient donc peu à peu s'attacher à une propriété de plus en plus abstraite et de plus en plus éloignée d'une satisfaction matérielle. Il en est de même du sentiment de justice. Il débute par le contentement qu'éprouve l'homme à faire usage de sa force physique et à recueillir les avantages qu'elle lui procure ; s'associant à l'irritation qu'excitent des empiétements directs, il arrive graduellement à correspondre à des rapports plus étendus et à s'exciter au contact des charges, tantôt de la servitude personnelle et tantôt de la servitude politique. Puis il s'offense de l'existence des privilèges de classes et des moindres changements politiques. Enfin, ce sentiment, si peu développé chez le nègre qu'il raille son compagnon émancipé d'avoir perdu la protection de son maître, se développe à l'extrême. L'Anglais, par exemple, proteste avec véhémence contre la plus légère infraction à la procédure du Parlement ou d'un meeting public : cette infraction, en elle-même, ne le touche en rien, mais elle pourrait d'une manière détournée et indirecte conférer quelque pouvoir à une autorité quelconque, qui peut-être un jour lui imposerait des charges ou des restrictions imprévues.

Il est donc évident que le sentiment égoïste de la justice

est un attribut subjectif; il correspond aux exigences objectives qui constituent la justice et qui réclament que chaque adulte recueille les résultats de sa propre nature et des actes qui en sont la conséquence. En effet, si les facultés de tout genre ne peuvent pas se donner une libre carrière, leurs résultats ne seront ni recueillis, ni subis; en l'absence du sentiment qui pousse au maintien de la sphère où ces facultés peuvent se déployer librement, leur liberté sera compromise et leur jeu se trouvera entravé.

§ 19. — Tandis que nous arrivons de la sorte à suivre le développement du sentiment égoïste de la justice, il est moins aisé de suivre le développement de son sentiment altruiste. Nous voyons d'un côté que ce dernier ne peut naître que durant le cours de l'adaptation à la vie sociale, et de l'autre, que la vie sociale ne peut se réaliser que par le maintien de rapports équitables qui impliquent déjà l'existence du sentiment altruiste de la justice. Comment ces nécessités réciproques ont-elles pu se trouver satisfaites?

Notre réponse, c'est que le sentiment altruiste de la justice ne peut commencer à exister qu'avec l'aide d'un sentiment qui l'a temporairement suppléé et qui a réprimé les actes instigués par l'égoïsme pur, sentiment que nous appellerons le sentiment pro-altruiste de la justice. Il se décompose en plusieurs éléments que nous allons successivement passer en revue.

La crainte des représailles, qui agit déjà sur les animaux, est le premier mobile qui dissuade de l'agression. La crainte de la vengeance, qui suivrait un acte de prise de possession, suffit à détourner la plupart des êtres d'une même espèce de s'emparer des aliments ou d'un avantage déjà appropriés

par l'un d'eux. Chez les hommes, en particulier aux stages
reculés de la vie sociale, c'est avant tout cette crainte qui
assure un champ libre aux activités individuelles et la jouissance exclusive des biens qu'elles rapportent.

Un second frein résulte de la crainte de la réprobation
probable des membres désintéressés du groupe. Quoique
l'expulsion du troupeau, de l'éléphant « vagabond », et
l'exécution du membre coupable d'une bande de corbeaux
ou de cigognes nous aient permis de constater que, même
chez les animaux, les individus ont à subir la sentence de
l'opinion publique, il n'est pas probable que la prévision du
blâme collectif suffise à prévenir leurs empiétements. Mais
chez l'homme, plus apte à se rappeler et à prévoir, la pensée
du mépris social constitue un frein de plus aux attentats
d'homme à homme.

A ces sentiments, qui agissent antérieurement à toute
organisation sociale, viennent s'ajouter les sentiments qui
prennent naissance après l'établissement de l'autorité politique. Lorsqu'un chef vainqueur à la guerre et ayant acquis
la souveraineté permanente, prend à cœur le maintien de
son pouvoir, il commence à éprouver le désir de prévenir
les attentats de ses subordonnés les uns contre les autres,
puisque leurs dissentiments affaibliraient la tribu. De là, la
restriction du droit de vengeance personnelle, et, à l'époque
féodale, celle des guerres privées, en même temps que
l'interdiction des actes qui les suscitaient. L'appréhension des
pénalités qui frappent ces infractions vient constituer une
contrainte additionnelle.

En général, le culte des ancêtres, que le développement
de la société transforme en culte propitiatoire spécial des
mânes du chef, et par la suite du roi décédé, renforce le
caractère sacré des injonctions que celui-ci a prononcées

de son vivant. Quand l'établissement du culte l'élève au rang de dieu, ses injonctions deviennent des ordres divins revêtus de la sanction des châtiments redoutés qu'encourrait leur violation.

Ces quatre catégories de craintes agissent concurremment. Combinées en proportions variables, la crainte des représailles, la crainte de l'aversion sociale, la crainte des châtiments légaux et la crainte de la vengeance divine forment un corps de sentiments qui tient en échec la tendance à s'emparer d'objets désirés sans tenir compte des intérêts d'autrui. Sans renfermer aucune parcelle du sentiment de la justice altruiste proprement dite, ce sentiment proaltruiste de la justice sert temporairement à inculquer le respect des droits d'autrui et à rendre ainsi la coopération sociale possible.

§ 20. — Les êtres en voie de passer à la vie grégaire deviennent accessibles à la sympathie en raison du développement de leur intelligence. Non pas que la tendance à la sympathie, qui en résulte, rentre exclusivement, ni même pour une part considérable, dans la catégorie des sentiments qu'implique d'ordinaire ce mot : en fait, nous ne constatons guère que la sympathie par la peur chez les uns et la sympathie dans la férocité chez les autres. Tout ce que nous voulons dire, c'est que, chez les êtres grégaires, il est probable que le sentiment manifesté par l'un d'eux en excitera d'analogues chez ses compagnons et qu'il les excitera précisément en proportion du degré d'intelligence qui leur permettra d'en apprécier la manifestation.

Dans deux des chapitres des *Principes de Psychologie* — « la Socialité et la Sympathie » et « les Sentiments Altruistes », — je me suis efforcé de montrer comment la sympathie en général prend naissance et comment la sympathie altruiste vient enfin à se produire.

Nous conclurons donc que l'état de société s'étant maintenu chez les hommes, grâce à l'appui du sentiment pro-altruiste de la justice, les conditions qui permettent au sentiment altruiste de la justice de se développer se sont également maintenues. Dans tout groupe permanent se produisent de génération en génération des événements qui déterminent de la part de ses membres la manifestation simultanée d'émotions analogues : par exemple, des réjouissances à la suite de victoires, de malheurs évités, de captures faites en commun, de trouvailles de vivres à l'état de nature, comme aussi des lamentations à propos de défaites, de famines, de fléaux météorologiques, etc. A ces grandes joies et à ces grandes douleurs ressenties en commun par tous et s'exprimant de façon à ce que chacun reconnaisse chez les autres les signes de sentiments analogues à ceux qu'il éprouve et exprime lui-même, viennent s'ajouter les joies et les peines secondaires inséparables de la vie journalière, des repas pris en commun, des amusements, des jeux et des accidents malheureux et fréquents qui affectent plusieurs membres à la fois. Ainsi grandit la sympathie, qui permet au sentiment altruiste de la justice d'exister.

Mais ce sentiment est lent à prendre une forme élevée, en partie parce que le développement accentué de son élément primordial coïncide avec une phase tardive du progrès, et en partie parce que, relativement complexe, il implique une envergure d'imagination qui n'est pas à la portée d'intelligences inférieures. Examinons chacune de ces causes de retard.

Tout sentiment altruiste présuppose l'expérience du sen-

timent égoïste correspondant. La sympathie pour la douleur
d'autrui ne peut naître que chez celui qui a éprouvé la douleur, de même qu'une oreille musicale est nécessaire pour
partager le plaisir que procure la musique. De même le
sentiment altruiste de la justice ne peut naître qu'après la
naissance de son sentiment égoïste. Il en résulte que dans
les cas où celui-ci n'a pas atteint un degré de développement notable, ou s'est trouvé refoulé par une vie sociale à
tendances opposées, le sentiment altruiste de la justice
demeure à l'état rudimentaire.

La complexité de ce sentiment devient manifeste si l'on
considère qu'il n'embrasse pas seulement des jouissances et
des peines concrètes, mais qu'il s'étend surtout aux circonstances qui rendent celles-là accessibles ou permettent
d'éviter celles-ci. Comme le sentiment égoïste de la justice se
réjouit du respect des conditions favorables à la libre satisfaction de nos besoins et s'irrite de leur violation, il en
résulte que, pour éveiller le sentiment altruiste de la justice, il ne suffit pas de l'idée de ces satisfactions, mais
qu'il doit s'y joindre l'idée de ces conditions qui sont tantôt
violées et tantôt respectées.

Par cette raison, il est évident que pour être capable de ce
sentiment sous une forme développée, la faculté de représentation mentale doit être relativement considérable. S'il
s'agit de sympathie pour des sentiments de plaisir ou de
douleur simples, les animaux grégaires supérieurs peuvent
à l'occasion la manifester : tout comme les êtres humains,
ils ressentent par intervalles la pitié et la générosité. Mais la
conception simultanée, non seulement des sentiments produits en autrui, mais encore de l'enchevêtrement d'actes et
de rapports qui concourent à la production de ces sentiments, présuppose un travail de rassemblement mental d'un

nombre d'éléments trop élevé pour qu'un animal inférieur puisse les embrasser d'une seule étreinte. Arrivant aux formes les plus abstraites du sentiment de la justice, celles qui concernent l'ordre public, nous comprenons sans peine que seules les variétés humaines supérieures sont suffisamment capables de concevoir la manière dont les lois et les institutions, bonnes ou mauvaises, affecteront définitivement leur sphère d'action, pour se sentir portées à les défendre ou à les attaquer. Chez ces variétés seulement, s'éveillera dans ces conditions le sentiment sympathique de justice, qui les pousse à embrasser les intérêts politiques de leurs concitoyens.

Il existe une relation étroite entre le sentiment de justice et le type social. La prédominance du régime militaire implique une forme coercitive d'organisation, tant pour le corps des combattants que pour la société qui pourvoit à leur subsistance; cet esprit ne laisse aucun champ au sentiment égoïste de justice, mais le foule incessamment aux pieds, en même temps que le contact des activités guerrières dessèche uniformément les sympathies génératrices du sentiment de justice. D'un autre côté, à mesure que le régime du *contrat* se substitue au régime du *statut*, ou, en d'autres termes, à mesure que la coopération volontaire, qui caractérise le type social industriel, l'emporte sur la coopération imposée, qui caractérise le type militaire, les activités individuelles sont de moins en moins resserrées, et le sentiment qui se réjouit du champ qui leur est ouvert se trouve de plus en plus encouragé. Simultanément, les circonstances où il faut réprimer ces sympathies deviennent de moins en moins fréquentes. Il s'ensuit que le sentiment de justice recule pendant le cours des phases guerrières de la vie sociale, tandis qu'il progresse pendant leurs

phases pacifiques et qu'il ne peut s'épanouir en plein développement que dans un état de paix perpétuelle [1].

[1] L'état de paix permanente existe dans quelques rares régions ; partout
où il existe, le sentiment de justice est exceptionnellement vivace et
impressionnable. Je suis heureux d'avoir à signaler de nouveau que, parmi
les hommes dits non civilisés, il s'en trouve qui se distinguent par une
entière absence de propensions guerrières et dont les mœurs font honte
aux nations qui se prétendent civilisées. Dans mes *Institutions politiques*,
(§§ 137 et 574) j'ai cité huit spécimens de cette connexité empruntés à des
races de types différents.

CHAPITRE V

L'Idée de Justice.

§ 21. — L'étude du sentiment de justice a ouvert la voie à l'étude de l'idée de justice. Malgré leur état de relation intime, il nous est aisé de les distinguer.

Toute personne qui a laissé tomber son portefeuille s'indigne si le voisin, qui l'a ramassé, se refuse à le restituer. Nous protestons contre la mauvaise foi du détaillant qui nous envoie d'autres articles que ceux que nous lui avons achetés. Si, en notre absence, quelqu'un s'empare de notre place au théâtre, nous sentons que nous avons lieu de nous plaindre. Un tapage trop matinal s'élevant d'un poulailler voisin constitue un grief. De même, nous sympathiserons avec un ami que des rapports trompeurs ont entraîné dans une entreprise désastreuse ou dont un vice de procédure a fait perdre le procès. Pourtant, quoique dans ces cas notre sentiment de justice se trouve blessé, il arrive que nous ne discernons pas le trait essentiel qui nous blesse dans chacun d'eux. Il se peut que nous possédions la pleine mesure du sentiment de justice et que notre idée de justice demeure vague et indécise.

L'existence du rapport qui relie le sentiment à l'idée est pourtant incontestable. Les manières dont les hommes se lèsent les uns les autres, deviennent plus nombreuses et s'enchevêtrent de plus en plus à mesure que la société

devient plus complexe ; il faut que plusieurs générations
les aient éprouvées sous leurs formes multiples pour que
l'analyse parvienne à indiquer la démarcation essentielle
qui sépare les actes licites des actes illicites. L'idée émerge
et se précise au cours des expériences qui nous apprennent
que l'action peut, sans causer de colère chez autrui, atteindre certaines limites au delà desquelles elle exciterait au
contraire le ressentiment. Les expériences s'accumulent et,
graduellement, à côté de la répugnance pour les actes qui
provoquent des réactions pénibles, grandit la conception
d'une limite en deçà de laquelle chaque catégorie d'activités peut se déployer en liberté. Mais, comme ces catégories sont nombreuses et qu'elles se diversifient à mesure
que se développe la vie sociale, il s'écoule un intervalle
prolongé avant qu'il soit possible de concevoir la nature
générale de la limite commune à tous les actes possibles [1].

Il existe une autre raison de la lenteur que cette conception met à se développer. En général, les idées, comme les
sentiments, doivent s'adapter à l'état social. Or, comme la
guerre a régné à l'état fréquent ou habituel dans presque
toutes les sociétés, les nécessités contradictoires de l'état

---

[1] La genèse de l'idée que les actes simples ont des limites également
simples nous est fournie par les animaux doués d'intelligence, et sert à
élucider ses progrès, lorsqu'il s'agit d'actions plus complexes et de limites
moins évidentes. Je citerai les chiens de Constantinople, qui reconnaissent l'assertion tacite de droits et de pénalités infligés à leur violation,
sinon entre individus, du moins entre groupes d'individus. Ce fait bien
connu nous est une fois de plus signalé d'une manière frappante dans le
livre du major T.-C. Johnson : *A la Suite du Croissant* (*On the Track of the
Crescent*). « Un soir, dit-il (pages 58-9), je me promenais (à Constantinople)
en compagnie d'un Anglais, officier dans la gendarmerie, quand une chienne
vint à lui et lui lécha la main... Elle nous suivit quelque temps, puis s'arrêta court au milieu de la rue... Elle faisait aller sa queue et nous suivait
d'un œil d'envie, mais sans bouger quand nous l'appelions. Quelques jours
plus tard, la chienne me reconnut... et me suivit jusqu'à la frontière de
son quartier. »

d'amitié à l'intérieur et d'inimitié à l'extérieur ont constamment maintenu les idées existantes de justice dans un état de confusion.

§ 22. — Nous sommes parvenus à établir que l'idée de justice, ou du moins l'idée humaine de justice, contient deux éléments : d'un côté, l'élément positif qu'implique la reconnaissance du droit de chaque homme à des activités libres de toute entrave, ainsi qu'aux avantages qu'elles lui procurent ; de l'autre, l'élément négatif qu'implique le sentiment conscient des limites qu'impose la présence d'autres hommes jouissant de droits analogues. Deux caractères opposés, que nous découvrons dans ces deux éléments, doivent particulièrement arrêter notre attention.

L'idée primordiale suggérée, c'est l'inégalité. Car, puisque en principe chacun doit recueillir les avantages et les désavantages résultant de sa propre nature et de la conduite qui en découle, les différences de facultés qui existent entre les hommes produiront des différences entre les résultats de leur conduite. Les sommes d'avantages recueillis seront donc inégales.

La limitation mutuelle des actions humaines nous suggère l'idée contraire. Le spectacle des conflits qui éclatent quand chacun poursuit son but sans se soucier des droits de son voisin, fait naître la conscience des limites qu'il est nécessaire d'imposer aux efforts de chaque homme si l'on veut éviter ces conflits. L'expérience nous apprend qu'en moyenne ces limites sont les mêmes pour tous, et la pensée que toutes ces sphères d'action se limitent les unes par les autres implique la conception de l'égalité.

Faute de tenir également compte de chacun de ces deux facteurs de la justice humaine, on aboutit à des théories

morales et sociales divergentes, dont nous avons maintenant à nous occuper.

§ 23. — Les conceptions de quelques-uns des hommes
les plus grossiers ne dépassent pas le niveau de celles que
nous rencontrons chez les animaux grégaires inférieurs.
Sans soulever la réprobation générale, le plus fort, chez les
Dogribs[1], s'empare de ce qui lui plaît aux dépens du plus
faible ; ailleurs, chez les Fuégiens[2], on pratique et on
approuve tacitement le communisme ou quelque chose d'approchant. Mais si c'est l'état habituel de guerre qui a déterminé l'organisation politique, l'idée d'inégalité prédomine.
Si ce n'est parmi les vaincus réduits en esclavage, du moins
parmi les vainqueurs qui, naturellement, attachent une
idée de convenance à ce qui s'accorde avec leurs intérêts,
se développe l'élément qui, dans la conception de la justice,
implique que toute supériorité doit jouir des fruits de sa
supériorité.

Les dialogues de Platon ne donnent pas la mesure exacte
des opinions des Grecs, mais nous pouvons y trouver l'indication des opinions qui s'étaient généralisées parmi eux.
Écoutons Glaucon exposant une opinion courante de son
temps :

« Voici quelles sont l'origine et la nature de la justice : il existe
un moyen terme ou compromis entre ce que l'on préfère, c'est-
à-dire la liberté de commettre et de ne pas endurer l'injustice, et ce
que l'on évite, c'est-à-dire l'obligation de tout endurer sans pouvoir
se venger. Moyen terme entre ces deux extrêmes, la justice est
tolérée, non à titre de bien suprême, mais à titre de moindre mal. »
Et il ajoute immédiatement après, que « la force seule de la loi dirige
les hommes vers le chemin de la justice ».

[1] Sir John Lubbock. *Prehistoric Times*, Londres, 1869. p. 509.
[2] James Weddell. *Voyage towards the South Pole*, 1825, p. 173.

J'insisterai sur plusieurs points de ce passage significatif. En premier lieu, la reconnaissance du fait déjà énoncé qu'à une époque primitive la pratique de la justice ne provient que de la crainte des représailles et de la conviction fondée sur l'expérience qu'en somme il est plus sage de s'abstenir d'agressions et de respecter la limite qu'implique le compromis énoncé. Nul ne songe à la criminalité intrinsèque de l'agression : on ne se préoccupe que des suites fâcheuses qu'elle pourrait avoir. En disant plus loin que seule la « force de la loi » fixe la limite imposée aux actes de chaque homme, le dialogue dépeint la loi comme « un moyen terme ou un compromis », et ajoute que seule elle prescrit le respect « du chemin de la justice ». La loi n'est pas regardée comme étant une expression de la justice déjà connue, mais comme étant elle-même la source de la justice, d'où résulte le sens de la proposition antérieure qu'il est juste d'obéir à la loi. En troisième lieu, ce passage implique que si ce n'étaient les représailles et les pénalités légales, le plus fort serait en droit d'opprimer le plus faible. Nous voyons à demi percer l'opinion que la supériorité devrait jouir de tous les avantages qui sont à sa portée : l'idée d'inégalité occupe une place en vue, tandis que l'idée d'égalité demeure effacée.

Il n'est pas facile de découvrir quelle était l'opinion de Platon ou plutôt celle de Socrate. En bien des matières, les idées des Grecs n'avaient pas pris une forme définie, et dans tous ces dialogues la pensée a des contours peu arrêtés. Tantôt la justice s'explique par la probité ; d'autres fois encore (je cite le sommaire donné par M. Jowett[1]) on l'envisage comme étant « l'ordre universel ou le bien de l'État d'abord et de l'individu ensuite ». Cette dernière phrase, qui con-

---

[1] Platon *Republic*, traduction Jowett, Oxford. 1881. p. 229.

tient la conclusion finale, implique la prédominance établie d'une classe gouvernante et la sujétion du reste. La justice, c'est que « chacune des trois classes accomplisse la tâche incombant à sa classe ; que le charpentier, le cordonnier, etc., « s'adonnent à leur métier, à l'exclusion de tout autre », et que tous obéissent à la classe dont la mission est de gouverner[1]. De la sorte, l'idée de justice se fonde sur l'idée d'inégalité. Quoique nous apercevions une tendance à reconnaître l'égalité des positions et des droits entre membres d'une même classe, les lois concernant par exemple la communauté des épouses dans la classe gouvernante, avaient pour objet avoué d'établir, même dans cette classe, des privilèges inégaux en faveur de ses membres les plus haut placés.

Ce caractère de la notion de la justice était général parmi les Grecs, puisque nous la rencontrons dans Aristote, qui dans le cinquième chapitre de sa *Politique* conclut à la justice et à l'utilité de la relation de maître à esclave.

Bien que l'idée de l'inégalité l'emporte chez les Grecs sur l'idée restée effacée de l'égalité, remarquez que cette inégalité se rattache, non pas à l'attribution naturelle de récompenses supérieures aux mérites supérieurs, mais à leur attri-

---

[1] Une autre page nous fournit un exemple typique du raisonnement socratique. Il y est dit « qu'un juste principe veut que les individus ne s'emparent pas du bien d'autrui et qu'ils ne soient pas dépouillés du leur ». De ce principe, se tire la déduction que la justice consiste à ce que « chacun possède et fasse ce qui lui revient » ; il est donc injuste, en infère-t-on plus loin, qu'un homme prenne le métier d'un autre homme et le « pousse de force » d'une classe dans une autre. Une même conclusion est donc tirée de l'emploi d'une seule et même expression pour désigner la relation qui existe entre un homme et son bien ou son métier. Il y a là deux erreurs : l'une qu'on peut « posséder » un métier comme on possède un vêtement, l'autre qu'un homme doit être lié à son métier parce qu'il n'est pas permis de le dépouiller de son vêtement. Des erreurs de ce genre, causées par la confusion des mots et des choses, entre l'unité de nom et l'unité de nature, vicient à chaque pas les dialogues de Platon.

bution artificielle. C'est une inégalité établie principalement
par voie d'autorité, et les grades de l'organisation civile sont
de même nature que ceux de l'organisation militaire. L'esprit d'enrégimentation les pénètre l'une et l'autre et l'idée
de justice s'y conforme au caractère de la structure sociale.

L'histoire subséquente de l'Europe vient prouver que telle
est bien l'idée de la justice propre au type militaire en général, ainsi que l'atteste suffisamment le parallélisme entre
les amendes payées pour la composition d'un crime et
graduées selon le rang de la partie lésée et les privilèges
différents conférés par la loi suivant la différence des rangs
sociaux. Nous comprenons à quel point la notion des inégalités de droit déterminait la notion de la justice, en voyant
les serfs réfugiés dans les villes condamnés pour s'être
« injustement » soustraits à la domination de leurs seigneurs.

Ainsi que nous devions nous y attendre, tant que la lutte
pour l'existence entre les sociétés demeure active, la reconnaissance du facteur secondaire de la justice ne restreint
que très imparfaitement la reconnaissance de son facteur
primaire, celui qui est commun à toute vie en général,
humaine et sous-humaine. L'élément humain ne vient que
faiblement atténuer ce que nous appellerons l'élément animal de cette conception.

§ 24. — Tous les mouvements sont rythmiques, y compris
les mouvements sociaux et celui des doctrines qui les accompagnent. Après la conception de la justice où prédomine à
l'excès l'idée de l'inégalité, est née une conception où l'idée
de l'égalité prédomine à son tour à l'excès. La théorie morale
de Bentham nous fournit un exemple de ces réactions : dans
l'extrait suivant de l'Utilitarisme de M. Mill (p. 121 de la

traduction française, éd. 1889), l'idée de l'inégalité a tout à fait disparu.

« Le principe du plus grand bonheur n'est qu'un assemblage de mots sans signification rationnelle, si le bonheur d'une personne supposé égal en intensité (avec part faite pour la qualité) n'est pas compté exactement pour autant que le bonheur d'une autre personne. Ces conditions énoncées, le dicton de Bentham : « Chacun doit compter pour un et personne ne doit compter pour plus d'un », pourrait être inscrit sous le principe de l'utilité à titre de commentaire explicatif. »

Quoique par son affirmation que le bonheur constitue une fin intellligible à tous, tandis que la justice ne constitue qu'une fin relativement inintelligible, Bentham combatte la proposition qu'il faut prendre la justice pour guide, cependant il affirme implicitement la justice de son principe : « Chaque personne doit compter pour un et personne ne doit compter pour plus d'un », sinon il serait obligé d'avouer que son principe est injuste, et nous ne pouvons pas supposer qu'il consentirait à faire cet aveu. Sa doctrine implique donc que par justice il faut entendre une égale répartition des avantages matériels et immatériels dus à l'activité des hommes. Il n'admet donc pas qu'il convienne qu'il y ait dans les parts de bonheur humain des inégalités découlant des inégalités des facultés et des caractères.

C'est la doctrine que le Communisme voudrait mettre en pratique. Un des amis du prince Kropotkine m'a répété qu'il blâme les socialistes anglais de ne pas agir selon la règle populaire du « partage forcé et égal ». Dans un article récent, M. de Laveleye résumait le principe du Communisme comme étant celui en vertu duquel « l'individu travaillant au profit de l'État lui confie le produit de son travail pour le répartir également entre tous ».

Dans l'utopie communiste décrite par M. Bellamy[1] dans son livre *Looking Backward*, il est dit que « tous seront tenus de faire le même effort », et que si par ce même effort, physique ou mental, l'un produit deux fois plus que l'autre, il ne sera tenu aucun compte de la différence. Les faibles, physiquement ou intellectuellement, seront aussi bien pourvus que le reste, et l'auteur affirme que le régime actuel, « en ne pourvoyant pas aux besoins de la classe incapable, est basé sur la spoliation du droit évident de celle-ci ».

Cette école rejette donc absolument le principe de l'inégalité. Elle déclare injuste qu'une supériorité naturelle rapporte des résultats supérieurs, du moins des résultats matériels supérieurs, et comme elle ne paraît établir aucune distinction entre les qualités physiques et les qualités morales ou intellectuelles, elle sous-entend que non seulement le fort et le faible, mais encore le fou et le sage, l'honnête homme et le fripon, l'homme vil et l'homme aux penchants nobles et élevés seront traités sur le même pied. Car, si d'après cette conception de la justice il ne doit pas être tenu compte des défauts naturels, physiques ou intellectuels, il doit en être de même des défauts moraux, puisque tous ont l'hérédité pour origine première.

On abolit donc, de propos délibéré, la distinction cardinale entre la morale de la famille et la morale de l'État, sur laquelle nous avons insisté au début, abolition qui, nous l'avons vu, doit aboutir à la décadence et à la disparition de l'espèce ou de la variété au sein desquelles elle sera prononcée.

§ 25. — Cette étude des conceptions divergentes de la

[1] De Laveleye. *Contemporary Review*, février 1890, et Bellamy, p. 161. *Looking Backward* a été traduit en français sous le titre : « En l'An Deux Mille ». Paris, 1891. »

justice, dans laquelle les idées d'inégalité et d'égalité s'excluent l'une l'autre, en tout ou en partie, nous a acheminés vers la vraie conception de la justice.

Dans d'autres domaines de la pensée, je suis parvenu à démontrer que nous arrivons à la vérité par la coordination d'erreurs antagonistes. Ainsi, la théorie de l'association appliquée aux phénomènes de l'intelligence s'harmonise avec la théorie transcendantale, du moment que nous apercevons que les deux théories n'en font plus qu'une, si aux effets des expériences individuelles nous ajoutons les effets hérités des expériences subies par tous les ancêtres. De même, ayant reconnu qu'une nature morale adaptée a pour cause l'harmonisation des sentiments avec les nécessités subies de génération en génération, nous avons vu la théorie empirique de la morale se réconcilier avec sa théorie intuitive. Ici encore, nous assistons à une correction mutuelle toute semblable, qui se produit sous l'influence de l'élément spécial de la morale qui se trouve placé sous nos yeux.

Car si chacune de ces conceptions opposées de la justice est acceptée comme étant vraie d'une vérité partielle, mais devant être complétée par l'autre, leur combinaison produira la conception de la justice qui résulte de l'examen des lois de la vie, telle qu'elle se manifeste dans l'état de société. L'égalité doit régir les sphères d'action mutuellement limitées et indispensables pour que des hommes vivant en commun puissent coopérer avec harmonie. L'inégalité s'applique aux résultats que chaque homme est à même d'obtenir en respectant les limites impliquées. Aucune incompatibilité n'existe si l'idée d'égalité ou d'inégalité s'applique l'une aux limites, l'autre aux résultats obtenus. Au contraire, les deux peuvent et doivent être affirmées en même temps.

Nous n'avons pas à nous préoccuper en ce moment des autres injonctions de la morale. Les nécessités et les limitations de la conduite privée qu'on s'impose soi-même rentrent dans la grande division de la science de la morale dont traite notre troisième partie, et nous aurons à traiter plus tard des exigences et des restrictions comprises sous les titres de Bienfaisance négative et de Bienfaisance positive, restrictions qu'on s'impose en partie soi-même, mais qu'impose aussi, dans une certaine mesure, l'opinion publique. Nous n'avons affaire actuellement qu'avec les exigences et les limites, qui doivent être maintenues comme condition d'une coopération harmonieuse et que peut seule imposer la société agissant en vertu de sa capacité corporative.

§ 26. — Il ne faut pas nous attendre à l'acceptation générale d'une idée de justice aussi définie. Elle n'est appropriée qu'à un état social ultime, et nos états sociaux transitoires ne peuvent l'accepter qu'en partie, puisque, en somme, les idées dominantes doivent demeurer compatibles avec les institutions et les activités existantes.

Nous avons vu que les deux types essentiellement différents de l'organisation sociale, le type militaire et le type industriel, ayant respectivement pour base le régime du statut et le régime contractuel, ont des sentiments et des croyances propres qui s'ajustent à chacun d'eux en particulier. Les croyances et les sentiments mixtes appropriés aux types intermédiaires ont continuellement à se modifier en raison de la prédominance de l'un ou de l'autre de ces types. Ainsi que je l'ai montré ailleurs [1], pendant les trente ou

---

[1] *Principes de Sociologie*, §§ 266-7; *Institutions Politiques*, §§ 573-4 et 559.

quarante années de paix dont a joui ce siècle et durant la période d'affaiblissement de l'organisation militaire qui en est résultée, l'idée de justice s'était fortifiée : les règlements coercitifs s'étaient relâchés et laissaient chaque homme plus libre d'agir à son gré au mieux de ses intérêts. Mais le réveil de l'esprit militaire a renversé la direction de ces changements, et, tout en accordant des accroissements nominaux à la liberté, l'a en fait diminuée par des restrictions et des exactions multiples. L'esprit d'enrégimentation, propre au type militaire, a envahi l'administration de la vie civile. D'une manière consciente ou inconsciente, le socialisme poursuit l'établissement d'une armée de travailleurs ayant une tâche imposée et recevant des parts réglementaires du produit de leur travail; c'est l'introduction dans la vie civile du régime d'une armée de soldats recevant des rations fixes et ayant une consigne à exécuter. Toute loi qui s'empare de l'argent de l'individu dans un but d'intérêt public et le rembourse en avantages publics, tend à assimiler les deux organisations. C'est l'Allemagne qui nous offre le tableau le plus frappant de ce rapport intime. Chez elle l'esprit militaire est très prononcé, la réglementation des citoyens poussée très loin; aussi le socialisme y a-t-il pris un développement considérable, et le chef du système militaire allemand propose-t-il de soumettre aux règlements régimentaires toutes les classes ouvrières de l'Europe.

Il y a vingt ans, la sympathie prenait la forme de la justice : de nos jours elle rétrograde vers celle de la générosité, et cette générosité se manifeste par la pratique de l'injustice. La législation journalière trahit un faible souci d'attribuer à chaque homme ce qui lui revient, mais elle en montre un très grand de lui donner ce qui appartient à

4

autrui. Elle ne met aucune énergie à réformer notre administration judiciaire et à assurer à chaque homme la totalité
de ses gains légitimes, mais elle déploie une énergie extrême
à le pourvoir, lui et les autres, d'avantages qu'ils n'ont
pas gagnés. A côté du *laisser-faire* mesquin qui regarde
d'un œil impassible les hommes se ruiner sans obtenir de
la loi le redressement de leurs griefs les plus fondés, se
démène l'activité, qui leur procure *gratis* et aux frais d'autrui, le plaisir de lire des romans!

CHAPITRE VI

La Formule de la Justice.

§ 27. — Nous avons suivi l'évolution de la justice à partir de sa forme simple, objectivement considérée comme condition de la préservation de la vie. Ainsi considérée, nous avons reconnu qu'un nouveau facteur vient la modifier lors du passage à la vie grégaire, et la modifie plus particulièrement chez la race humaine. Après avoir observé ses produits subjectifs correspondants — le sentiment de justice et l'idée de justice — nés du contact avec cette condition nouvelle, nous nous trouvons préparés à donner une forme définie à la conclusion à laquelle nous sommes arrivés. Il ne nous reste qu'à trouver l'expression précise du compromis décrit dans le chapitre précédent

La formule devra réunir un élément positif et un élément négatif. Elle doit être positive en tant qu'elle affirme la liberté de chaque homme, puisqu'il doit jouir et souffrir des résultats, bons ou mauvais, de ses actions. Elle doit être négative en tant qu'affirmant cette liberté pour tout homme, elle implique qu'il ne pourra agir librement que sous la restriction que lui impose la présence des autres hommes ayant droit à la même liberté. Évidemment, l'élément positif est celui qui exprime la condition préalable de la vie en général ; l'élément négatif, celui qui vient modifier cette condition préalable, lorsque, au lieu d'une vie isolée, plusieurs vies sont vécues côte à côte. Nous avons donc à exprimer avec précision que la liberté de chacun est uniquement limitée par les libertés analogues de tous. C'est ce que nous faisons en disant : Tout homme est libre d'agir à son gré, pourvu qu'il n'enfreigne pas la liberté égale de n'importe quel autre homme.

§ 28. — Gardons-nous d'une méprise possible. Notre formule a pour objet présumé d'exclure certains actes d'agression qu'elle paraît ne pas exclure. On dira peut-être que si A frappe B et que B ne soit pas empêché de le frapper en retour, l'un ne s'arroge pas une liberté supérieure à celle de l'autre. On pourra dire encore que si A envahit la propriété de B, la formule sera satisfaite du moment que B pourra, à son tour, envahir la propriété de A. Mais de semblables interprétations s'écartent du sens essentiel de la formule ; nous le voyons dès l'instant que nous remontons à son origine.

Car la loi à exprimer, c'est que les actes de chaque homme constituant sa vie dans le présent et en assurant la conservation dans l'avenir, ne doivent être limités qu'au point requis par l'accomplissement des actes analogues qui assurent la vie des autres hommes. Cette loi n'admet pas qu'une ingérence superflue dans la vie d'autrui s'excuse par une ingérence égale qui servirait de compensation. Une telle interprétation de la formule impliquerait pour la vie de chacun et de tous des défalcations supérieures à celles qu'impose nécessairement la vie en commun ; ce serait évidemment en pervertir le sens.

Ne perdons pas de vue que la plus grande somme de bonheur est, sinon la fin immédiate, du moins la fin éloignée, et nous discernerons clairement que la sphère au dedans de laquelle il est loisible à chacun de poursuivre le bonheur a une limite confinant aux sphères d'actions semblablement limitées de ses voisins, et que nul ne peut pénétrer dans la sphère de son voisin en alléguant que celui-ci a la même faculté de pénétrer dans la sienne. Au lieu de justifier l'agression et la contre-agression, la formule a pour objet de fixer une borne que nul ne devra dépasser, ni d'un côté, ni de l'autre.

§ 29. — Les phénomènes du progrès social fournissent un commentaire instructif de cette méprise et de cette recti-fication ; ils nous montrent qu'au point de vue particulier de la justice l'humanité est partie de l'interprétation erro-née pour se rapprocher de l'interprétation correcte.

Dans les stages primitifs, l'habitude de l'agression et de la contre-agression, tantôt entre sociétés, tantôt entre indi-vidus, est passée dans les mœurs. Des tribus voisines se disputent par les armes les limites de leur territoire vio-lées, d'abord par les unes, ensuite par les autres, et la nécessité d'infliger la mort, en retour de la mort subie, excite à des guerres nouvelles. Une vague reconnaissance de l'égalité se fait pourtant jour au travers de ces ven-geances et de ces revanches, et prépare la reconnaissance de limites définies, tant pour le territoire que pour l'effusion du sang, de manière à maintenir, dans certains cas, une balance entre le chiffre des morts des deux côtés. Cette conception grandissante de la justice dans les relations de tribu à tribu s'accompagne d'une conception grandissante de la justice dans les relations entre membres de la même tribu. La crainte des représailles a été tout d'abord seule à maintenir un certain respect des personnes et des biens d'autrui : l'idée de justice était celle d'une compensation d'injustices : « Œil pour œil et dent pour dent ». Cette idée persiste pendant toute la durée des premiers stages de la civilisation. Après que la partie lésée a cessé de se faire elle-même une justice ainsi comprise, elle persiste encore dans la prétention de la faire imposer par l'autorité constituée. Le cri qui s'élève vers le dispensateur de la justice est un cri qui réclame le châtiment et l'infliction d'un dommage au moins égal au dommage subi, ou, à défaut de celui-ci, une compensation équivalente à ce dommage. La demande de la réparation, dans la mesure du possible, des violations de l'égalité, ne s'appuie encore que sur l'assertion tacite de l'égalité des droits.

Il est à peine nécessaire d'expliquer comment la conception définitive de la justice tend graduellement à se dégager de cette conception grossière. L'expérience des maux qu'engendre l'idée fausse, engendre l'idée vraie. La perception des justes restrictions de la conduite devient naturellement plus claire à mesure que le respect de ces restrictions s'impose aux hommes et qu'il devient plus habituel et plus général. Les incursions mutuelles des hommes dans les sphères de leurs voisins s'accomplissent suivant une sorte d'oscillation qui, violente au début, diminue graduellement d'amplitude avec le progrès vers un état social relativement pacifique. A mesure que les oscillations décroissent, on se rapproche de l'équilibre ; à mesure qu'on se rapproche de l'équilibre, on se rapproche d'une théorie exacte de l'équilibre. C'est ainsi que l'idée primitive de la justice, que l'agression doit se compenser par une contre-agression, s'efface de la pensée à mesure qu'elle disparaît de la pratique. Elle cède la place à l'idée de justice que nous venons de formuler et qui reconnaît les limitations de la conduite qui excluent absolument toute agression.

Nota. — Pour l'opinion de Kant, concernant le principe ultime du droit, voir l'Appendice A.

CHAPITRE VII

L'Autorité de la Formule de la Justice.

§ 30. — Avant de continuer, nous devons nous arrêter et examiner cette formule sous tous les aspects afin de bien nous rendre compte de ce qu'on peut lui opposer, comme de ce qu'on peut dire en sa faveur.

Les disciples de l'école politique et morale actuelle n'ont que dédain pour toute doctrine qui mettrait un frein aux exigences de l'utilité immédiate ou apparente. Ils ne cachent pas leur mépris pour les « principes abstraits » et les généralisations, mais ils professent une foi illimitée en tout ce qui émane de l'assemblage bigarré des élus des coteries électorales, mannequins dont des mains ignorantes et fanatiques tiennent les ficelles: il leur semble intolérable de subordonner, de quelque manière que ce soit, les jugements des législateurs ainsi choisis aux déductions tirées des vérités morales.

Il est étrange que dans le monde de la science règnent également cette approbation de l'empirisme politique et cette incrédulité à l'endroit de toute autre direction. Bien que l'esprit scientifique ait pour caractère de reconnaître l'universalité de la causalité, et qu'il convienne par suite d'admettre implicitement que la causalité s'étend aux actions des hommes constitués en société, ce principe n'en reste pas moins à l'état de lettre morte. Il est cependant évident que si les affaires publiques échappent à toute causalité,

toutes les politiques se valent, et qu'à moins d'admettre
cette opinion, il faut avouer qu'il existe une cause déter-
minante de la bonté ou des dangers de telle ou telle politique. Malgré tout, on ne fait aucun effort pour reconnaître
les causes et on voue au contraire au ridicule ceux qui
tentent de trouver l'expression définie du principe fondamental de l'harmonie dans l'ordre social. On insiste sur
les différences plutôt que sur les points de contact des
opinions politiques, tout comme les adeptes des croyances
religieuses courantes s'arrêtent aux divergences qui séparent les hommes de science, au lieu de considérer les
points essentiels où ils se rencontrent.

Il est donc manifeste qu'avant tout nous devons relever
les objections les plus importantes qu'on a fait valoir contre
la formule énoncée dans le chapitre précédent.

§ 31. — Toute évolution va de l'indéfini au défini; une
conception distincte de la justice n'a donc pu se former
que graduellement. Nous avons déjà constaté que la reconnaissance pratique de la justice implique une marche
correspondante vers sa reconnaissance théorique. Il convient de nous arrêter ici et d'observer de plus près
l'expansion du sentiment conscient que les activités particulières qui ont pour objet la conservation de soi doivent
être restreintes par les activités analogues de tous.

Notons d'abord un fait, qui aurait pu être énoncé à la
fin du dernier chapitre: c'est que lorsque les hommes ne
sont assujettis qu'à la discipline de la vie sociale pacifique,
sans intervention de la discipline qu'engendrent les luttes
de société à société, ils ne tardent pas à avoir la pleine
conscience de cette nécessité. Quelques tribus entièrement
pacifiques, quoique non civilisées au sens vulgaire du mot,

témoignent d'une perception beaucoup plus nette de ce qui constitue l'équité, que ceux des peuples civilisés chez qui les habitudes de la vie militaire restreignent encore plus ou moins les habitudes de la vie industrielle. Le doux et consciencieux Lepcha [1] qui évite la mort, mais refuse absolument d'aider à la donner; le Hos [2], riche en vertus sociales, que le soupçon de vol pousserait presque au suicide; le Veddah [3] des bois qui conçoit à peine qu'un homme puisse volontairement en blesser un autre ou s'emparer de ce qui ne lui appartient pas; tous ces hommes et d'autres encore attestent que l'absence d'une intelligence suffisante à l'élaboration d'une conception de la loi sociale fondamentale, n'empêche pas l'existence d'un sentiment très vif qui correspond à cette loi et de l'intelligence de ses applications spéciales. Dans des conditions sociales telles que le respect des droits des membres au sein de la tribu ne s'accompagne pas de violations fréquentes des droits des étrangers, nous voyons chez chaque individu grandir simultanément l'appréciation de ses propres droits et l'appréciation des droits d'autrui. Les nécessités résultant des compromis n'embrouillent les pensées se rapportant à la conduite que si la morale de l'amitié vient à s'enchevêtrer dans la morale de l'inimitié. Les habitudes agressives au dehors s'arrangent mal des habitudes non agressives au dedans et de la reconnaissance de la loi qu'implique la non-agression. Un peuple qui par euphémisme appelle ses soldats les « défenseurs de la Patrie » et qui ne s'en sert que pour envahir les pays étrangers — un peuple qui à l'intérieur de ses frontières apprécie la valeur de la vie humaine au point

---

[1] Campbell *Journal of the Ethnological Society*, London, juillet 1869.
[2] Dalton. *Descriptive Ethnology of Bengal*, Calcutta. 1872, p. 206.
[3] Sir J.-C. Tennant. *Ceylon, an Account of the Island*, Londres, 1859, II, 444

d'interdire les luttes de boxeurs, mais qui au delà supprime
fréquemment des centaines de vies pour en venger une
seule — un peuple qui chez lui repousse la pensée que l'infériorité doit supporter les maux qu'elle s'est attirés, mais
qui ne se fait aucun scrupule d'employer sans ménagement
les balles et les baïonnettes à subjuguer les peuples non
civilisés, en invoquant le prétexte que les êtres supérieurs
doivent prendre la place des êtres inférieurs, un tel peuple,
dis-je, aura des opinions incohérentes en matière du juste
et de l'injuste. Invoquant tantôt le code approprié à sa
politique intérieure, tantôt celui qui est approprié à sa politique extérieure, il est incapable d'embrasser un ensemble
cohérent d'idées morales. Pendant tout le cours du conflit
des races, qui, en assurant le peuplement de la terre par
les races les plus vigoureuses a été l'étape préliminaire
d'une civilisation supérieure, nous voyons la persistance
de ces activités incohérentes rendre nécessaire l'existence
de systèmes de croyances incohérentes et faire rejeter tout
système cohérent. Néanmoins, lorsque les circonstances
l'ont permis, la conception de la justice a évolué avec lenteur jusqu'à un certain point, et elle est parvenue à se
trouver des expressions vraies d'une vérité approximative.
Les Commandements des Hébreux promulguent des prohibitions qui, sans reconnaître ouvertement l'élément positif
de la justice, affirment en détail son élément négatif, spéci-
fient des limites aux actions, et, en prescrivant ces limites à
tous les Hébreux, affirment tacitement que la vie, la propriété, la réputation de tous doivent être respectées. Sous
une forme qui ne distingue pas entre la justice et la générosité, la maxime chrétienne : « Faites à autrui ce que vous
voudriez qu'on vous fît », implique vaguement l'égalité des
droits entre les hommes. Elle l'implique même d'une ma-

nière excessive, puisqu'elle ne reconnaît aucune raison qui puisse justifier l'inégalité des parts d'avantages respectivement appropriées par les hommes. Ne reconnaissant pas directement le droit qu'a chaque homme aux résultats de sa propre activité, elle n'implique la reconnaissance de ce droit que dans la personne des autres hommes et par la prescription de limites à observer. Sans nous arrêter aux formes intermédiaires de la conception de la justice, nous citerons parmi les modernes celle qu'elle a prise dans l'esprit de Kant [1]. Sa règle de conduite : « N'agissez que conformément à une règle telle que vous puissiez désirer qu'elle devienne la loi universelle », n'est que le précepte chrétien sous une forme allotropique. Elle suppose qu'on peut imaginer tout homme prêt à agir de la manière proposée, et admet qu'il doit s'abstenir si un dommage quelconque doit résulter de l'acte projeté. Quoique Kant soit classé parmi les anti-utilitaires, sa règle présume donc indirectement que le bien-être de tout autre homme en particulier doit être considéré comme de valeur égale à celui de la personne agissante, hypothèse qui non seulement comprend les exigences de la justice, mais les dépasse de beaucoup.

Laissons les idées des penseurs qui ont envisagé cette question sous son aspect moral et religieux, pour examiner les opinions de ceux qui l'ont envisagée au point de vue juridique.

§ 32. — Il va de soi que lorsque les juristes énoncent ou invoquent les premiers principes de leur science, ils entendent par là les bases de la justice, même s'ils n'emploient pas le mot, puisque les différents systèmes de faire régner

---

[1] Kant, *Theory of Ethics* (traduct. angl. par Abbott), 1873, pp. 54-5.

la justice, considérés en général ou en détail, forment la matière propre de leurs ouvrages. Ceci dit, voyons les doctrines successivement énoncées.

Faisant allusion aux dangers qui paraissaient menacer le développement du Droit romain, voici ce qu'écrit sir Henry Maine :

« Dans tous les cas, ils auraient trouvé une protection adéquate dans leur théorie du Droit naturel, car les jurisconsultes concevaient distinctement le Droit naturel comme un système appelé à absorber graduellement les lois civiles, sans se substituer à elles tant qu'elles demeureraient en vigueur. La valeur de cette conception et les services qu'elle a rendus résultaient de ce qu'elle présentait à leur esprit un type de Droit parfait et l'espoir de s'en rapprocher indéfiniment. » *Ancient Law*, pp. 76-7, 3ᵉ édit.

Fidèle à l'esprit des juristes romains, un de nos anciens juges, le célèbre Hobart, a soutenu avec force l'affirmation suivante :

« Un Acte du Parlement opposé à l'équité naturelle, comme celui qui déciderait qu'un homme sera juge dans sa propre cause, porte en soi la cause de sa nullité, car *jura naturæ sunt immutabilia* et constituent les *leges legum*. » *Hobart's Reports*, Londres, 1641, p. 120.

Voilà donc ce que pensait une autorité moins ancienne que les légistes romains. Dominé par la croyance qu'un pouvoir surnaturel régit les choses naturelles, Blackstone s'exprime en ces termes :

« Aussi ancienne que l'humanité et dictée par Dieu lui-même, la loi naturelle est évidemment d'obligation supérieure à toute autre. Aucune loi humaine n'a de validité si elle la contredit ; les seules lois humaines valides sont celles dont toute la force et toute l'autorité médiate ou immédiate dérivent de cette source première. » (*Blackstone*, éd. Chitty, vol. 1ᵉʳ, pp. 37-8.)

Le même verdict est prononcé par un auteur qui a traité de la législation au point de vue philosophique, sir James Mackintosh, qui définit ainsi une loi naturelle :

« C'est une règle de conduite suprême, invariable et obligeant tous les hommes. Elle est « loi naturelle » parce que ses préceptes généraux sont essentiellement propres à faire le bonheur des hommes..., parce que la raison naturelle la découvre et parce qu'elle convient à notre constitution naturelle. Elle l'est encore parce que sa convenance et sa sagesse sont fondées sur la nature générale des êtres humains et non pas sur les situations temporaires et accidentelles où ils peuvent se trouver placés. » (Mackintosh, *Miscellaneous Works*, *Œuvres Diverses*, vol. Ier, p. 346.)

Même Austin[1], l'idole de ██ légistes contemporains amoureux de la théorie du pouvoir législatif illimité que son esprit enclin au despotisme a élaborée, est obligé d'avouer que la justification dernière de l'absolutisme gouvernemental qu'il défend est de nature morale. Derrière toute autorité monarchique, oligarchique ou parlementaire édictant les lois représentées comme suprêmes, tous s'accordent donc à reconnaître une autorité à qui elle est subordonnée, autorité suprême qui par ce motif ne dérive pas de la loi humaine, mais lui est supérieure, autorité tacitement dérivée, sinon de la volonté divine, du moins de la nature même des choses.

Témoigner quelque respect à ces opinions auxquelles j'ajouterai celle des juristes allemands sur le *Naturrecht*, n'implique pas une crédulité irraisonnée. Nous pouvons raisonnablement présumer que leur essence est vraie, bien que leur forme prête souvent à la critique.

§ 33. — J'entends déjà émettre la réflexion dédaigneuse : « Tout cela se réduit à des croyances *a priori*, venant à l'appui de cette méthode philosophique vicieuse qui consiste à extraire des vérités des profondeurs de notre conscience ». Voilà l'argument dont useront ceux pour qui les vérités

[1] John Austin. *The Province of Jurisprudence determined*, Londres, 1861, page 30.

générales ne sont accessibles qu'à la suite d'une induction consciente. Par une illustration curieuse de la loi qui déclare que tout mouvement est rythmique, la foi absolue du passé dans les raisonnements *a priori* a fait place à une incrédulité tout aussi absolue ; on n'accepte plus que ce qui est établi *a posteriori*. Pour quiconque a observé la marche ordinaire du progrès humain, il est à peu près certain que cette violente réaction sera suivie d'une seconde réaction, et l'on en peut inférer que, malgré l'abus qu'on a fait de chacune d'elles, ces deux méthodes de raisonnement antithétiques rendent l'une et l'autre des services. D'où viennent les croyances *a priori* et comment prennent-elles naissance? Je ne parle pas bien entendu des croyances particulières à certaines personnes, croyances qui peuvent être le résultat de perversions intellectuelles. Je parle des croyances générales, sinon universelles — des croyances que tous ou presque tous tiennent pour certaines, sans prétendre les baser sur quelque témoignage certain. L'origine de ces croyances est ou naturelle ou surnaturelle. Si elle est surnaturelle, à moins que, comme pour les croyants au diable, elles ne passent pour être diaboliquement suggérées aux hommes afin de les égarer, il faut bien les considérer comme divinement implantées en nous afin de nous servir de guide, et dans ce cas elles ont droit à notre confiance. Si n'étant pas convaincus de cette origine surnaturelle, nous cherchons leur origine naturelle, notre conclusion sera que l'appréciation des rapports des choses a déterminé ces modes de la pensée. Celui qui adhère à la croyance courante aux agents du bien et du mal, n'est pas sans raison plausible pour dénier la valeur des doctrines *a priori*, mais l'évolutionniste qui tient à rester conséquent avec lui-même est forcé d'admettre que les doctrines *a priori* partagées par les hommes en général, doivent être issues, sinon des expériences de chaque homme en particulier, du moins des expériences communes de la race. Empruntons un exemple à la géométrie : deux lignes droites, affirme-t-on, ne peuvent pas enclore un espace. Cependant on doit bien l'avouer, cette vérité est impossible à établir *a posteriori*, puisque, je ne dis pas dans plusieurs cas, mais dans aucun cas, on ne peut prolonger des lignes à l'infini à l'effet d'observer ce qu'il adviendra de l'espace qui s'étend entre elles. Il faut donc inévitablement admettre que l'expérience que les hommes ont eue des lignes droites (disons plutôt d'objets à peu près droits, afin de tenir compte des temps primitifs) a été telle qu'elle ne permet pas la conception d'un espace enclos par deux lignes droites. Cette expérience nous impose impérativement de croire qu'à moins de se recourber, ces lignes ne pourront pas enclore cet espace. Dans l'hypothèse de l'Evolution cette intuition n'a pu se fixer qu'à la suite du commerce avec les choses extérieures, qui durant un laps de temps immense a directement ou indirectement déterminé l'organisation du système nerveux et les nécessités résultantes de la pensée. Les croyances *a priori* déterminées par ces nécessités diffèrent donc simplement des croyances *a posteriori* en ceci : elles sont le produit des expériences d'une innombrable succession d'individus au lieu d'être celui des expériences d'un individu isolé. Si au point de vue de l'Evolution, il en est indubitablement ainsi des cognitions simples concernant l'Espace, le Temps et les Nombres, ne devons-nous pas inférer qu'il en sera, dans une large mesure, de même des cognitions plus complexes qui ont pour objet les rapports humains ? Je dis « dans une large mesure », en partie parce que dans ce cas les expériences ont été à la fois bien plus enchevêtrées et plus variées à la surface et que leurs effets sur l'organisation nerveuse ne sont pas aussi nettement tranchés, et en partie parce qu'au lieu de se rattacher à une série incommensurable d'ancêtres, elles ne remontent qu'à une partie de la race humaine. A peine perceptibles aux premières époques, ces expériences ne s'accentuent et ne deviennent cohérentes que lorsqu'une coopération sociale bienveillante devient un facteur important de la vie sociale. Ces cognitions devront donc être comparativement indéfinies.

Il s'ensuit que les intuitions morales doivent être soumises à l'épreuve d'une critique beaucoup plus méthodique que les intuitions mathématiques. Même les jugements basés sur des perceptions immédiates de lignes droites, de courbes, d'angles, etc., demandent à être contrôlées au moyen de procédés élaborés par la raison consciente : nous distinguons bien si une ligne droite est approximativement perpendiculaire à une autre, mais un théorème de géométrie peut seul démontrer la perpendicularité complète. Il est donc évident que les perceptions internes et relativement vagues que nous avons de la justice des rapports humains, ne doivent être acceptées qu'après des comparaisons réfléchies, des contre-enquêtes rigoureuses et des épreuves minutieuses et variées, conclusion que ratifient les nombreux désaccords de détail qui accompagnent l'accord fondamental qui s'est établi.

Si donc les opinions relatées plus haut, et avec elles la loi d'égale liberté que nous venons de formuler, n'avaient qu'une origine *a priori* (ce qui est loin d'être le cas), il serait encore rationnel de les considérer, sinon comme des vérités littéralement vraies, tout au moins comme des ébauches de vérités.

§ 34. — En reprochant à un système d'avoir pour point de départ une intuition *a priori*, on s'expose à se voir renvoyer ce reproche avec plus de force encore.

En philosophie, en politique, en science, l'école inductive est emportée par sa réaction violente contre l'école déductive, jusqu'à l'extrémité de considérer comme acquis que l'induction consciente suffit à tout et qu'il n'est jamais nécessaire de concéder la validité d'un axiome. Le procédé dont on se sert pour démontrer la vérité d'une proposition, consiste à prouver qu'elle est comprise dans une vérité plus étendue et déjà reconnue, et, si celle-ci est contestée, à répéter le procédé pour démontrer que cette dernière rentre à son tour dans une vérité encore plus étendue. On sous-entend que ce mode de raisonnement peut se continuer indéfiniment, sans jamais atteindre la vérité la plus étendue, qui ne peut rentrer dans aucune autre et qu'il est par suite impossible de démontrer. Le résultat de cette hypothèse irréfléchie, c'est de conduire à édifier des théories qui, à moins d'avoir pour base des notions *a priori*, n'en ont absolument aucune. Tel est le cas des systèmes utilitaires de morale et de politique[1].

Car quel est le sens ultime de l'utilitarisme? Puisqu'on ne veut plus d'autre guide que l'empirisme, vers quel but

---

[1] Certaines personnes se refusent à admettre, non seulement l'existence de vérités nécessaires, mais l'existence de la nécessité elle-même. Elles ne se rendent pas compte apparemment que dans tout raisonnement, chaque pas qui va des prémisses à la conclusion, n'a d'autre garant que la perception de la nécessité du rapport de dépendance. Nier l'existence de la nécessité, c'est donc nier la validité de toute argumentation, y compris celle qui se propose de démontrer la non-existence de la nécessité. Je lisais l'autre jour quelques considérations au sujet de l'étrange résurrection d'une théorie qu'on disait avoir été tuée depuis longtemps. S'il est vrai, le fait est absolument remarquable. Mais ce qui l'est encore davantage, c'est de voir comment un système qui, prétend-on, a fini par le suicide, parvient encore à s'emparer d'esprits cultivés.

va-t-on nous diriger? Si la direction à suivre doit toujours dépendre des mérites de l'espèce, d'après quoi jugera t-on ces mérites? « Ils doivent, répond-on, assurer le bien-être de la société ou le bonheur de la collectivité. » Certes, nos adversaires ne peuvent pas nous répondre que le mérite à apprécier sera celui d'accroître la misère ou de nous maintenir dans un état stationnaire d'indifférence sensationnelle ou émotionnelle; il faut bien qu'ils répondent que ce mérite sera l'accroissement de la somme de bonheur. Ils déclarent donc implicitement que c'est la plus grande somme de bonheur que doivent isolément et simultanément poursuivre l'action individuelle et l'action publique. Mais quelle est l'origine de ce postulat? Est-ce là une vérité inductive? Dans ce cas d'où vient cette induction et quels sont les hommes qui l'ont instituée? Est-ce une vérité d'expérience, fruit d'observations rigoureuses? Où sont-elles ces observations, et quand a-t-on rassemblé la vaste masse d'observations généralisées, sur lesquelles doit reposer toute la science de la politique et de la morale? Non seulement ces expériences, ces observations et cette induction n'existent pas, mais il est encore impossible d'en montrer aucune trace. Même l'intuition fût-elle universelle (ce qui n'est pas, car les ascètes de tous les temps et de tous lieux la rejettent, et une école de moralistes contemporains se refuse également à l'admettre), elle n'aurait d'autre titre à nous offrir que celui d'être une affirmation immédiate de la conscience.

Mais ce n'est pas tout : la doctrine utilitaire sous-entend encore une autre croyance *a priori*. J'ai cité la règle de Bentham : « Chacun compte pour un et nul pour plus d'un », et le commentaire de Mill, que le principe de « la plus grande somme de bonheur » n'a de sens que si « le bonheur

d'une personne est exactement compté comme devant être
égal au bonheur de toute autre personne ». La théorie
morale et politique de Bentham pose donc cette proposition
comme une vérité fondamentale et évidente par elle-même.
Cette hypothèse tacite, que le titre au bonheur d'un homme
quelconque vaut celui d'un autre homme quelconque, vient
d'être présentée sous une forme plus concrète par M. Bellamy quand il écrit : « Il sera bientôt reconnu que le monde,
ainsi que tout ce qu'il renferme, est la propriété commune
de tous, destinée à être exploitée et administrée pour le
bénéfice égal de tous [1] ».

Ce qui revient à dire, que ce soit Bentham lui-même, son
commentateur Mill ou son disciple communiste qui parle,
que tous les hommes ont des droits égaux au bonheur.
Mais cette affirmation n'a et ne peut avoir d'autre fondement
que l'allégation d'une perception intuitive : elle se résout
donc en une cognition *a priori*.

« Mais elle ne constitue pas une cognition proprement
dite », se hâteront probablement de dire ceux qui, désireux
de répudier la conséquence communiste qu'elle implique,
entendent néanmoins rejeter tout raisonnement *a priori*.
« Cette prétendue cognition n'est que le produit d'une imagination égarée. Il est impossible de répartir le bonheur en
parts égales ou inégales, et la plus grande somme de bonheur ne peut même pas s'obtenir par la répartition égale des
moyens conduisant au bonheur, ou des bénéfices, comme on
vient de les appeler. On aura plus de chances d'y arriver
en conférant une large part de ces moyens aux hommes qui
sont le plus capables de bonheur. » Sans examiner si cet
arrangement serait praticable, demandons simplement quelle

[1] Mill (John-Stuart). *Utilitarianism*, Londres, 1864, p. 93, et Bellamy,
Contemporary Review, juillet 1890.

est la sanction de cette assertion. Est-ce une sanction inductive? Quelqu'un a-t-il institué un certain nombre de comparaisons entre les sociétés qui auraient adopté la première
méthode de répartition du bonheur et celles qui auraient
adopté la seconde? Cela n'est guère probable, vu qu'aucune
société n'a suivi ces deux méthodes. Cette hypothèse n'est
donc pas plus fondée en fait que celle qu'on rejette. A défaut d'une sanction *a priori*, elle n'en possède aucune.

Voyez dans quelle situation nos adversaires se sont placés.
Rejetant les hypothèses qu'ils prétendent n'avoir d'autre
sanction que l'intuition directe, le système empirique a
recours à un plus grand nombre d'hypothèses entachées du
même vice que le système auquel on l'oppose. Il implique
une de ces hypothèses dans l'assertion que le bonheur doit
être la fin à poursuivre, et une autre dans chacune des deux
assertions que les hommes ont ou n'ont pas des droits égaux
au bonheur. Remarquez, en outre, qu'aucune de ces intuitions ne peut invoquer un consentement aussi étendu que
l'intuition qu'on rejette comme indigne de créance. Sir
Henry Maine a fait à ce sujet l'observation suivante :

« Sans doute, la littérature tant ordinaire que juridique de Rome
a quelquefois proposé le bonheur des hommes comme devant être
l'objet de toute législation réformatrice, mais il est à remarquer
combien les témoignages en faveur de ce principe sont faibles et
clairsemés en comparaison des hommages continuellement décernés
aux revendications triomphantes de la Loi naturelle. » (*Ancient Law*,
p. 79, 3ᵉ édit.)

Depuis l'époque romaine, il est à peine besoin de le dire,
la même opposition a persisté entre la reconnaissance restreinte du bonheur comme fin et l'ample attribution de cette
qualité à l'équité naturelle.

§ 35. — Rappelons-nous enfin que le principe de l'équité

naturelle prescrivant, ainsi que nous l'avons dit dans le chapitre précédent, que la liberté de chaque homme aura pour unique limite la liberté de tous les autres hommes, n'est pas exclusivement une notion *a priori*. Bien qu'à certain point de vue il soit le verdict immédiat de la conscience humaine disciplinée par l'influence prolongée de la vie sociale, il se présente également sous l'aspect d'une opinion qu'on peut déduire des conditions nécessaires, d'abord à la conservation de la vie en général et ensuite à la durée de la vie sociale.

L'examen des faits nous a démontré que la loi fondamentale prescrivant à chaque individu adulte de subir les conséquences de sa propre nature et de ses propres actions, a assuré la survie des mieux adaptés et que son influence a fait évoluer la vie de ses formes inférieures vers ses formes supérieures. Elle implique nécessairement la pleine liberté d'agir, qui constitue l'élément positif de notre formule de la justice, car, à défaut de cette pleine liberté, le rapport entre la conduite et ses conséquences ne peut subsister. Des exemples variés ont confirmé la conclusion, manifeste en théorie, que chez les êtres grégaires cette liberté individuelle d'agir doit se soumettre à des restrictions dont l'absence amènerait entre les actes des chocs qui empêcheraient toute association. Le fait que, malgré leur inintelligence relative, les animaux grégaires inférieurs infligent des pénalités à l'infraction des restrictions nécessaires, montre comment le respect de ces restrictions s'est inconsciemment établi comme condition de durée de la vie sociale.

Ces deux lois s'appliquant, la première à tous les êtres quelconques, la seconde à tous les êtres sociaux, et s'affirmant de plus en plus à mesure que l'évolution s'élève, ont trouvé au sein des sociétés humaines leur suprême et plus vaste sphère de manifestation. Nous avons naguère constaté que le développement de la coopération pacifique coïncide avec la soumission croissante à cette loi composée, tant sous son aspect positif que sous son aspect négatif, et nous avons constaté en plus le développement simultané de sa perception intellectuelle et de son appréciation émotionnelle.

Nous avons donc d'autres raisons que celles énumérées ci-dessus pour conclure que cette croyance *a priori* a son origine dans les expériences de la race ; nous sommes en outre à même de l'affilier aux expériences de l'ensemble des êtres vivants et de nous convaincre qu'elle n'est qu'une correspondance consciente aux exigences de certains rapports que l'ordre naturel rend nécessaires.

On ne peut imaginer de sanction plus haute. Aussi, acceptant la loi d'égale liberté comme principe moral ultime possédant une autorité supérieure à tout autre, nous pouvons maintenant reprendre le cours de notre étude.

CHAPITRE VIII

Les Corollaires de la Formule de la Justice.

§ 36. — Les activités humaines se divisent en catégories nombreuses et engendrent des relations sociales complexes. Pour que la formule générale de la justice puisse servir de guide constant, il faut donc que ses déductions soient adaptées à chaque catégorie spéciale et distincte. L'affirmation que la liberté de chacun a pour limite les libertés analogues de tous, reste à l'état de lettre morte, tant qu'on ignore quelles sont les restrictions particulières propres aux diverses séries de circonstances.

Quiconque admet que tout homme doit jouir d'une certaine somme de liberté ainsi limitée, affirme pour tout homme le *droit* de jouir de cette somme de liberté ainsi limitée. S'il est prouvé, tantôt dans un cas, tantôt dans un autre, que tout homme est libre d'agir jusqu'à une certaine limite, mais non au delà, cette preuve établit implicitement qu'il est *juste* qu'il possède la liberté particulière ainsi définie. Il est donc rationnel d'appliquer aux diverses libertés particulières démontrées par déduction le nom de *droits*, que leur donne le langage ordinaire.

§ 37. — L'emploi abusif des mots arrive quelquefois à les jeter dans un discrédit profond. Les idées vraies qu'ils connotent s'associent à la longue si intimement avec des idées

fausses qu'ils perdent une grande partie de leur caractère.
C'est ce qui est visiblement arrivé pour le mot « droits ».

Des flots de sang ont été répandus pour défendre le
« droit » au trône de tel ou tel personnage. Notre ancienne législation sur les pauvres appuyait habituellement
leurs revendications en invoquant leur « droit » à une
subsistance tirée de la terre. Naguère nous nous sommes
familiarisés avec l'idée du « droit » au travail répandue
parmi les ouvriers français, c'est-à-dire du droit qu'ils
avaient d'obtenir du travail. Aujourd'hui les communistes
se servent du mot « droit » en bouleversant le sens que
l'usage lui avait donné, et l'emploi de ce mot s'est tellement
relâché que les journalistes qui font métier de servir au
public les commérages concernant les personnages en vue,
se défendent en disant que le public a le « droit » d'être
renseigné. Une réaction inévitable s'est produite dans beaucoup d'esprits cultivés qui en sont venus à contester obstinément et avec hauteur l'existence de ce qu'on appelle des
droits. « Il n'est d'autres droits, disent-ils, que ceux que
confère la loi. » Se mettant à la suite de Bentham, ils affirment que l'Etat est la source unique des droits et qu'en
dehors de lui il n'en existe pas.

Mais si l'extension démesurée donnée au sens des mots
dénote un manque de jugement, c'en est un autre de ne pas
discerner leur sens véritable, quand il se dissimule sous
leurs acceptions abusives.

§ 38. — Il résulte de ce que nous avons vu que les
droits proprement dits sont des corollaires de la loi d'égale
liberté, tandis qu'il est impossible d'en déduire les faux
droits. Nous allons étudier ces corollaires et nous constate-
rons en premier lieu qu'ils coïncident tous et sans excep-

tion avec des conceptions morales ordinaires, et en second lieu qu'ils correspondent tous à des lois positives. Nous verrons en outre que, loin de dériver de la loi écrite, ce sont les droits proprement dits qui confèrent son autorité à celle-ci.

CHAPITRE IX

Le Droit à l'Intégrité physique.

§ 39. — Je demande l'indulgence pour ce titre aux dehors pédantesques, mais je n'en vois pas d'autre qui annonce d'une manière adéquate tout ce qui sera compris dans ce chapitre. En effet, nous embrasserons tous les dommages, depuis la violence, qui peut détruire l'intégrité physique que chacun a le droit de revendiquer, jusqu'au simple désagrément d'un voisinage qui donne la nausée.

Sans nous occuper en ce moment d'autres restrictions, la loi d'égale liberté a pour corollaire, évident par lui-même, que les actes de tout homme doivent se restreindre dans la limite où ils n'infligent directement à autrui aucun préjudice physique, grave ou léger. En premier lieu, les actes qui ne tiennent pas compte de cette limite, impliquent, sauf le cas de représailles, l'exercice d'une liberté plus étendue d'un côté que de l'autre, et nous avons vu que, bien comprise, notre loi n'autorise ni agression, ni contre-agression. En second lieu, considérée comme énonciation d'une condition indispensable pour assurer la plus grande somme de bonheur, cette loi interdit tout acte qui inflige une souffrance ou un trouble physique.

§ 40. — Sous ce titre général, nous ne mentionnons que pour mémoire le droit à la vie et l'interdiction du meurtre, qui en dérive. Ce crime, considéré par les nations civilisées comme le plus noir des forfaits, n'est inconsciemment, sinon consciemment, ainsi regardé que parce qu'il constitue la violation extrême de la loi d'égale liberté, puisque le meurtrier ne se contente pas de troubler, mais va jusqu'à anéantir le pouvoir d'agir chez autrui. Il n'est donc pas nécessaire d'insister sur cette première déduction de la loi naturelle, déclarant la vie chose sacrée; toutefois, il sera instructif d'observer les progrès successifs vers la reconnaissance de ce caractère sacré.

Enregistrant, comme exemple extrême, celui des Fidjiens[1], chez qui le meurtre passe ou passait pour une action honorable, nous arrivons aux exemples nombreux fournis par les tribus sauvages qui mettent à mort leurs vieillards, leurs malades et leurs invalides. Plusieurs populations de l'Europe primitive en faisaient autant. Grimm nous raconte que chez les Wendes[2] « les enfants tuaient leurs vieux parents, les membres âgés de leur famille, et tous ceux qui n'étaient plus aptes à la guerre ou au travail, qu'ils les faisaient cuire et les mangeaient, ou bien qu'ils les enterraient vivants... Les Hérules[3] tuaient de même leurs vieillards et leurs infirmes... Des traces de cette coutume se continuent dans la Germanie septentrionale jusque dans des époques moins reculées ».

A côté de cette destruction délibérée des membres invalides de la tribu, destruction qui avait généralement pour excuse d'être nécessaire à la conservation des membres valides, nous ne voyons pas que les groupes sociaux primitifs aient habituellement et publiquement considéré le meurtre comme un crime. D'après Grote[4], le meurtrier n'avait à

[1] Williams and Calvert Fiji and the Fijians, 1858, I, p. 112.
[2] Grimm, Deutsche Rechtsalterthümer, 488.
[3] Ibidem, 487.
[4] Grote, A History of Greece, 4e édit., II, p. 33

redouter, chez les Grecs Homériques, « que la vengeance personnelle des parents et des amis de la victime ». Ceux-ci pouvaient accepter une composition sous forme d'un paiement stipulé; dans ce cas, la mission des chefs se bornait à veiller à l'exécution du marché. Les mêmes idées, les mêmes sentiments, les mêmes pratiques continuèrent à prévaloir en Europe jusqu'à une époque plus rapprochée de nous. Ce qui constituait le mal, ce n'était pas tant la perte de la vie de la victime, que le préjudice causé à sa famille ou à son clan; c'était là le tort qui devait être ou puni ou compensé. Dès lors, il était à peu près indifférent de tuer en retour soit le meurtrier en personne, soit quelque membre innocent de sa famille. C'est cette considération qui détermina sans doute également, du moins en partie, la graduation de l'amende suivant la qualité de la victime, amende qui, après avoir été aux stages primitifs l'objet d'une transaction privée, fut plus tard fixée par la loi. La conception du caractère sacré de la vie humaine s'était si peu développée, que pour l'esclave il n'y avait pas de prix du sang : son maître pouvait le tuer selon son bon plaisir, et, si quelque autre personne le mettait à mort, sa valeur mobilière était seule exigible.

Par un progrès insensible, lorsqu'une partie du prix du sang fut attribuée au roi, le meurtre devint quelque chose de plus qu'un attentat d'ordre privé. On restait pourtant, dans une large mesure, sous l'empire de l'idée ancienne, puisque la destruction d'un des sujets du roi équivalait à la destruction d'une parcelle de son pouvoir sur ses sujets, en diminuant l'effectif de la force guerrière de son groupe. Le maintien de la graduation des amendes d'après le rang, montre le peu d'importance qu'on attachait à la criminalité intrinsèque du meurtrier : témoin encore la distinction établie par le bénéfice de clergie. Jusque sous les Plantagenets, un meurtrier qui savait lire échappait à presque tout châtiment[1]. La République réalisa un grand progrès en abolissant entièrement le bénéfice de clergie. Un Acte spécial du Parlement abolit « le gage de bataille », ou combat judiciaire, et la même loi punit sévèrement le duel. Cette législation reconnaissait enfin la criminalité intrinsèque du meurtre. Aussi pouvons-nous maintenant aborder les temps modernes, qui n'admettent ni excuse tirée de la distinction des classes, ni aucune autre forme d'immunité.

Trois faits significatifs sont à signaler dans le cours de cette évolution. Aux étapes primitives, la conservation de la vie reste, comme parmi les animaux, une question d'ordre purement privé, et il ne s'attache guère plus d'idée de culpabilité à l'acte de donner la mort. A mesure que l'agrégation et l'organisation sociales se développent, on le considère de plus en plus comme un préjudice causé d'abord à la famille ou au clan, et ensuite à la société. On punit le meurtre comme attentat contre la société plutôt que comme attentat contre l'individu. Peu à peu, sans effacer la conception de sa criminalité comme violation de la loi préservatrice de l'ordre social, la conception de sa criminalité comme préjudice incommensurable et irréparable causé à la victime s'est affirmée au point de devenir prédominante. Ce sentiment conscient de culpabilité intrinsèque implique un sentiment conscient du droit intrinsèque à la vie chez l'individu : le droit à la vie a, dès lors, pris la première place dans la pensée humaine.

§ 14. — Le rapport entre le degré de dommage physique

___

[1] Grimm, *Deutsche Rechtsalterthümer*, p. 289, et Green, *A Short History of the English People*, p. 13.

qui cause la mort, et le degré de dommage physique qui
cause plus ou moins d'incapacité d'accomplir les fonctions
de la vie, a toujours été trop sensible pour pouvoir être méconnu. L'assertion tacite du droit à l'intégrité physique,
qu'implique le châtiment du meurtre, a donc été accompagnée de l'assertion tacite ultérieure qu'impliquent les châtiments punissant les mutilations, les blessures, etc. Un cer
tain parallélisme s'est naturellement manifesté entre les
étapes successives dans les deux cas, à partir de la maxime :
« Vie pour vie et œil pour œil », qui en fut le point de départ.

Lorsqu'au sortir du stage primitif où les représailles sont
une affaire purement privée, on arriva au stage où elles
deviennent l'affaire de la famille ou du clan, nous voyons le
clan se venger en prélevant aux dépens du clan offenseur
une vie destinée à compenser la vie qu'il avait perdue, et si
le dommage subi n'avait pas été mortel, exiger un équivalent par substitution, à la place d'un équivalent actuel. Ce
fait ressort de l'adoption du système des réparations pécu-
niaires ; la famille ou la maison de l'offenseur fut tenue de
payer le prix non seulement d'une vie, mais celui d'un
membre mutilé, à la famille ou à la maison de la partie
lésée.

Un fait ultérieur implique la même conception. Dans les
tribus germaniques[1] et chez les Anglais primitifs[2], la composition pour l'homicide, graduée suivant le rang, se complé-
tait par une série de compositions calculées également
d'après le rang et s'appliquant aux dommages de moindre
importance. Il s'ensuit que, dans les deux cas, la préoccupation dominante était celle du dommage subi par la famille
ou le clan plutôt que celle du dommage subi par l'individu.

[1] Stephen. A History of the Criminal Law of England, 1883, II, pp. 201, 299.
[2] Sir Henry Maine. Ancient Law, édit. 1866, p. 370.

La même conception se rencontre chez les anciens Russes [1].

A mesure que la vie sociale des clans ou groupes étroits vint se fondre dans la vie sociale de groupes étendus ou nations, l'idée du préjudice causé à la nation supplanta celle du préjudice causé au clan. L'État commença à encaisser d'abord une partie, puis la totalité de l'amende payée par l'agresseur, et cette coutume a survécu jusqu'à nos jours. Quoique dans les cas de violence personnelle la sympathie de la conscience publique se porte surtout sur la victime, et sa réprobation sur le coupable qui a infligé les souffrances et causé le dommage qui en est résulté, l'État s'approprie la réparation pécuniaire du préjudice et abandonne la victime à son malheur.

Les dommages-intérêts qu'on alloue de nos jours en réparation d'un préjudice causé par la négligence, témoignent d'une conception plus haute de la justice. Depuis quelques siècles déjà, le droit à une indemnité, du citoyen lésé physiquement et volontairement par un de ses concitoyens, a été étendu aux dommages physiques du fait d'imprudence ou d'incurie.

Ces dernières années ont vu des applications de plus en plus larges de ce principe : ainsi les Compagnies de chemins de fer sont rendues responsables des préjudices causés par l'imperfection de leur matériel ou le défaut d'attention de leurs employés, et les patrons particuliers répondent des accidents occasionnés à leurs ouvriers par des appareils défectueux, un manque de précautions ou le danger inhérent à leur travail. Ce progrès légal implique une appréciation plus élevée du droit de l'individu à son intégrité physique ; la Compagnie, ou la personne responsable du préjudice causé,

---

[1] Holtzendorf-Vietmannsdorf. *Handbuch des Deutschen Strafrechts*, Berlin. 1871, I. pp. 225–6.

est obligée de verser l'indemnité, non plus entre les mains de l'État, mais entre celles de la partie lésée, preuve que le droit de l'individu à son intégrité physique prime dans la conscience générale la pensée du détriment social qui résulterait de la méconnaissance de ce droit.

N'omettons pas une autre preuve de l'estime croissante où l'on tient ce que nous appelons le caractère sacré de la personne. Nos lois considèrent comme voies de fait, non seulement les actes de violence ouverte qui déterminent des dommages légers, mais même ceux qui résultent de mouvements intentionnels, de tout acte quelconque de coercition physique et jusque de menaces qui ne se sont pas traduites en action : un baiser pris sans consentement est devenu un délit punissable.

§ 42. — Par un autre progrès réalisé de nos jours, la communication d'une maladie constitue une atteinte portée à l'intégrité physique.

Toutefois ce délit, quoique grave et en partie considéré comme tel par la loi, n'occupe pas encore dans nos codes et dans la conscience générale la place distincte qui lui revient, sans doute à cause du caractère indéfini et incertain de ses conséquences nuisibles. Tantôt, c'est un père qui va reprendre son fils atteint d'un mal contagieux et le fait voyager par chemin de fer, sans s'inquiéter du danger d'infection probable auquel il expose les voyageurs qui monteront dans le même vagon; tantôt, c'est une mère qui demande au médecin qui a soigné ses enfants atteints de scarlatine, s'ils ne sont pas suffisamment rétablis pour aller à l'école, et qui se propose de les y envoyer bien qu'avertie qu'ils pourront y porter la contagion. Des actes de ce genre sont à la vérité passibles de pénalités, mais ils passent si généralement inaperçus et l'on comprend si peu le mal qu'ils peuvent causer, que l'opinion ne les considère guère comme des délits. Ils devraient pourtant être tenus sinon pour des délits actuels, du moins pour des délits potentiels.

En effet, la loi et la conscience publique ont enfin reconnu qu'on est coupable, non seulement en faisant physiquement souffrir son prochain, mais encore en l'exposant à des maux physiques potentiels. Nous sommes arrivés au stage qui assimile la personne de chaque homme à un territoire que nul ne doit violer, et nous considérons comme délit tout acte de nature à en entraîner la violation.

§ 43. — Il est incontestable que ce premier corollaire de la formule de la justice s'est graduellement affirmé pendant le cours de l'évolution sociale et de l'évolution parallèle de la nature mentale de l'homme. Un commerce prolongé avec les conditions qui seules permettent l'accomplissement harmonieux de la vie sociale, a lentement façonné les sentiments, les idées et les lois conformément à la vérité morale primaire qui découle de ces conditions [1].

Ce qu'il nous faut particulièrement noter, c'est que l'assassinat, le meurtre, les mutilations, les voies de fait et

---

[1] Un membre du Barreau, qui étudie depuis longtemps l'évolution du Droit, a bien voulu contrôler dans ce livre tout ce qui se rapporte aux lois positives du passé et du présent. Il a ajouté la note que voici au paragraphe ci-dessus : « Au procès qui a suivi l'enlèvement de Clitheroe, on a jugé qu'un mari n'a pas le droit de retenir sa femme de force. Ce jugement intéressant vient à l'appui de la doctrine ci-dessus. Dans ce procès, le droit des femmes mariées à leur liberté physique vient pour la première fois d'être reconnu par une Cour d'appel, et cela contrairement à l'opinion des deux magistrats très distingués, qui, en première instance, ont interprété la loi ancienne dans un sens opposé.

« Les pénalités appliquées par les juges aux maîtres d'école qui battent leurs élèves de verges, constituent une autre manifestation du sentiment en cours de développement qui refait la loi, tout en ne croyant que l'interpréter. »

toutes les atteintes à l'intégrité physique, même les plus légères, sont devenus des crimes et des délits, non pas parce que les lois ou les commandements auxquels on a attribué une origine surnaturelle les interdisent, mais parce qu'on les a considérées comme des violations de certaines restrictions d'origine naturelle.

Il nous reste à dire que tandis que la morale absolue laisse intacte l'autorité du corollaire que nous venons de tirer de la formule de la justice, celui-ci, dans un système de morale relative, demeure soumis aux restrictions imposées par les nécessités de l'autoconservation sociale. Nous avons déjà vu que la loi primaire qui veut que chaque individu recueille les avantages et les inconvénients découlant de sa propre nature et de sa conduite au dedans des limites imposées par la société, doit, en présence de dangers extrêmes, être modifiée par la loi secondaire qui exige un sacrifice d'individus suffisant pour assurer à l'agrégat des individus la possibilité d'agir et de recueillir les résultats de leurs actes. La guerre défensive justifie donc le sacrifice éventuel d'intégrité physique qu'exige la défense effective de la société, à supposer bien entendu que cette défense effective soit réalisable. Car cette loi secondaire semble impliquer que le sacrifice des individus ne se justifie que si les envahisseurs ne disposent pas d'une supériorité écrasante.

Ici, comme dans les chapitres précédents, nous voyons qu'un état de paix permanent peut seul assurer la conformité entière aux exigences de la morale absolue. Aussi longtemps que sur la surface de la terre existeront des peuples s'adonnant au brigandage politique, les exigences de la morale relative pourront seules obtenir satisfaction.

CHAPITRE X

Les Droits à la Liberté de se Mouvoir et de se Déplacer.

§ 44. — Il est à peu près inutile de spécifier à titre de déductions directes de la formule de la justice, le droit de tout homme à l'usage libre d'entraves de ses membres et le droit de se déplacer librement. Mieux peut-être que pour tous les autres, la pensée perçoit instantanément ces droits comme corollaires de la formule. Il saute aux yeux que celui qui charge de liens un autre homme, l'enchaîne à un poteau ou le renferme dans un cachot, s'est arrogé une liberté d'action supérieure à celle de son captif; il est non moins clair que si, par des menaces, il l'empêche de se déplacer à son gré, il commet une violation de même nature, de la loi d'égale liberté.

Si un certain nombre d'hommes, et non plus un homme isolé, détruisent ou diminuent la liberté d'action d'un autre homme de l'une ou de l'autre de ces manières, si des règlements établis par les classes supérieures dépouillent en partie chaque membre des classes inférieures de son pouvoir de motion et de locomotion, il est manifeste que chaque membre des classes supérieures viole le principe ultime d'équité. Son degré de culpabilité se trouve seul réduit.

§ 45. — Nous avons déjà constaté que l'instinct qui pousse à fuir et à s'échapper de la captivité, dénote, à la fois chez les êtres sous-humains et chez les êtres humains, la présence de l'impulsion, qui finit par émerger sous forme de revendication consciente de la liberté de la motion et de la locomotion. L'élément positif du sentiment profondément enraciné qui correspond à ce droit, se manifeste de bonne heure, mais l'élément négatif, qui correspond aux limites imposées, ne peut prendre de développement considérable qu'après avoir subi la discipline de la socialité.

Des exemples établissent que le manque ou la faiblesse extrême du contrôle gouvernemental détermine la revendication tacite, mais résolue de la liberté de se mouvoir sans entrave, tant chez les races à tempérament doux que chez celles d'un naturel sauvage. Nommons parmi celles-ci les Ahors [1], qui sont si jaloux de leur indépendance qu'ils ne peuvent vivre en commun, et les Nagas [2] à qui la notion de la contrainte est étrangère au point qu'ils tournent en dérision l'idée d'avoir un chef. Parmi les autres, je citerai les Lepchas [3], déjà nommés, qui, tout doux qu'ils soient, préfèrent se réfugier dans les bois et y vivre de racines plutôt que de se soumettre à la contrainte, et les Jakuns [4], domestiques appréciés pour leurs qualités, mais qui disparaissent tout à coup si on les soumet à une autorité démesurée. Ayant en commun un sentiment profond de la liberté personnelle, ces deux types d'hommes diffèrent en ceci : ceux du type guerrier n'en perçoivent que le sens égoïste, tandis que ceux du type pacifique en perçoivent également le sens altruiste et y joignent le respect de la liberté personnelle des autres hommes.

[1] Dalton. *Journal of the Asiatic Society, Bengal*, XIV, 426.
[2] Stewart. *Journal of the Asiatic Society, Bengal*, XXIV, 608.
[3] Campbell. *Journal of the Ethnological Society, London*, july 1869.
[4] Favre (Rév. P.). *Journal of the Indian Archipelago*, vol. II, Singapore.

C'est par la guerre que s'effectue le passage de l'état de groupes primitifs, peu ou point organisés, à l'état de groupes organisés et puissants. Ce procédé implique peu de respect pour la vie et pour la liberté ; il en résulte que pendant la période de formation des nations, la reconnaissance du droit à la liberté et du droit à la vie se trouve dans une situation subordonnée : le sentiment en est constamment refoulé et l'idée en demeure vague et indécise. Ce n'est qu'à la suite de grands progrès dans la consolidation sociale, alors que l'organisation sociale est devenue largement industrielle, que l'état de guerre a cessé d'être l'état constant et que le type militaire de structure s'est relâché, que le sentiment et l'idée de la liberté s'accusent et prennent un caractère plus marqué.

Jetons un coup d'œil sur quelques-unes des étapes qu'a suivies l'établissement graduel de la reconnaissance éthique et légale du droit à la liberté de la motion et de la locomotion.

§ 46. — Il est exact que l'esclavage a été au point de vue pratique une limitation du cannibalisme, et que dans ce sens il a constitué un progrès. En laissant le captif vivre et travailler au lieu de le tuer et de le manger, on cessa de nier jusqu'au bout dans sa personne le principe fondamental de l'équité, car la continuation de son existence, même aux conditions qu'on lui imposait, rendait possible dans une certaine mesure le maintien du rapport entre la conduite et ses conséquences. Parfois les prisonniers esclaves et leurs rejetons, nourris et abrités comme le serait du bétail, et travaillant comme lui, sont, comme naguère chez les habitants des îles Fiji[1], exposés à être à

----

[1] Erskine (Capt. J.-E.). *Journal of a Cruize among the Islands of the Western Pacific*, 1853, p. 492.

tout moment convertis en aliments : dans ce cas, le cannibalisme n'est que peu mitigé. Mais plusieurs peuples non
civilisés traitent dans une large mesure l'esclave comme le
serait un membre de la famille : dans ce cas, sa liberté
n'est guère en pratique assujettie à des restrictions supérieures à celles qu'on impose aux enfants.

Il serait difficile, et il est inutile pour l'objet que nous avons
en vue, de spécifier les formes variées et les atténuations de
la servitude chez les différents peuples aux différentes époques
de leur histoire et au cours du changement de leurs conditions sociales. Nous ne citerons que les faits qui permettent
de suivre le mode de croissance de la conception morale et
juridique de la liberté individuelle. Chez les Hébreux [1], tandis que les esclaves de race étrangère pouvaient être achetés et, ainsi que leurs enfants, être transmis par héritage,
les hommes de race hébraïque qui se vendaient, soit à leurs
concitoyens, soit aux résidents étrangers, n'étaient soumis
qu'à une servitude tempérée comme rigueur et limitée
comme durée : serviteurs de Dieu, ils n'étaient pas alié-
nables à titre définitif. Mais il n'existait aucune reconnaissance de l'injustice inhérente à l'esclavage, ni d'un droit
corrélatif à la liberté. Ce manque des sentiments et des
idées qui ont acquis un tel empire dans les temps modernes,
persista jusqu'à la naissance du christianisme ; il n'y fut
rien changé par ce dernier. Ni le Christ, ni ses apôtres ne
dénoncèrent l'esclavage, et lorsque, parlant de la liberté,
ceux-ci dirent : « Usez-en plutôt que de l'esclavage » [2], cet
avis n'impliquait manifestement la pensée d'aucun droit
quelconque inhérent à l'individu et de nature à justifier
la liberté sans entrave de la motion et de la locomotion.

---

[1] *Exode*, XXI ; *Deutéronome*, XV ; *Lévitique*, XXV, 45, 46.
[2] *Première Épître aux Corinthiens*, VII, 21.

Il en fut de même chez les Grecs et chez la plupart des peuples durant leurs étapes primitives. Aux temps homériques[1], les captifs pris à la guerre étaient réduits en esclavage et pouvaient être vendus ou mis à rançon; pendant toute la durée de la civilisation grecque, coïncidant avec un état de guerre qui en fait fut chronique, l'esclavage fut considéré comme faisant normalement partie de l'ordre social. On considérait comme un malheur de tomber en esclavage à la suite de capture, de dettes ou de toute autre manière, mais aucune réprobation ne s'attachait au propriétaire d'esclaves. La conception de la liberté comme droit inaliénable n'occupait que peu ou point de place dans le code moral ou juridique. Il était d'ailleurs inévitable de refuser la liberté aux esclaves proprement dits, au temps où les hommes qui étaient libres de nom étaient en réalité les esclaves de l'Etat, où chaque citoyen appartenait à la cité et ne s'appartenait pas. Dans l'Etat grec le plus guerrier, à Sparte[2], non seulement la condition de l'ilote était plus abjecte que partout ailleurs, mais ses maîtres eux-mêmes étaient, plus que partout ailleurs, privés du droit d'aller et de venir au gré de leur volonté.

Nous reconnaîtrons donc qu'en général, dans les Etats dont les dimensions et la structure se sont considérablement développées, il est naturellement arrivé que leur croissance impliquant invariablement la conquête et l'agression extérieure, l'individualité s'y est trouvée tellement réprimée qu'elle a laissé peu de traces dans les lois et dans la coutume.

§ 47. — Pour éclairer la croissance dans les mœurs et dans

[1] Grote. *History of Greece*, 4º édit., II, pp. 37, 468-9.
[2] *Ibidem*, p. 309.

la législation de la conception de la liberté humaine, qui s'est aujourd'hui établie chez les premières des races civilisées, il suffira de jeter un coup d'œil sur quelques-uns de ses principaux progrès au cours de notre propre histoire.

Les essaims successifs d'envahisseurs guerriers qui, tantôt subjuguant et tantôt refoulant les possesseurs antérieurs du sol, peuplèrent notre pays dans les temps reculés [1], devaient nécessairement avoir des esclaves, classe qui avait la capture pour origine, et dont le nombre s'augmentait périodiquement par l'adjonction des débiteurs et des criminels. Avec l'expansion de la population et le développement parallèle de l'organisation politique, les habitants qui avaient formé une classe d'hommes libres sous le système originel de la Mark, perdirent graduellement une grande partie de leur liberté, parfois à la suite de conflits entre groupes, conflits au cours desquels quelques-uns des membres acquéraient la prépondérance, mais le plus souvent à la suite de conflits extérieurs aboutissant à des subjugations et à l'établissement de seigneuries. Les paysans furent assujettis aux thanes et les thanes aux grands nobles; du temps d'Alfred il était admis que nul ne pouvait se passer de seigneur, ce qui impliquait la privation de la liberté, non seulement pour les membres du rang le plus infime (les esclaves qu'on vendait et achetait), mais même pour les membres des rangs supérieurs. Malgré les changements qui suivirent la Conquête Normande, cette limitation de la liberté continua à se trouver sous-entendue dans le serment de foi et hommage; elle fut même plutôt aggravée, sauf en ce qui concerne l'abolition partielle du commerce des esclaves. Une transition de l'état de servage pur à un état de liberté

---

[1] Green. *Short History of the English People*, 1880, pp. 56, 90, 91, 247.

imparfaite s'effectua lors de l'essor des villes au xiᵉ siècle, du
développement concomitant des institutions industrielles, et
du remplacement qu'il impliquait des relations fondées sur le
statut par les relations fondées sur les contrats. Un siècle
plus tard, la Grande Charte mit un frein au gouvernement
arbitraire et aux pertes de liberté qui en étaient résultées
pour les citoyens. L'influence croissante des classes mar-
chandes se traduisit par la concession de la liberté de la
circulation accordée aux marchands étrangers. Et lorsque,
cent ans plus tard, le lien qui rattachait le serf à la terre,
d'abord relâché, fut définitivement brisé, le laboureur, mis
en possession de la plénitude de sa liberté, acquit le droit
de locomotion sans entraves. A la vérité, il reperdit une
partie de ce droit lorsqu'après le dépeuplement et le relève-
ment considérable des salaires causés par la Grande Peste,
on promulgua le Statut qui tarifait le prix du travail et
rattachait le laboureur à sa paroisse ; néanmoins, par la résistance violente qu'elles soulevèrent, ces restrictions déterminèrent une affirmation violente de l'égalité qui s'étendit
à d'autres droits que celui de la liberté de la locomotion. Au
lendemain de la défaite des paysans révoltés, tandis que le
roi conseillait leur affranchissement, on vit combien peu les
classes gouvernantes reconnaissaient leur droit à la liberté :
affirmant que leurs serfs étaient leur bien, les propriétaires
fonciers déclarèrent que « dussent-ils tous mourir le même
jour, jamais ils n'avaient consenti, ni ne consentiraient à
cette émancipation ». De même qu'un accroissement d'activité et d'organisation industrielles avait produit un accroissement de liberté, de même les vingt années d'activité
guerrière connues sous le nom de guerre des Deux-Roses
retirèrent une grande partie des libertés déjà obtenues.
Cependant elles ne lièrent plus le paysan à la terre, et lui

laissèrent la faculté de se déplacer. Le désarroi social qui
succéda à l'effondrement de la féodalité, et l'usage qu'en fit
la classe ouvrière, amenèrent une désorganisation industrielle à laquelle on remédia par un nouveau régime de
coercition partielle et par un nouveau rattachement partiel
au lieu du domicile, sans pourtant autrement restreindre la
liberté de déplacement. La liberté ainsi obtenue manquait
toutefois de sauvegarde, et, vers la fin du xviie siècle,
l'Acte d'*habeas corpus* vint renforcer les précautions prises
contre l'emprisonnement arbitraire dans la Grande Charte,
mais qui avaient souvent été violées. Depuis ce jour, sauf
des atteintes peu profondes dues à des paniques temporaires, la liberté personnelle est demeurée intacte chez
nous; de plus les restrictions secondaires de la liberté des
déplacements découlant des lois qui interdisaient aux ouvriers de voyager à la recherche d'ouvrage, ont été formel-
lement abolies en 1824 [1].

N'oublions pas que parallèlement à l'établissement légal
de la liberté personnelle, et lentement comme lui, a grandi
le sentiment correspondant, et que l'affirmation altruiste de
la liberté est peu à peu venue s'adjoindre à son affirmation
égoïste. Les changements qui dans le cours des siècles ont
fait avancer les arrangements sociaux d'une condition
d'esclavage complet pour les petits et d'esclavage atténué
pour leurs supérieurs, à un état de liberté absolue pour
tous, ont, vers l'époque de leur dénoûment, produit à la
fois le sentiment et la loi qui affirment cette liberté, non
plus seulement en faveur des citoyens anglais, mais encore en faveur des étrangers soumis à la loi anglaise. On
commença par émanciper les esclaves qui mettaient le pied

[1] Martineau (H.). *History of England during the Thirty Years' Peace*,
1849-50, I, p. 343.

sur le sol anglais, pour aboutir à émanciper ceux qui habitaient les colonies anglaises, et à poursuivre sans relâche l'abolition universelle de l'esclavage.

§ 48. — A moins de considérer la civilisation comme un mouvement rétrograde, il faut donc admettre que l'induction confirme la déduction tirée du principe fondamental de l'équité. Certaines gens pensent que les sociétés antiques étaient d'un type supérieur à la nôtre et qu'elles assuraient mieux le bien-être humain. Pour eux, l'organisation féodale, avec son vasselage gradué et superposé au vilainage, produisait une somme totale de bonheur supérieure à celle dont nous jouissons, et, avec M. Carlyle, ils appellent des temps semblables à ceux de l'abbé Sampson et applaudissent à l'obéissance des Russes envers leur czar. Sans se démentir, ils peuvent contester que la croissance du sentiment de la liberté et l'établissement légal de la liberté personnelle confirment la déduction abstraite que nous avons tirée dans ce chapitre. Mais pour qui préfère notre temps à celui où les nobles s'enfermaient dans leurs châteaux et portaient des cottes de maille; pour qui préfère à un état social ayant pour apanage les oubliettes et les chambres de torture, celui où l'administration de la justice ne distingue pas entre le prince et l'indigent; pour qui estime que le régime qui engendrait les révoltes agraires ne valait pas celui que caractérisent d'innombrables associations en vue du progrès du bien-être populaire, il faut admettre que la loi générale tirée de l'ensemble de l'expérience humaine concorde avec le corollaire que nous venons de tirer de la formule de la justice.

Néanmoins cette affirmation de la morale absolue doit être modifiée par les exigences de la morale relative. Dès le début nous avons reconnu le principe que la préservation de l'espèce, ou de la variété de l'espèce qui s'est constituée en société, est une fin qui doit primer la préservation de l'individu; il en résulte que le droit à la liberté individuelle doit, comme le droit à la vie individuelle, tenir compte des tempéraments qu'entraînent les mesures nécessaires à la sécurité nationale. Toute infraction à la liberté réclame que la préservation de la liberté se présente munie d'une sanction quasi éthique. Uniquement soumise à la condition que tous les membres capables de la communauté y seront également assujettis, la restriction aux droits de la liberté de la motion et de la locomotion reste légitime, tant que la fin visée est la guerre défensive. Il n'en est pas de même pour la guerre offensive.

CHAPITRE XI

Des Droits à l'Usage des Milieux naturels.

§ 49. — Un homme peut n'être en rien physiquement lésé
par les actes des autres hommes le laissant entièrement
libre de se mouvoir à son gré, et cependant se trouver
empêché d'accomplir les activités nécessaires à l'entretien
de sa vie, si ces actes mettent obstacle à ses rapports avec le
milieu physique ambiant. De ces rapports dépend, en effet,
son existence. A la vérité, on a prétendu que quelques-uns
des agents naturels ne sont pas susceptibles d'être soustraits à l'état de possession commune.

« Certaines choses, lisons-nous, sont par nature incapables d'appropriation, de sorte qu'il est impossible de les soumettre au pouvoir
d'un individu. Le Droit romain les appelait *res communes* et les défi-
nissait : des choses dont la propriété n'est à personne, mais dont
l'usage est à tous. Ainsi la lumière, l'air, l'eau courante, etc., sont
tellement adaptés à l'usage commun de l'humanité, que nul ne peut
en acquérir la propriété, ni priver autrui de leur usage. » (*An Insti-
tute of the Law of Scotland*, par John Erskine, éd. Macallan, I, 196.)

Mais bien qu'on ne puisse monopoliser ni l'air, ni la
lumière, il est possible à un homme d'en intercepter la
distribution au point d'en priver en partie un autre homme
et de lui infliger ainsi un préjudice sérieux.

Aucun acte de ce genre ne peut s'accomplir sans
atteinte à la loi d'égale liberté. L'interception habituelle de
la lumière par une personne, de manière à priver habituelle-

ment une autre personne d'une part de lumière égale, implique la méconnaissance du principe que la liberté de chacun est limitée par les libertés semblables d'autrui ; une méconnaissance semblable résulte encore de l'obstacle mis au libre accès de l'air.

Dans cette même catégorie générale, malgré l'extension inusitée que nous lui donnons, nous devons comprendre une chose susceptible d'appropriation : la surface de la Terre. Considérée comme faisant partie de l'habitat physique, celle-ci semble nécessairement devoir être comprise parmi les milieux dont tous peuvent, en vertu de la loi d'égale liberté, réclamer l'usage. Il est impossible de priver absolument quelqu'un de l'usage de la surface de la Terre, sans arrêter les activités qui entretiennent sa vie. A défaut de terrain où se poser, il est incapable de faire quoi que ce soit. Il semblerait donc que la loi d'égale liberté, interprétée strictement, ait pour corollaire que la surface de la Terre ne doit pas être, au sens absolu du mot, appropriée par les individus, et qu'elle ne peut être occupée par eux que s'ils reconnaissent les titres de propriété ultime des autres hommes : en d'autres termes l'ensemble de la société peut seul se l'approprier.

Quoique nous n'ayons pas à nous étendre longuement sur la reconnaissance éthique et légale de ces droits aux usages des agents naturels, et que le dernier seul réclame une attention soutenue, nous allons cependant les examiner successivement.

§ 50. — Aux stages primitifs, alors que la vie urbaine n'a pas encore pris naissance, il paraît difficile d'opposer une obstruction sérieuse à la lumière d'autrui. Dans les campements sauvages et dans les villages des tribus agricoles, la poursuite de ses fins n'entraînait personne à dominer et à obscurcir l'habitation d'un voisin. Le mode de construction et la position relative des habitations s'opposaient en pratique à de semblables agressions.

Plus tard, quand les villes se furent élevées, il n'est pas probable que leurs habitants prissent grand souci des droits de leurs voisins en matière de jour et de lumière. Pendant ces étapes de l'évolution sociale, qui respectaient peu les droits à la vie et à la liberté, il n'est pas à présumer qu'on s'arrêtât beaucoup à considérer, soit comme transgression morale, soit comme délit légal, le dommage relativement minime qui résultait de la construction d'une maison surplombant la maison du voisin. L'existence des rues étroites et sombres des vieilles villes du Continent, ainsi que les cours et les allées qui caractérisent les anciens quartiers de nos villes, implique qu'à l'époque où elles furent construites, on ne croyait pas mal faire en privant quelqu'un de sa part de ciel et de soleil. On peut même raisonnablement admettre qu'il eût été impraticable de reconnaître le caractère punissable de cet acte, puisque, dans les villes fortifiées, il était nécessaire d'entasser les maisons les unes sur les autres.

Toutefois, dans les temps modernes, les esprits se sont ouverts à la perception que nul ne doit empêcher la distribution naturelle de la lumière. La loi qui défend d'élever des murailles, des maisons ou d'autres édifices, si ce n'est à distance prescrite des maisons existantes, n'interdit pas absolument l'interception de la lumière, mais elle s'attache cependant à en interdire l'interception à un degré sérieux, et cherche à concilier dans la mesure du possible les droits des propriétaires adjacents.

Ce qui revient à dire que la loi ne sanctionne pas encore

ouvertement, mais qu'elle est arrivée à reconnaître tacitement ce corollaire de la loi d'égale liberté.

§ 51. — Tout empêchement mis à l'arrivée de la lumière entraîne un certain degré d'empêchement à l'arrivée de l'air ; l'interdiction du premier implique, jusqu'à un certain point l'interdiction du second. Mais la loi anglaise, qui reconnaît le droit à l'usage de l'air en matière de moulins à vent, ne l'établit pas invariablement d'une manière aussi précise, sans doute à cause des inconvénients peu notables que cause ce genre d'obstruction.

Toutefois, elle a nettement reconnu le droit à recevoir de l'air non vicié. Quoique les actes qui diminuent la provision de l'air d'autrui, ne soient pas encore distinctement classés parmi les délits, les modernes sont arrivés à ranger les actes qui vicient la qualité de l'air parmi les agressions ; parfois passibles de la simple réprobation morale, elles le sont, d'autres fois, de pénalités édictées par les lois. Dans une certaine mesure, aucun homme ne peut s'empêcher de vicier l'air respiré par les autres hommes qui se trouvent à proximité. Il suffit de marcher derrière un fumeur pour constater à quelle distance se répandent les exhalaisons de nos poumons et à quel point, surtout à l'intérieur des maisons, les personnes rapprochées sont forcées de respirer de l'air déjà respiré à plusieurs reprises. Mais cette viciation de l'air est mutuelle et ne constitue point une agression. L'agression ne se produit que lorsque la viciation, du fait d'un ou de plusieurs individus, est supportée par des personnes qui n'y contribuent pas également. C'est ce qui arrive en chemin de fer, lorsque des gens, qui se piquent d'être bien élevés, fument dans les compartiments qui ne sont pas assignés aux fumeurs. Peut-être obtiennent-ils de leurs compagnons de route un consentement plus ou moins forcé ; dans tous les cas, ils n'ont cure du désagrément permanent qu'ils infligent aux personnes qui voyageront après eux dans des voitures empestées par l'odeur de tabac. Une conscience délicate regarde et considère ce sans-gêne comme contraire aux convenances ; à ce titre, les règlements des chemins de fer l'interdisent et le déclarent passible d'une punition sous forme d'amende.

Passant d'exemples de ce genre à des cas plus graves, nous avons à noter l'interdiction légale de nuisances variées, telles que les odeurs méphitiques que certaines industries déversent sur leur voisinage, les vapeurs pernicieuses des fabriques de produits chimiques et la fumée qui se dégage des cheminées d'usines. En interdisant les actes qui causent ces nuisances, la législation implique le droit de chaque citoyen à respirer un air non contaminé.

Nous pouvons ranger dans la même catégorie un autre genre d'empiétements, auxquels le milieu ambiant sert d'intermédiaire. Je veux parler de la production de bruits irritants. Cette catégorie comprend des empiétements petits et grands. A défaut de mieux, la réprobation atteint celui qui, à table d'hôte, parle bruyamment et gêne la conversation des autres convives, et celui qui, au théâtre ou au concert, persiste à causer et à déranger l'auditoire : on condamne ses actes comme contraires aux bonnes manières, c'est-à-dire aux bonnes mœurs, car les unes rentrent dans les autres. Quand des actes de ce genre deviennent publics ou continus, comme la musique des rues, surtout la mauvaise musique, le vacarme que font certaines fabriques ou les cloches d'église sonnant à des heures indues, la loi en est venue à reconnaître leur caractère agressif et à les frapper de pénalités. Cependant elle ne les considère pas

encore suffisamment comme telles, puisqu'il est permis aux
sifflets des locomotives des gares centrales de troubler
sans nécessité aucune le sommeil de milliers de personnes
pendant des nuits entières et d'aggraver ainsi les souffrances des malades

Pour les usages de l'atmosphère, on est donc arrivé, sinon
à ouvertement imposer, du moins à tacitement affirmer la
limitation de la liberté de chacun par les libertés semblables
d'autrui. La morale courante reconnaît ce principe dans une
large mesure et la loi y veille avec attention.

§ 52. — L'état de choses produit par la civilisation ne
contredit pas l'acceptation des corollaires que nous avons
déduits jusqu'ici; au contraire, il leur fraie plutôt la route.
Au temps où le cannibalisme était répandu et où de fréquentes victimes étaient sacrifiées aux dieux, les peuples ne
devaient montrer que peu d'empressement à affirmer le
droit à la vie, mais les idées et les pratiques de ce temps
n'ont pas survécu et ne forment plus obstacle à la liberté
de nos jugements. Au temps où l'esclavage et le servage
avaient profondément pénétré l'organisation de l'édifice
social, l'affirmation du droit à la liberté aurait suscité une
violente opposition; aujourd'hui, du moins parmi nous,
aucune idée, aucun sentiment, aucun usage ne contredit le
principe que tout homme est libre de se servir de ses
membres et de se déplacer à sa guise. Il en est de même
pour l'habitat. Les atteintes peu marquées qui entravent
l'approvisionnement d'air et de lumière d'autrui, atteintes
que nous a léguées le mode de construction des villes
anciennes, ou qu'occasionne la fumée des foyers, ne contre-
disent guère la proposition que les hommes ont des titres
égaux à l'usage des milieux au sein desquels ils sont tous

plongés. Par contre, certaines idées et certaines institutions
que le passé nous a transmises, se dressent en travers de
la proposition que les hommes ont des titres égaux à l'usage
de la terre, cette partie restante de l'habitat, qu'il n'est pas
aisé à la vérité d'appeler un milieu. Ces idées et ces institutions ont pris naissance à une époque où des considérations
d'équité n'affectaient pas plus le mode de tenure de la terre
qu'elles n'affectaient le mode de tenure des hommes en
qualité de serfs ou d'esclaves : aujourd'hui, encore, elles
suscitent des difficultés à l'acceptation de notre proposition.
Si nos contemporains possédant les sentiments éthiques
produits par la discipline sociale, se trouvaient en présence d'un territoire non encore réparti à titre individuel,
ils n'hésiteraient pas plus à affirmer l'égalité de leurs droits
à ce territoire qu'ils n'hésitent à affirmer l'égalité de leurs
droits à l'air et à la lumière. Mais une appropriation déjà
ancienne, une culture continue, des ventes et des achats
ont compliqué la situation au point que l'affirmation de la
morale absolue est incompatible avec l'état de choses produit, et risque d'être absolument rejetée. Avant de nous
demander ce que les circonstances nous ordonnent de décider, jetons un coup d'œil sur quelques-unes des phases qu'a
traversées la tenure de la terre dans le passé.

Aux premiers âges de l'agriculture, l'occupation d'une
terre rapidement épuisée cessait bientôt d'être profitable,
et selon la coutume des peuples peu ou à demi civilisés,
les individus abandonnaient, pour se porter ailleurs, les
espaces qu'ils avaient précédemment défrichés. Cette cause
n'exerça qu'une influence restreinte, mais quelles que
fussent ses autres causes, le fait est là : aux âges primitifs,
la propriété individuelle du sol est inconnue, le cultiva-
teur n'en possède que l'usufruit ; la terre elle-même est

propriété de la tribu. C'est ce que nous voyons aujourd'hui
à Sumatra et ailleurs. Il en fut de même chez nos ancêtres;
propriétaires à titre personnel des produits des aires respectives qu'ils avaient cultivées, les membres de la *mark*
n'étaient pas propriétaires de l'aire elle-même. Comme ils
étaient membres de la même famille, de la même *gens* ou du
même clan, on pourrait à la rigueur soutenir que la propriété de chaque parcelle était propriété privée en tant que
la superficie appartenait à un groupe familial; mais, puisque
le même mode de tenure persista après que la population de
la *mark* eut commencé à comprendre des hommes qu'aucun
lien de parenté n'unissait: au reste, le régime établi était
bien celui de la propriété commune et non individuelle du sol.
Nous saisirons mieux ce qu'était cette condition primitive en
étudiant ce qui se passe en Russie, où ce mode de tenure
n'a pas tout à fait disparu :

« Les terres d'un village appartenaient en commun à tous les membres de l'association (*mir*) : l'individu ne possédait en propre que sa
récolte et le *dvor* ou enclos qui entourait sa maison. Cet état inférieur de la propriété, qui a persisté en Russie jusqu'à nos jours,
a existé chez tous les peuples européens à leur origine. » (A. Ram-
baud. — *Histoire de Russie*, p. 35.)

J'emprunterai encore au livre de Wallace sur la Russie
quelques extraits qui nous dépeignent l'état de choses originel et les états qui lui ont succédé. Notant le fait que tant
que les Cosaques du Don furent purement nomades, « l'agriculture demeura interdite sous peine de mort », sans doute
parce qu'elle entravait la chasse et l'élève du bétail, il
ajoute :

« Tout Cosaque désireux d'obtenir une récolte faisait ses labours
et ses ensemencements où bon lui semblait, et conservait aussi longtemps qu'il lui convenait la terre qu'il s'était ainsi appropriée; quand
le sol commençait à donner des signes d'épuisement, il abandon-

nait son champ et s'en allait semer ailleurs. L'accroissement du
nombre des cultivateurs fit éclater des querelles fréquentes. Mais
des inconvénients plus sérieux encore résultèrent de l'établissement
de marchés dans le voisinage. Dans quelques *stanitzas* ou villages
cosaques, les familles riches s'approprièrent d'immenses surfaces de
la terre commune, la cultivèrent au moyen de plusieurs attelages de
bœufs, et embauchèrent dans les villages voisins des paysans qui
venaient labourer à leur place. Au lieu d'abandonner leur champ
après la deuxième ou troisième récolte, elles en conservèrent la
possession. C'est ainsi que la totalité de la terre arable, ou du moins
sa partie la plus riche, devint en fait, sinon en droit, la propriété
privée de quelques familles. » (II, 86.)

Il explique qu'à la suite d'un mouvement quasi révolu-
tionnaire :

« La communauté faisant droit aux revendications des membres
privés de terre, confisqua celle qu'on s'était appropriée et intro-
duisit un système de partage périodique en vertu duquel chaque
adulte mâle posséda une part de la terre. » (II, 87.)

« Dans la steppe, un même lot n'est généralement cultivé que
pendant trois ou quatre années de suite. Ce temps passé, on l'abandonne pendant une période au moins double et les cultivateurs se
transportent vers une autre partie du territoire communal. Ce
régime empêche le principe de la propriété foncière privée de
prendre racine; chaque famille tient à la possession d'une *quantité*
déterminée plutôt que d'un *lot* déterminé de terre et se contente
d'un droit d'usufruit, tandis que le droit de propriété reste aux
mains de la commune. » (II, 91.)

Toutefois, les districts plus avancés du centre ont abandonné cette coutume ancienne, sans pourtant aller jusqu'à
détruire le caractère essentiel de cette tenure.

« Conformément à ce système (de culture triennale), les cultivateurs n'émigrent pas périodiquement d'une partie du territoire
communal vers une autre, mais labourent constamment le même
champ et s'obligent à fumer les lots qu'ils occupent. Quoique le
système de culture triennale soit en usage depuis plusieurs générations dans les provinces centrales, le principe communal du lotisse-
ment périodique de la terre y est demeuré intact ». (II, 92.)

Ces faits et d'autres faits analogues et nombreux mettent

hors de doute qu'antérieurement au changement introduit par le progrès de l'organisation sociale dans le rapport entre les individus et le sol, ce rapport était fondé sur la propriété collective et non point sur la propriété individuelle.

Comment ce rapport a-t-il changé ? Quelle est l'unique manière dont il a pu changer ? Ce n'est certes pas en vertu d'un consentement librement donné, car il est impossible de supposer que tous ou que même quelques-uns seulement des membres de la communauté aient fait l'abandon de leurs droits respectifs. Il a pu arriver, de temps en temps, qu'un criminel perdait sa part de la propriété commune, mais ce fait ne changeait rien aux rapports entre le sol et le reste des membres. Une dette aurait pu avoir la même conséquence, si ce n'est que toute dette suppose un créancier. Or, il n'est pas admissible que la communauté prise en masse ait été ce créancier ; la dette vis-à-vis d'un autre membre ne conférait donc pas au débiteur le pouvoir de la rembourser par l'aliénation d'une chose qu'il ne possédait pas en propre et qui n'était pas susceptible d'être acquise à titre personnel. Il est donc probable que la même cause que nous avons vue agir en Russie, a également agi ailleurs. Quelques hommes cultivèrent des surfaces plus vastes, accumulèrent la richesse avec le pouvoir qu'elle confère et acquirent des possessions d'une étendue extraordinaire ; toutefois, leur prospérité fut évidemment considérée comme agressive en Russie, puisqu'elle amena une révolution et le rétablissement des institutions originelles. Ailleurs, on l'envisagea sans doute sous le même aspect. L'exercice direct ou indirect de la force, parfois à l'intérieur, mais le plus souvent venue de l'extérieur, a dû être la cause capitale de ce changement de régime. Les querelles et les combats qui éclataient au sein de la communauté préparaient des prédominances (assurées dans certains cas par la possession de demeures fortifiées), et facilitaient des usurpations particlles. Les Suanètes [1] nous fournissent encore aujourd'hui l'exemple de villages où chaque famille possède sa tour fortifiée. Il nous est aisé de comprendre qu'au sein des communautés primitives, les luttes intestines devaient aboutir à des suprématies individuelles, et qu'en matière de propriété de la terre celles-ci finirent par subordonner les droits collectifs à des droits spéciaux.

Mais la conquête venue du dehors a partout été l'instrument principal de la dépossession de la propriété communale. Au temps où les prisonniers de guerre étaient réduits en esclavage et les femmes appropriées comme butin de guerre, il n'est pas à présumer qu'on professait un grand respect pour les titres préexistants à la propriété du sol. Les Angles pillards, qui lors de leurs descentes sur nos côtes égorgeaient les prêtres à l'autel, incendiaient les églises et massacraient les foules qui s'y étaient réfugiées, auraient été des êtres incompréhensibles s'ils s'étaient le moment d'après inclinés devant les droits de propriété foncière des survivants. Plus tard, les pirates danois qui remontèrent les rivières, brûlant les fermes, massacrant les hommes, violant les femmes, jetant les enfants sur leurs piques ou les vendant au marché d'esclaves, auraient subi une transformation miraculeuse s'ils s'étaient enquis du nom des propriétaires de la *mark* et s'ils avaient reconnu la validité des titres de leurs victimes. De même, quand les conquérants normands arrivèrent, après un intervalle de deux siècles, pendant lequel des guerres intestines inces-

---

[1] Freshfield (D.), *Proceedings of the Royal Geographical Society*, juin 1888, page 335.

santes avaient déjà fait surgir des chefs militaires ayant
imposé leurs droits quasi féodaux sur les occupants du sol,
le droit de conquête renversa une fois de plus les modes de
possession qui s'étaient développés et effaça la propriété
communale au profit du mode de propriété individuelle qui
est particulier à la féodalité. L'affirmation de l'expropriation
universelle, bien que plus ou moins atténuée par les conseils
de la politique, suit, en se pliant à la nature de la race,
les pas de la victoire, qui confère un pouvoir illimité sur
les vaincus et sur leurs biens. Dans quelques cas, comme au
Dahomey [1], elle donne au roi le monopole absolu, non
seulement de la terre, mais de tout ce qu'elle porte ;
dans d'autres cas, comme en Angleterre, elle conféra au
roi le domaine, éminent ne laissa subsister que les droits de
sous-propriété superposés des nobles et des vassaux tenant
la terre les uns des autres sous la condition du service
militaire, et investit implicitement la Couronne du droit de
propriété suprême.

Cet état originel et les états subséquents ont laissé des
traces dans nos lois foncières actuelles. Plusieurs droits
locaux remontent à une époque où « la propriété terrienne à
titre privé, telle que nous l'entendons aujourd'hui, était une
nouveauté vivement combattue ». (*The Land Laws*, par sir
Fred. Pollock, p. 2.)

« Les habitants du village, qui jouissent de droits communaux, en
jouissent en vertu d'un titre, qui, si nous pouvions remonter à son
origine, serait bien plus ancien que celui du lord. Leurs droits sont
ceux-là mêmes qui appartenaient aux membres de la communauté
villageoise, et sont bien antérieurs à la mention des manoirs et des
lords des manoirs. » (*Ibid.*, p. 6.)

Même de nos jours, les Actes de clôture des terres com-

[1] Burton (R.-J.). *Mission to Gelele, King of Dahomey*, I. 260.

munales témoignent de peu d'égards pour les droits des
habitants des communes et il faudrait une crédulité extrême
pour penser que dans ces temps grossiers la transformation
des droits communaux en droits individuels s'est effectuée
avec équité. Néanmoins, le droit privé de propriété demeura
d'ordinaire incomplet, et resta assujetti aux droits du suzerain immédiat et à ceux du suzerain suprême, impliquant
ainsi la subordination du droit de propriété au droit du chef
de la collectivité.

« Nos lois ne reconnaissent de droits de propriété foncière absolue
qu'au profit de la Couronne. Toutes les terres sont censées être
tenues, immédiatement ou médiatement, de la Couronne, même
s'il n'est dû aucune rente ou aucun service, et sans que les archives
du royaume aient enregistré aucun titre de concession par la Couronne. » (*Land Laws*, p. 12.)

Cette conception de la propriété foncière survit en théorie
et en pratique, car chaque année l'État autorise l'appropriation de parcelles du sol par des services publics, moyennant
indemnisation des détenteurs existants. On pourrait objecter
que le droit de propriété suprême du sol que s'attribue
l'État se trouve compris dans le droit de propriété
suprême et générale par lequel il s'attribue le droit de
prendre tous les biens quelconques, moyennant indemnité. Mais l'usage qu'il fait du premier de ces droits
est fréquent et habituel, tandis que le second n'existe que sur
le papier, et que l'État n'y a jamais recours. Par exemple,
pour les achats de tableaux faits pour compte de la nation,
l'État entre en concurrence avec les acheteurs particuliers et
réussit ou échoue dans ses démarches.

Il nous reste à montrer que les changements politiques
qui ont lentement substitué au pouvoir suprême du monarque le pouvoir suprême de la nation, ont remplacé

le droit suprême de propriété foncière du monarque par le
droit de propriété foncière de la nation. De même que le corps
représentatif a en fait hérité des pouvoirs gouvernementaux,
dont le passé avait investi le roi, de même il a hérité du
droit de domaine éminent dont le roi était également
investi. Il n'est que le mandataire de la collectivité, et c'est
celle-ci qui se trouve aujourd'hui investie de ce droit
suprême. Les propriétaires fonciers eux-mêmes ne le con-
testent pas; comme preuve je citerai le Rapport publié en
décembre 1889 par le Conseil de la « Ligue pour la Défense
de la Liberté et de la Propriété »; il y siège deux juges et
plusieurs pairs du royaume. Après avoir déclaré que leur
association a pour principe essentiel, « basé sur l'expérience
du passé », la méfiance du « fonctionnarisme d'Etat ou muni-
cipal », le Conseil poursuit en ces termes :

« Ce principe, appliqué à la possession du sol, est favorable au
droit de propriété individuelle, soumis à la suzeraineté de l'Etat. Il
va de soi que la terre pourrait être « reprise » moyennant le paiement d'une pleine indemnité, et administrée par le « peuple », si
telle était sa volonté. »

Le Rapport ne donne donc d'autre raison à l'appui du système foncier existant que les défauts du système d'administration qu'on cherche à lui substituer et reconnaît ouvertement
le droit de propriété suprême de la communauté. Ainsi,
tandis qu'aux étapes primitives, nous voyons coexister la
liberté individuelle et la propriété du sol commune au groupe,
pendant les périodes prolongées de consolidation des petites
communautés en grandes communautés, nous voyons l'activité militaire, qui effectua cette consolidation, être la cause
de la perte simultanée de la liberté individuelle et de la
participation à la propriété de la terre. Parallèlement au

déclin de l'esprit militaire et au développement de l'industrialisme, nous assistons de nos jours à une double réacqui-
sition : celle de la liberté individuelle et celle de la participation à la propriété de la terre, se manifestant par la part
prise au choix du corps représentatif, dont relève aujour-
d'hui la tenure de la terre. Celle-ci implique en faveur des
membres de la communauté, qui exercent habituellement
par la personne de leurs représentants le pouvoir d'aliéner
une parcelle quelconque de la terre et d'en user à leur
volonté, le droit de s'approprier en toute équité le total de
ces parcelles et de l'affecter à leur usage s'ils le jugent convenable. Mais l'équité et la coutume impliquent également
que les détenteurs existants ne pourront être dépossédés sans
recevoir la valeur équitablement estimée de leur terre ; il
s'ensuit que pour s'effectuer avec équité, la reprise globale
de la terre entraîne son rachat global. Si la communauté
reprenait sans rachat l'exercice direct de son droit de propriété,
elle reprendrait avec une chose qui lui appartient, une somme
immensément plus considérable de choses qui ne lui appartiennent pas. D'innombrables complications ont, de siècle
en siècle, inextricablement enchevêtré les droits théori-
ques des hommes, mais, réduisant même la question à sa
forme théorique la plus simple, nous sommes forcé d'admettre que tout ce que la communauté est en droit de réclamer, c'est la surface du territoire à l'état inculte originel.
La collectivité n'a aucun droit à la valeur qu'ont donnée au
sol le déboisement, le défrichement, la culture prolongée,
la clôture, le drainage, le tracement des routes et la construction des fermes, etc., opérations qui ont constitué la
presque totalité de sa valeur. Celle-ci est le produit de
travaux personnels, de travaux rétribués, ou du travail des
ancêtres, ou bien encore c'est de l'argent légitimement

gagné qui l'a remboursée. Toute cette valeur communiquée
par l'art se trouve investie dans les propriétaires actuels, et
les dépouiller serait un acte de gigantesque brigandage.
La violence et la fraude ont trop souvent présidé aux opérations qui ont donné naissance aux droits existants de
propriété terrienne, mais que dire de la violence et de la
fraude dont se rendrait coupable la communauté, si elle con-
fisquait la valeur que l'art et le travail de deux mille années
ont donnée à la terre?

§ 53. — Revenant au sujet général de ce chapitre, les
droits à l'usage des milieux naturels, il nous importe de noter
que ces droits ont graduellement obtenu la sanction législative à mesure que les sociétés se sont rapprochées de leur
type supérieur.

Au début du chapitre, nous avons reconnu que l'assertion
légale de l'égalité des droits des hommes à l'usage de la
lumière et de l'air a pris naissance dans les temps modernes ;
aucune forme d'organisation sociale ou d'intérêts de classe
ne s'opposait à la reconnaissance de ces corollaires de la loi
d'égale liberté. Nous venons de voir que, de nos jours, on
en a déduit, d'une manière peut-être voilée et inconsciente,
la reconnaissance de l'égalité des droits de tous les électeurs
à la propriété suprême de l'aire habitée, droits qui, bien
que latents, sont sous-entendus dans chaque Acte du Parlement qui aliène de la terre. Quoique des arrangements
établis entravent ce droit à l'usage de la terre inhérent à
tout citoyen, au point de le supprimer en pratique, il est cependant impossible de nier l'équité de ses titres, sans affirmer
que l'expropriation par l'Etat serait contraire à l'équité.
L'Etat ne peut équitablement passer outre au droit du détenteur actuel qu'en vertu d'un droit antérieur au profit de

l'ensemble de la communauté, droit qui est égal au total des droits individuels de ses membres.

Nota. — J'ai relégué dans l'Appendice B diverses considérations concernant la question tant discutée de la propriété du sol. Elles auraient occupé trop d'espace dans les pages qui précèdent.

CHAPITRE XII

Du Droit de Propriété.

§ 54. — Puisque tous les objets matériels susceptibles d'appropriation sont par un procédé quelconque tirés de la terre, il s'ensuit que par son origine le droit de propriété dépend du droit à l'usage de la terre. Cette connexité inévitable demeura incontestée tant qu'il n'exista pas de produits artificiels et que les produits naturels furent les seuls qu'on pût s'approprier. Dans notre forme de société développée, il existe d'innombrables objets possédés, tels que maisons, meubles, vêtements, œuvres d'art, billets de banque, actions de chemins de fer, créances hypothécaires, fonds d'Etats, etc., dont l'origine ne se rattache pas ouvertement à l'usage de la terre. Cependant, comme ils sont ou des produits du travail ou des signes représentatifs du travail, que le travail serait impossible à défaut de subsistance et que la subsistance est tirée du sol, nous reconnaissons l'existence de cette connexité continue, quelque éloignée et embrouillée qu'elle paraisse. La justification éthique complète du droit de propriété se heurte par suite aux mêmes difficultés que la justification éthique complète du droit à l'usage de la terre.

L'essai de justification de Locke [1] n'est pas satisfaisant. Il

---

[1] Locke, *Two Treatises of Government*, 5e édit. Londres, 1728, second Traité, § 27.

déclare que « bien que la Terre et toutes les créatures inférieures soient communes à tous, tout homme a droit à la
propriété de sa propre personne » et en infère que « le travail de son corps et l'ouvrage de ses mains » doivent lui
appartenir en propre. « Il a incorporé, continue-t-il, son
travail à toute chose qu'il a tirée de l'état de nature; il lui
communique quelque chose qui est bien à lui et en fait ainsi
sa propriété. » On pourrait répondre à Locke que puisque
d'après ses prémisses « la Terre et toutes les créatures inférieures sont communes à tous les hommes ». le consentement de tous les hommes est nécessaire pour qu'un objet
puisse équitablement « être soustrait à l'état de bien commun où la nature l'a placé ». La question est celle-ci : le
travail consacré à faire sortir cet objet de l'état de nature
crée-t-il pour l'homme qui a accompli ce travail un droit
supérieur au total des droits préexistants de *tous* les autres
hommes? Cependant la difficulté n'est pas insurmontable.
Suivant qu'on se trouve en présence de conditions sauvages,
demi-civilisées ou civilisées. il est trois manières différentes
de démontrer que les droits personnels de propriété peuvent
s'établir sans violer les droits égaux des autres hommes.

Les occupants d'une région, qui recueillent ou capturent
ses produits, peuvent tacitement, si ce n'est ouvertement.
convenir qu'en considération des chances égales qu'ils ont de
se les approprier, l'assentiment passif de tous les occupants
sanctionnera toute appropriation opérée par l'un d'eux. Cet
accord général est celui qu'observent les membres des
tribus de chasseurs. Il est toutefois instructif de noter que
quelques-unes d'entre elles affirment la restriction pratique.
sinon théorique. que nous avons énoncée plus haut; la coutume reconnait à toute la tribu un droit de partage au gibier
abattu par l'un des membres. sans doute en vertu de la con-

viction qu'avant d'être tuée cette proie appartenait en partie
à tous.

« Les Comanches, nous apprend Schoolcraft [1], n'acceptent la distinction du *mien* et du *tien* que pour les biens mobiliers ; ils prétendent
que le territoire qu'ils occupent, ainsi que le gibier qui y vit et qu'on
ne peut s'approprier que par la capture, sont communs à toute la
tribu. Le Comanche qui a tué une pièce de gibier garde la peau,
mais la chair se partage suivant les besoins du groupe et toujours
sans débat, chaque individu devant admettre tous les membres de
la tribu au partage de sa subsistance. »

Les mêmes usages et les mêmes idées règnent chez les
Chippeways [2].

« Quand un parti de chasseurs a pris du gibier dans un terrain
enclos, écrit Schoolcraft, il se partage entre tous ceux qui ont pris
part à la chasse ; pris dans des pièges particuliers, il est considéré
comme propriété particulière ; néanmoins, il est loisible à tout
chasseur qui survient et que la fortune n'a pas favorisé, de s'emparer
d'un cerf ainsi capturé, à la condition d'abandonner la tête, la peau
et la selle au propriétaire du piège.

Tout colocataire d'un droit de pêche ou même tout invité
à une partie de pêche appréciera la nature quasi équitable
de ces arrangements, qui ont vaguement, sinon expressément, force de loi. Qu'on se rappelle l'irritation que cause
un colocataire ou un compagnon de pêche qui abuse de son
droit, irritation qui deviendrait encore plus vive s'il s'agissait d'une appropriation abusive d'aliments au lieu d'une
atteinte peu délicate portée au plaisir des autres pêcheurs.

Passant de la vie des chasseurs à la vie demi-sédentaire,
nous rencontrons des coutumes qui impliquent les mêmes
idées générales. Au lieu d'être mis à la disposition de tous
pour y recueillir et y capturer une part égale de la subsis-

[1] Schoolcraft (H.-R.). *Information respecting the Indian Tribes of the
United States*. 5 vol., Londres, 1853-6, I, 242.
[2] *Ibidem*, V, 177.

tance qu'il fournit, le territoire est mis à l'égale disposition
des occupants pour y cultiver la subsistance; dans le second
cas comme dans le premier, les produits du travail sont
acquis aux membres qui ont effectué le travail. La subsistance obtenue sur la parcelle du territoire qu'a cultivée un
membre, devient sa propriété avec l'assentiment de la tribu,
assentiment qu'implique la reconnaissance de droits analogues de propriété établis de même au profit de tous les
autres membres de la tribu. Ainsi que nous l'avons reconnu
en étudiant les tenures usitées en Russie et décrites dans le
chapitre précédent, l'accord indéfini qui a pris naissance
finit par se transformer en un accord défini, et prescrit la
division de la terre en lots égaux, l'attribution du droit de
cultiver chaque lot réservé à son possesseur désigné, et
pour celui-ci le droit de propriété sur le produit obtenu.
Un accord de ce genre régissait l'Irlande[1] au temps de
Henri II, et continua à la régir postérieurement à son règne.
« Les membres de la tribu se partageaient la terre, mais
une nouvelle distribution avait lieu à des intervalles de quelques années. » En vertu de cet accord général, l'individu
jouissait d'un droit exclusif de propriété sur tout ce que
dans ces conditions son travail avait tiré de la terre. Dans
ce cas, comme dans le précédent, le droit de propriété a
donc pris naissance en se conformant à la loi d'égale liberté.

Un droit de propriété né de la sorte ne résulte certes pas
d'un contrat explicite et conclu entre la communauté d'une
part et chacun de ses membres de l'autre. Cependant, nous
nous trouvons en présence d'une stipulation qui ressemble
à un contrat virtuel et qui aurait pu se transformer en contrat
formel si une partie de la communauté, s'adonnant à d'autres

[1] Green (J.-R.). A Short History of the English People, 1880, p. 431.

occupations, avait laissé le reste continuer la culture, en déclarant d'un commun accord qu'une part du produit de cette culture serait réservée pour l'usage de leurs lots de terre aux membres qui avaient cessé d'être cultivateurs. Rien ne prouve cependant que des relations semblables aient existé entre les occupants et la communauté, et sanctionné la propriété du produit de l'occupation, après prélèvement d'une part équivalant à la rente foncière. Des agresseurs venus du dedans ou du dehors ont presque invariablement usurpé le droit originel de propriété de la communauté et l'usurpateur a d'ordinaire encaissé la rente sous forme d'une redevance en travail ou en service militaire plutôt que sous celle d'une redevance en nature : cet état de choses faisait table rase des droits de propriété fondés sur l'équité, comme de toutes les autres catégories de droits équitables. De ces usurpations est cependant dérivé le système de propriété en vertu duquel l'État confère la tenure de la terre, système qui est susceptible de donner naissance à un droit de propriété équitable en théorie. En Chine [1], « où la tenure totale de la terre dérive directement de l'État moyennant paiement d'une taxe annuelle et d'une composition pour le rachat du service personnel dû au gouvernement », l'hypothèse que l'Empereur représente la communauté suffit à valider la propriété légitime du surplus qui reste disponible après paiement de la rente réservée à la communauté. Dans l'Inde [2], le gouvernement est le propriétaire suprême, et jusqu'au jour de l'institution des zemindars, il a directement perçu la rente : il faudrait une interprétation forcée pour y rattacher le droit de propriété à un contrat intervenu

---

[1] Williams (S.-W.). The Middle Kingdom, 2 vol., New-York. I, pp. 1-2.
[2] Laveleye (E. de). Primitive Property, dans la Contemporary Review, Londres. 1878, pp. 310 et suivantes.

entre la communauté et l'individu. Les exigences de la
morale ne sont pas mieux respectées chez nous, où la doctrine que tout propriétaire foncier est tenancier de la Couronne n'a qu'une valeur purement théorique. Ce n'est que
dans quelques rares pays où la propriété par l'État n'est
pas virtuellement, mais expressément reconnue, et où les
fermages ordinaires sont perçus par la Couronne (qui dans
ces cas s'est identifiée avec la communauté), que s'est en
conséquence établi le système d'exploitation de la terre
qui donne au droit personnel de propriété une base théo-
riquement valide.

Nous admettons donc qu'au point de vue éthique, l'établissement d'un droit complet de propriété est entouré des
mêmes difficultés que celles que rencontre l'établissement
d'un droit complet à l'usage de la terre. Néanmoins l'examen
des faits constatés dans les sociétés primitives naissantes,
faits qui se retrouvent dans l'histoire reculée de nos sociétés
civilisées, suffit à établir que par son origine ce droit de
propriété est susceptible de se rattacher à la loi d'égale
liberté et que l'infraction des autres corollaires de cette loi
est seule capable de rompre ce lien.

55. — A mesure que la société se développait, cette
déduction s'est élaborée et a été de plus en plus mise en
vigueur: la coutume l'a de bonne heure reconnue, et bientôt après le législateur l'a formulée.

A l'origine, le droit de propriété fut considéré comme
une revendication validée par un travail accompli en s'abste-
nant de toute agression. Les peuples les plus grossiers, ceux
chez qui la conception du droit de propriété s'est le moins
développée, admettent la propriété des armes, des usten-
siles, des vêtements et des ornements ; le travail confère à

tous ces objets une valeur proportionnelle notablement supérieure à celle de la matière première dont ils sont faits. Les
huttes sont à un degré moindre le produit du travail individuel, puisqu'elles sont généralement construites avec le
secours d'auxiliaires, à charge de réciprocité. Nous avons
énuméré tous les objets possédant une valeur qui, à cette
époque, résulte bien plus de l'effort accompli que de la
valeur intrinsèque de la matière dont ils sont tirés, car la
valeur intrinsèque des aliments recueillis ou capturés à
l'état de nature l'emporte sur celle de l'effort fait pour se
les procurer. C'est pourquoi, sans doute, les sociétés les
plus grossières ont plus nettement défini le droit de propriété des biens mobiliers que celui d'autres objets.

La reconnaissance du droit de propriété a donc été à
l'origine la reconnaissance du rapport qui doit exister entre
l'effort accompli et le résultat obtenu. C'est ce que fait res-
sortir dans la suite des temps le régime du groupe patriarcal
et de la communauté familiale. Quoique, d'après sir Henry
Maine [1], le chef du groupe ait d'abord été le maître
nominal de tous les biens, il n'agissait cependant en fait
qu'en qualité de mandataire, et chacun des membres qui
contribuait pour sa part au travail commun, recevait sa part du
produit. Quasi socialiste au dedans de la tribu, mais admettant la concurrence au dehors, cet arrangement ne fournit
pas l'expression définie du droit de propriété individuelle,
mais il sous-entend que le travail doit rapporter au travailleur
un équivalent approximatif de produits, assertion tacite qui
se transforme en assertion explicite lorsque des membres
du groupe acquièrent la propriété de certains biens en vertu
d'un travail effectué en dehors du travail des autres membres.

1 Maine (sir H. . Ancient Law, 3e édit., Londres, 1866, p. 184.

Il serait superflu de suivre le développement du droit de propriété tel que les législateurs l'ont établi et tel que leurs agents l'ont interprété, et de remonter jusqu'aux commandements des Hébreux pour redescendre aux temps modernes, où nous voyons nos lois formuler les droits de propriété les plus divers avec un détail infini et une grande précision. Pour le moment, il nous suffit de noter que cette conséquence du principe de la justice a peut-être été plus que ses autres conséquences perçue clairement dès le début du progrès social, et que dans la suite on l'a acceptée sous une forme de plus en plus définie, en même temps qu'elle se répandait et prenait un caractère de plus en plus péremptoire. Aujourd'hui, la violation du droit de propriété par l'appropriation inautorisée d'un légume ou de quelques bouts de bois, constitue un délit, et le droit de reproduction d'une romance, d'un modèle ou d'une marque de fabrique constitue une propriété.

§ 56. — Se figurant qu'un principe de morale les justifie ou même les y oblige, bien des gens cherchent à renverser ce droit. Ils considèrent comme injuste que tout homme recueille des avantages proportionnés à ses efforts, nient qu'il puisse honnêtement garder la totalité du produit de son travail et forcer les moins capables à se contenter de la somme moindre de biens que leur travail a produite. Cette doctrine peut se résumer ainsi : « Des quantités et des qualités différentes de travail ne doivent rapporter que la même part de produit; procédons au partage égal de produits inégaux ».

Il est manifeste que le communisme implique la violation de la justice telle que la définissent les chapitres précédents. En affirmant que la liberté de chacun n'est limitée que par

la même liberté de tous, nous affirmons que chacun a le
droit de s'attribuer toutes les jouissances et toutes les sources
de jouissances qu'il se procure sans violer les sphères
d'action de ses voisins. Si donc une vigueur supérieure, un
esprit plus inventif ou une application plus grande procurent
à un homme un surplus de jouissances ou de sources de
jouissances, à la condition qu'il n'entreprenne rien sur les
sphères d'action d'autrui, la loi d'égale liberté lui confère un
titre exclusif à tout ce surplus. Les autres hommes ne peuvent s'en emparer qu'en s'arrogeant une somme de liberté
supérieure à la sienne et violent ainsi la loi.

Les institutions du passé permettaient à quelques rares
supérieurs de s'enrichir aux dépens de la foule de leurs
inférieurs. Aujourd'hui, on réclame des institutions qui
enrichiraient la masse des inférieurs aux dépens de la minorité supérieure et clairsemée. Les défenseurs de l'ancien
régime social partaient de l'hypothèse que son caractère était
équitable ; de même, les défenseurs du nouveau régime proposé prétendent que celui-ci est fondé sur l'équité. Convaincus
du fondement de leur droit, ils jugent que la force, dont
sans l'avouer ils impliquent l'emploi, pourra équitablement
imposer une répartition nouvelle. Telle que la nature humaine
a toujours existé dans le passé et telle qu'elle existe autour
de nous, l'homme qui, par la supériorité de ses qualités
physiques ou mentales ou par une faculté de travail supérieure, recueille des gains qui dépassent ceux des autres
hommes, ne leur abandonnera pas de plein gré cet excédent ; quelques rares individus y consentiront peut-être, mais
ils seront loin de représenter la moyenne de l'humanité.
Le fait que la moyenne supérieure ne fera pas l'abandon
volontaire du surcroît d'avantages acquis par sa supériorité,
implique l'usage de moyens coercitifs et entraîne l'emploi

nécessaire de la force. Les deux partis le savent : la foule
des inférieurs détient un pouvoir de contrainte physique
supérieur, et les communistes prétendent que l'équité jus-
tifiera la coercition nécessaire de la minorité fortunée par la
majorité jusqu'ici moins avantagée.

Après tout ce que nous avons dit dans nos premiers chapitres, il est à peine nécessaire de rappeler qu'un système
s'inspirant de cette doctrine causerait la dégénérescence
des citoyens et la décadence de la communauté. La suppression de la discipline naturelle, qui maintient toute créature
à l'état d'adaptation aux activités qu'exigent les conditions
de la vie, aboutirait inévitablement à l'inaptitude à la vie
et à une disparition soit lente, soit rapide des races qui
essaieraient de s'y soustraire.

§ 57. — La morale absolue affirme donc le droit de propriété, et de son côté, la morale relative, qui tient compte des
nécessités transitoires, n'admet pas la violation qu'impliquent les projets des communistes. Cependant, la morale
relative autorise la limitation du droit de propriété dans la
mesure nécessaire pour faire face aux frais de la protection
nationale et individuelle.

Nous avons déjà énoncé le principe que la conservation
de l'espèce ou d'une variété organisée en nation, constitue
une fin qui prime la conservation individuelle ; nous avons
vu que cette fin justifie la subordination du droit à la vie
qui résulte du danger de mort en cas de guerre défensive.
Elle justifie de même la subordination du droit à la liberté
que nécessitent le service et la sujétion militaires. Il nous
faut rappeler une fois de plus ce principe, car il légitime
l'appropriation de la portion des biens et des revenus des
individus, qui doit subvenir aux nécessités d'une résistance

adéquate à l'ennemi. Toute atteinte au droit de propriété imposée en vue d'une guerre défensive, bénéficie d'une justification quasi éthique, quoiqu'il n'en soit pas de même des infractions commises en vue d'une guerre offensive.

Une dernière restriction du droit de propriété est tout aussi légitime. La propriété doit contribuer à l'entretien des administrations publiques chargées de veiller au respect du droit de propriété et de tous les droits en général. Cette infraction partielle du droit de propriété deviendrait superflue dans une société entièrement composée d'hommes qui respecteraient leurs droits réciproques ; toutefois, dans les sociétés telles qu'elles existent et telles qu'elles existeront probablement pendant longtemps encore, le meilleur moyen de se rapprocher de l'accomplissement de la loi d'égale liberté, c'est de sacrifier ce qui, des droits que nous avons déduits jusqu'ici, est nécessaire à la préservation du reste. La morale relative sanctionne donc une taxation équitablement réparti et nécessaire au maintien de l'ordre et de la sécurité.

CHAPITRE XIII

Le Droit à la Propriété incorporelle.

§ 58. — Le chien ne livre pas seulement bataille pour conserver l'os qu'il a trouvé ; il défend le manteau ou tout autre objet que son maître lui a confié, et perçoit le droit à la propriété d'un objet visible et tangible : une portée d'intelligence médiocre suffit donc à construire par la pensée le droit à la propriété matérielle. Mais pour une propriété qui n'est ni visible, ni tangible, il faut faire appel à une intelligence d'une portée beaucoup plus vaste. La conception de l'existence d'un produit mental exige l'intervention d'une imagination constructive, et une imagination constructive d'un degré tout à fait supérieur est indispensable pour arriver à concevoir que le produit d'un travail mental peut tout aussi légitimement que le produit quelconque du travail manuel constituer une propriété.

Tant du point de vue de l'élément positif que de l'élément négatif du droit, il est possible de démontrer que ces deux propriétés reposent sur un même fondement. Nous souvenant que la justice sous son aspect positif exige que chaque individu recueille les profits et les inconvénients de sa propre nature et de la conduite qu'elle détermine, il est manifeste que tout individu dont le travail mental produit un résultat a le droit de recueillir la totalité du bénéfice qui en découle naturellement. Telle que nous l'avons définie, la justice exige, dans ce cas comme dans tous les autres, que rien ne vienne détruire la connexité qui existe entre la conduite et ses conséquences : le droit au bénéfice attendu est donc bien un droit dont la validité est incontestable.

L'élément négatif de la justice, qui, parmi des créatures associées, restreint les activités de chacune d'elles aux limites imposées par les mêmes activités de toutes les autres, interdit de même l'appropriation du produit mental d'autrui, ou plutôt en interdit l'usage sans l'assentiment du producteur, toutes les fois que ce produit est de ceux dont l'usage peut conférer un avantage à autrui. Supposons que B, C et D usent à leur avantage et sans l'assentiment de A, d'un produit mental élaboré par celui-ci : ils violent la loi d'égale liberté, puisqu'ils ont chacun en particulier bénéficié de l'utilisation du produit du travail mental de A, sans lui offrir l'occasion de bénéficier de l'utilisation de quelque produit équivalent, mental ou matériel, fruit de leurs propres travaux. A l'argument qu'en se servant du produit mental de A. ils ne l'en dépouillent pas, je réplique que, pour tout produit mental ou matériel, l'usage qu'en fait autrui peut être la source prévue d'un profit. Le constructeur d'une maison destinée à être louée, d'une voiture qu'emploieront des voyageurs, ne serait-il pas victime d'une tromperie de la part de ceux qui occuperaient la maison ou la voiture sans le payer? En effet, il n'a pas travaillé en vue de son propre usage, mais en vue de l'usage par autrui ; il faut donc qu'il reçoive la rétribution dont l'attente l'a déterminé à bâtir la maison ou à construire la voiture. Même à défaut d'un contrat stipulant expressément le paiement du loyer ou du prix du louage, tous admettront que le propriétaire déçu a subi un préjudice injuste. Même dans le cas où l'auteur d'un produit mental n'en est pas dépouillé par ceux qui s'en servent. même à défaut d'un contrat précis, il se trouve lésé, lorsque d'autres l'utilisent sans lui remettre le bénéfice en vue duquel il a travaillé.

Les producteurs comptent sur des avantages résultant de l'usage ou de l'utilisation par autrui de deux catégories de produits de l'esprit : de ceux qui sont incorporés dans les livres, les compositions musicales, les œuvres d'arts plastiques, etc., et de ceux qui sont incorporés dans les inventions mécaniques ou autres. Nous allons étudier à part chacune de ces catégories.

§ 59. — Un homme peut lire, écouter et observer indéfiniment sans porter atteinte à la liberté d'autrui d'en faire autant. Les connaissances qu'il a ainsi acquises, il peut se les assimiler, les réorganiser, en tirer des connaissances nouvelles, sans attenter aux droits d'autrui. Nul ne sera en droit de prétendre qu'il excède les droits de la liberté individuelle s'il garde par devers lui ses conclusions et les pensées qu'il a élaborées, quoiqu'elles puissent avoir une valeur comme moyen de direction et que la beauté de ses pensées puisse également leur en donner une. Si, au lieu de les garder par devers lui, il se décide à les publier, il doit être libre d'imposer ses conditions et ne porte ainsi atteinte aux droits de personne. Les autres hommes restent libres d'accepter ses conditions ou de les repousser; leur refus les laisse ce qu'ils étaient. Mais si d'autres hommes passent outre à ses conditions, après qu'il leur a vendu des exemplaires de son livre, soit directement, soit par l'entremise d'un agent, sous l'empire de l'accord tacite qu'en échange d'une somme d'argent reçue, il leur cède, avec le papier imprimé, le droit de lire ou de prêter son ouvrage, mais non celui de le reproduire, si, dis-je, dans ces circonstances, on reproduit son livre, le reproducteur viole les condi-

tions tacitement acceptées et commet une agression. En
retour du prix payé, il s'est emparé d'un avantage bien
plus considérable que celui que le producteur entendait
livrer en échange du prix qu'il a reçu.

Il est étrange que des esprits intelligents puissent soutenir que le fait de la publication fait d'un livre une propriété publique, et qu'en vertu d'un corollaire de la liberté
du travail, le premier venu acquiert de la sorte le droit de
réimprimer et de vendre à son profit des exemplaires de
la réimpression. Ils affirment que le droit de l'auteur constitue un monopole et non pas une forme de la propriété
privée. Mais si ce que prend le contrefacteur n'est le bien de
personne, comment la chose dont il s'empare peut-elle avoir
quelque valeur? Si la chose prise était sans valeur, celui
qui s'en empare ne perdrait rien à ce qu'on l'empêchât de
s'en emparer. S'il perd à cet empêchement, c'est que la chose
qu'il prend a quelque valeur. Et puisque cette chose de
quelque valeur n'est pas un produit naturel, il faut bien
qu'elle ait été obtenue aux dépens de la personne dont
l'art l'a produite. Il y a quelques années, j'ai formulé à ce
sujet l'argumentation suivante :

« Ceux des membres de la Commission de la propriété
littéraire et artistique ou ceux des témoins qu'elle a entendus, qui veulent, sinon abolir les droits d'auteur, du moins
les entourer de restrictions qui équivaudraient presque à
leur suppression, ont allégué les intérêts de la liberté du
commerce et ont tenté de discréditer les droits de l'auteur,
tels qu'ils sont actuellement reconnus, en les appelant un monopole. Au sens économique, un monopole est un arrangement par lequel la loi confère à une personne ou à une cor-
poration l'usage exclusif de certains produits, de certaines
facilités ou de certains agents naturels, qui, à défaut de

cette loi, seraient à la disposition de tous. L'adversaire d'un
monopole est celui qui, ne réclamant au monopoleur ni assistance directe, ni assistance indirecte, ne revendique que la
faculté d'user dans des conditions d'égalité de ces produits,
de ces facilités et de ces agents naturels; la nature n'a pas
placé l'industrie qu'il entend exercer, sous la dépendance
du monopoleur, et il est capable de l'exercer avec un succès
égal ou supérieur en l'absence du monopoleur et quoi
que fasse ce dernier. Prenons l'industrie littéraire et con-
frontons le prétendu partisan de la liberté commerciale avec
le prétendu monopoleur. Le prétendu monopoleur (l'auteur)
interdit-il au prétendu partisan de la liberté du commerce
(le reproducteur) de se servir d'aucun des procédés ou
d'aucun des moyens qui servent à produire les livres ?
Nullement; ces procédés restent accessibles à tous. De son
côté, le prétendu partisan de la liberté commerciale désire-
t-il simplement, sans rien emprunter à personne, faire
usage de ces facilités accessibles à tous, absolument comme
si le prétendu monopoleur et ses œuvres n'existaient pas ?
Au contraire, il désire opérer aux dépens de ce dernier et
recueillir des avantages qu'il lui serait impossible de recueillir si le prétendu monopoleur et ses livres n'existaient pas.
Au lieu de se joindre au véritable partisan de la vérité commerciale pour se plaindre de l'obstacle que le monopoleur
dresse sur sa route, ce pseudo-partisan de la liberté commerciale se plaint de ne pas pouvoir utiliser une assistance
qui tire son origine de celui qu'il appelle un monopoleur. Le
véritable partisan de la liberté ne réclame que des facilités
naturelles et ne combat que les obstacles artificiels. Ne se
contentant pas des facilités naturelles, le pseudo-partisan de
la liberté se plaint d'être forcé de payer le prix d'une assistance dont il est redevable à l'art d'autrui. Devant la Com-

mission, quelques-uns des adversaires de la propriété littéraire ont exprimé leur étonnement de voir les auteurs aveuglés par le souci de leur intérêt au point de ne pas comprendre qu'en défendant leurs droits actuels, ils se constituaient les défenseurs d'un monopole. Les auteurs auraient
en plus de raison de s'étonner en voyant certains défenseurs attitrés des principes économiques confondre le cas
d'un homme qui, désireux d'exercer une industrie, ne réclame que les conditions qui seraient les mêmes si telle
autre personne n'existait pas, avec le cas d'un homme qui
désire exercer une industrie d'une manière que rend seule
possible l'existence de cette autre personne. Toute argumentation qui combat la propriété littéraire repose sur une
confusion entre deux choses radicalement opposées et
s'évanouit à la lumière de la distinction, qu'il faut établir. »
(*Edinburgh Review*, oct. 1878, pp. 329-330.)

Il me semble donc que considéré comme déduction du
principe fondamental de la justice, le droit à la propriété
littéraire ne peut être mis en doute un instant.

§ 60. — La coutume d'abord, les lois ensuite, ont fait
droit aux revendications des producteurs intellectuels. A
l'origine, l'auditoire ou le patronage des personnages illus-
tres, chez qui ils récitaient leurs œuvres, rémunéraient
les auteurs ; il était malséant, peut-être même malhonnête, de se soustraire à cette obligation. A Rome[1], ce droit
de propriété acquit même une valeur marchande. M. Copinger signale différents auteurs anciens qui ont vendu leurs
œuvres; par exemple Térence, qui vendit *l'Eunuque* et
l'Hécyre et Stace qui vendit son *Agave*. Les copistes acqué-

---

[1] Copinger (W.-A.). *The Law of Copyright*, 2ᵉ édit., p. 2.

raient en pratique, si ce n'est aux yeux de la loi, le droit de
reproduction exclusive des manuscrits. Dans notre pays, le
droit équitable de l'auteur est reconnu depuis deux siècles[1].
Un Acte de Charles II interdit d'imprimer un ouvrage sans le
consentement de l'auteur; sous l'empire de cet Acte, on put
vendre et acheter les droits d'auteur. En 1774, il fut décidé
que la Loi Commune avait conféré à perpétuité à l'auteur et
à ses ayants droit le droit exclusif de publication, mais
qu'un Statut l'avait restreint à une période déterminée.
L'article de M. Robertson montre en détail comment ce principe a par la suite été étendu à d'autres produits de l'intelligence : aux œuvres d'art sous George II (Acte de la
8e année du règne, chapitre 13), sous George III (Actes des
7e et 38e années, chapitres 38 et 71, ce dernier pour les
modèles et les moulages); sous Guillaume IV, aux produc-
tions dramatiques (3e et 4e années, chapitre 15) et aux cours
et conférences (5e et 6e années, chapitre 65); sous Victoria,
aux œuvres musicales (5e et 6e années, chapitre 45); aux
lithographies (15e et 16e années, chapitre 12), et enfin aux
œuvres picturales en 1862.

Le législateur et les penseurs qui ont étudié la question
du point de vue de l'éthique, ont eu à se préoccuper de
la durée qu'il convient d'assigner à ce droit de propriété.
Le problème n'est pas aisé à résoudre : faut-il l'accorder
pour la durée de la vie de l'auteur et de ses descendants
sans limitation aucune, pour la durée de la vie de l'auteur
augmentée d'un certain nombre d'années après sa mort ou
pour sa vie seulement ? Aucune raison ne recommande pour
ce genre de propriété un régime légal de propriété et de
transmission testamentaire différent de celui qui régit toute

---

[1] Robertson. Article « *Copyright* », dans l'*Encycl. Britannique*, 9e édit.

autre propriété. La langue, la science et les autres produits de la civilisation antérieure, dont s'est servi l'auteur,
appartiennent, comme on l'a dit, à l'ensemble de la société,
mais ces produits intellectuels de la civilisation sont accessibles à tous, et, en les utilisant, l'auteur ou l'artiste n'a
pas diminué le pouvoir d'autrui de s'en servir. Sans rien
soustraire à la richesse commune, il en a simplement
combiné quelques parties avec ses pensées, ses principes,
ses sentiments, son talent technique, toutes choses qui sont
bien exclusivement à lui et lui appartiennent plus véritable-
ment que les objets visibles et tangibles renfermant de la
matière première enlevée à l'usage potentiel des autres
hommes, n'appartiennent à leurs propriétaires. Un produit
du travail mental est plus pleinement une propriété que ne
l'est un produit du travail corporel, car le travailleur seul
a créé le facteur de sa valeur. Pourquoi donc, dans ce cas,
la durée de la possession serait-elle moindre que dans les
autres?

Laissons là cette question en faisant remarquer que dans
les temps récents et civilisés, la loi a sanctionné le droit
de propriété de cette catégorie de produits intellectuels,
droit que nous avons déduit de la formule de la justice,
et que cette sanction légale s'est étendue et spécifiée à
mesure qu'a progressé le développement social.

§ 61. — Il suffira d'un simple changement dans les termes
pour appliquer aux inventions ce que nous venons de dire
des livres et des œuvres d'art. En imaginant un rouage
mécanique nouveau ou partiellement nouveau, en lui donnant un caractère d'utilité pratique, en inventant quelque
procédé différent ou meilleur que les procédés connus, l'inventeur fait des idées, des outils, des matériaux, des procé-

dés connus, un usage qui est à la portée de toute autre
personne, et ne restreint la liberté d'action d'aucune. Il
peut donc, sans enfreindre les limites prescrites, prétendre
à la jouissance exclusive de son invention; s'il divulgue son
secret, il n'empiète pas sur autrui en posant les conditions
auxquelles il permet de l'utiliser. Au contraire, une personne qui n'a pas accepté ses conditions, violera la loi
d'égale liberté en utilisant son invention; en effet, elle
s'approprie un produit du travail mental de l'inventeur et ne
lui permet pas de s'approprier un produit équivalent de son
propre travail à elle ou la possession d'un équivalent quelconque.

Il ne serait pas à l'honneur de la conscience moyenne de
contester le droit équitable aux avantages résultant d'une
invention, à celui qui a consacré plusieurs années à la
réflexion et aux expériences qui l'ont précédée, et souvent
fait des avances de capitaux qui sont venues s'ajouter à son
travail cérébral et manuel; ce refus serait d'autant plus coupable que bien des prétentions qui n'impliquent ni travail,
ni sacrifice, sont non seulement autorisées à se produire
mais scrupuleusement imposées. Le monde est plein de
déférence pour les droits conventionnels du spéculateur
heureux à la Bourse, du sinécuriste qu'il a longtemps gras-
sement payé pour ne rien faire; il va jusqu'à s'incliner
devant la pension perpétuelle que touche le descendant de la
maîtresse d'un roi. Par contre, il s'obstine à ne discerner
aucun « droit acquis » dans le produit de l'énergie vitale
irrévocablement dépensée par l'ouvrier qui, travaillant jour
et nuit, sacrifiant sa santé et sa fortune, est enfin parvenu à
perfectionner une machine et à lui donner une puissance
merveilleuse. Ses concitoyens le raillent et le traitent de
visionnaire, pendant qu'il sacrifie son temps, son argent et

ses peines; quand, à leur grand étonnement, il a réussi et que les résultats bienfaisants de son succès sont irrécusables, on les entend s'écrier: « C'est un monopole qu'il réclame et nous n'en voulons pas ». Le gouvernement prend-il des mesures pour le protéger, lui et ses confrères, et lui permettre de prendre un brevet d'invention à la condition d'en payer les frais [1], ce n'est pas par un sentiment d'équité, mais par un calcul de politique avisée qu'il agit ainsi. « Un brevet ne peut pas être réclamé de plein droit », nous disent les légistes; il ne doit servir que de « stimulant au travail et au talent. » Ainsi, quoique la soustraction du plus mince objet matériel, par exemple celle d'un sou dérobé dans un tiroir par un garçon de boutique, constitue un délit punissable, un capitaliste pourra, en l'absence de quelques formalités légales, s'emparer à son immense profit, et sans risque, ni déshonneur, de ce produit mental d'une valeur incomparable, quelque immense labeur qu'ait coûté son élaboration.

L'invention n'eût-elle d'utilité pour la société qu'à la condition d'être gratuitement utilisable, il n'y aurait pas encore de juste motif d'écarter les titres de l'inventeur; nul ne conteste les droits du fermier, qui cultive sa terre en vue de son propre profit et sans se préoccuper de l'avantage public. A toute invention, la société gagne incomparablement plus que l'inventeur. Pour qu'il soit à même de recueillir quelque profit de son procédé ou de son appareil nouveau, il faut qu'il confère des avantages aux autres hommes en leur fournissant soit une marchandise meilleure au prix ordinaire, soit une marchandise de qualité égale à un prix inférieur. S'il échoue, son invention est non avenue;

[1] Il n'y a pas si longtemps que le coût total d'un brevet s'élevait à plusieurs centaines de livres sterling.

s'il réussit, il abandonne à l'univers la presque totalité de la nouvelle mine de richesses qu'il a ouverte. Comparez aux profits que Watt a tirés de ses brevets d'invention les bienfaits que ses perfectionnements de la machine à vapeur ont procurés à son pays et à toutes les autres nations : la part attribuée à l'inventeur est infinitésimale à côté de la part que recueille le genre humain. Et cependant que de gens voudraient encore s'approprier cette part infinitésimale !

Mais l'insécurité de cette catégorie de propriété mentale engendre des résultats aussi désastreux que l'insécurité de la propriété matérielle. Dans une société où l'épargne n'est pas assurée de conserver les richesses qu'elle a accumulées, le manque de capitaux engendre la misère ; chez un peuple qui méconnaît les droits de l'inventeur, les perfectionnements s'arrêtent et l'industrie demeure languissante et chétive. Car, en général, à défaut de rémunération de leurs peines, les hommes ingénieux refuseront de se torturer le cerveau.

Nous devons cependant faire observer que, mue par des considérations sinon d'équité, du moins de politique, la loi s'est peu à peu ouverte à la reconnaissance des droits de l'inventeur. Chez nous, la faveur donna les premiers brevets d'invention, qui, pendant longtemps, restèrent confondus avec de véritables monopoles ; toutefois, lorsqu'en 1623 un Acte du Parlement prononça l'illégalité de ceux-ci [1], il distingua entre eux et les droits particuliers et exclusifs des inventeurs. On crut utile d'encourager les inventeurs ; peut-être s'était-on vaguement aperçu que dans le cas d'un monopole proprement dit, les activités d'autrui ne contractent aucune obligation envers le monopoleur et se seraient tout

---

[1] Haydn's. *Dictionary of Dates*. édit., 1866, p. 489.

aussi bien ou mieux trouvées de l'absence de celui-ci, tandis que le soi-disant monopole de l'inventeur confère un avantage à ceux qui se servent de son invention ; sans l'intervention de l'inventeur, nul ne serait en état de faire ce qui se fait avec son assistance. Quoi qu'il en soit, le droit de l'inventeur, légalement sanctionné depuis plusieurs siècles, est entouré de nos jours d'une sollicitude de plus en plus attentive, et une forte réduction des frais qu'entraînait la délivrance d'un brevet, a abaissé les obstacles qui entravaient les effets de sa reconnaissance. Les lois des autres pays, celles de l'Amérique en particulier, lui ont fait une place de plus en plus large, assurant ainsi un progrès constant des procédés qui permettent d'économiser le travail humain.

Il me reste à mentionner une restriction au droit que nous venons d'exposer et de justifier. L'expérience des temps modernes a démontré que les découvertes et les inventions sont en partie le fruit du génie individuel et en partie celui d'idées et d'applications préexistantes. Il en résulte — et l'expérience moderne, je l'ai dit, confirme ce fait — qu'au moment où un homme fait une découverte ou invente une machine, un autre homme, ayant les mêmes connaissances et poussé par la même idée, se trouve généralement sur le point de la faire de son côté ; il est même à peu près certain que, dans une période assez courte, elle se répétera de plusieurs côtés à la fois. Un droit exclusif à l'usage de l'invention pourrait ainsi se heurter à d'autres droits probables et équitables, et il a fallu limiter la période pendant laquelle l'inventeur est en droit de bénéficier de son invention. Cette question ne comporte qu'une solution empirique, car il est impossible de fixer le nombre d'années auquel doit s'étendre cette protection. Afin

d'en estimer la durée raisonnable, il faudrait tenir compte
de la moyenne des intervalles observés entre les inventions
identiques ou analogues faites par des inventeurs différents.
Il convient en outre de tenir compte de la réflexion prolongée et des efforts persévérants qui ont mené l'invention à
point, et de faire entrer en ligne une estimation, basée sur
l'expérience, de l'intervalle qui sera probablement nécessaire
pour que l'usage exclusif de l'invention assure une rémunération adéquate du travail de l'inventeur et des risques
qu'il a courus. La relation entre l'inventeur d'une part et
d'autres membres et la société de l'autre, est si complexe et
si vague qu'il faut se contenter d'une décision d'une équité
approximative.

§ 62. — Nous avons encore à traiter d'une autre catégorie
de propriété que nous pouvons faire rentrer dans le cadre
de la propriété incorporelle. Cette catégorie diffère des
précédentes en ce qu'elle n'assure aucune jouissance physique, mais assure une jouissance mentale — celle de
l'émotion agréable que procure l'approbation d'autrui.

Cette forme de la propriété incorporelle est en réalité insé-
parable de celles de ses formes auxquelles donnent naissance
les travaux intellectuels. Le producteur considère la renom-
mée que procure un poème, un livre d'histoire, un traité
scientifique, une œuvre d'art ou musicale, comme une partie,
souvent comme la partie la plus précieuse de la récompense de son travail. De même que l'opinion lui reconnaît
le droit à l'estime publique, de même elle flétrit le plagiaire,
qui cherche à détourner sur soi tout ou partie de cette estime.
La loi n'a pas prévu ce genre de vol, que la société frappe d'une
pénalité sociale. Il en est de même pour les découvertes et
les inventions. L'opinion sanctionne non seulement le profit

pécuniaire que recueille l'inventeur primitif, mais encore les éloges dus à son esprit inventif et à sa prévoyance : elle blâme celui qui tente de les intercepter en se faisant à tort passer pour l'inventeur ou l'auteur de la découverte. Un accord tacite, sinon explicite, reconnaît le droit à la jouissance de l'estime générale et en flétrit l'usurpation malhonnête. La réputation acquise est donc bien tenue pour une propriété incorporelle.

Mais il est une catégorie de propriété incorporelle bien plus importante encore : c'est celle qui est le fruit, non plus d'un succès intellectuel, mais de la conduite morale. S'il convient de considérer comme propriété incorporelle la réputation résultant d'actions mentales qui ont pris la forme de la production, il convient encore bien plus de faire le même cas de la réputation résultant des actions mentales qui produisent la droiture, la sincérité, la tempérance, en un mot de l'ensemble de la conduite bien réglée, source de ce que nous appelons une bonne réputation. S'il est coupable de détruire la première, il est encore plus coupable de dépouiller quelqu'un de la seconde. Fruit, comme toute propriété, de la prudence, de l'abnégation et de la persévérance, facilitant à son propriétaire les moyens d'atteindre ses fins et de satisfaire ses désirs les plus variés, l'estime publique est un bien susceptible de possession comme le sont les biens de nature tangible. Comme eux, elle a une valeur commerciale : le client s'adresse de préférence à l'homme dont il connaît l'honnêteté, avec qui il traite sans crainte : la perte de la réputation entraîne la perte de la clientèle. Sensibles à ce genre d'avantages, bien des hommes prisent plus haut la propriété d'un renom estimé, que celle d'une grande fortune. Il en est pour qui l'honneur, qui récompense une belle action, est une source de jouissances plus abondantes que la possession de liasses de valeurs financières ou d'obligations de chemins de fer. Les hommes qui ont investi leurs labeurs en nobles actions et qui reçoivent en guise d'intérêts l'hommage et la sympathie cordiale de la société, ont le même droit à ces récompenses de la vertu, que d'autres aux récompenses d'un travail industrieux. Cela s'applique à tous les hommes et non pas seulement à ceux que distingue un mérite extraordinaire. Dans la proportion où il a gagné des titres légitimes à une bonne réputation, chacun a droit à ce bien, qui, sans répéter la phrase devenue banale de Yago, dépasse peut-être le prix de tous les autres.

Ce produit de la bonne conduite diffère en un point capital des autres produits de l'esprit : on peut le ravir, mais le spoliateur est impuissant à se l'approprier. Peut-être est-ce là une raison de classer l'interdiction de dépouiller autrui de sa bonne réputation parmi les interdictions qui émanent de la bienfaisance négative et non pas de la justice, preuve qu'on ne peut pas toujours et quand même respecter la classification de la morale en sections séparées. Néanmoins une bonne réputation s'acquiert par des actes accomplis au dedans des limites prescrites à l'action et résulte même en partie du respect de ces limites, puisqu'en détruisant en totalité ou en partie une bonne réputation ainsi acquise, un homme empiète sur la vie de son prochain d'une manière dont celui-ci n'empiète pas sur la sienne : il est donc permis de conclure que le droit à la réputation est un corollaire de la loi d'égale liberté. Si l'individu lésé peut parfois, à la façon des gens vulgaires, exercer des représailles sous forme de récriminations ou de gros mots, nous rappellerons que nous avons démontré au chapitre VI que la loi d'égale liberté, bien interprétée, ne tolère aucun

échange de préjudices; elle ne tolère ni représailles physiques, ni représailles morales. Ainsi la destruction d'une
bonne réputation, bien que le calomniateur soit incapable
de se l'approprier, constitue une violation de la loi d'égale
liberté au même titre qu'une destruction de vêtements ou
que l'incendie de la maison d'autrui.

Ce raisonnement ne s'applique qu'à la bonne réputation
légitimement acquise, et cesse d'être applicable si elle est le
résultat de la tromperie et ne survit que grâce à l'ignorance. On ne viole donc pas la loi d'égale liberté en faisant tort à la réputation d'autrui par la divulgation de faits
peu connus, qui ne lui sont pas favorables : cette divulgation
reprend simplement à un homme ce qu'il n'était pas en droit
de posséder. De quelque façon qu'on la juge, elle ne doit
pas être assimilée aux actes qui privent d'une réputation
légitimement acquise. Dans bien des cas, elle est utile à la
sécurité d'autrui, et peut être dictée par le désir de prévenir
les atteintes qui pourraient menacer cette dernière. S'il arrive
qu'elle soit tenue pour punissable comme le sont les actes
qui privent d'une réputation légitime, il ne paraît pas que la
morale puisse sanctionner le châtiment qu'on lui inflige.

Il reste à noter les actes blâmables des personnes qui
contribuent à propager la calomnie en répétant des énon-
ciations injurieuses sans se mettre en peine d'en vérifier la
vérité. De nos jours, le public n'attache guère d'importance à la culpabilité de ceux qui les répandent sans s'être
informés des faits à l'appui ou sans en estimer la probabilité ;
peut-être finira-t-on par découvrir qu'il est impossible de les
excuser. La loi d'ailleurs les frappe et ne les excuse pas.

Comme dans les cas précédents, la loi a progressivement
validé les exigences éthiques que nous venons de déduire.
Il est d'ancienne date interdit de porter un faux témoignage

contre son voisin. La loi romaine [1] frappait la calomnie, même
envers les morts. Toutefois, aux degrés inférieurs de la civilisation, le châtiment des calomniateurs a surtout protégé la
réputation des supérieurs : ainsi le code bouddhiste [2] punis-
sait d'une peine sévère tout discours injurieux pour un membre de la caste la plus élevée. Aux temps primitifs de l'Europe, on laissait aux hommes haut placés le soin de défendre
par les armes leur renom et leurs biens. Plus tard, la loi les
protégea contre les calomnies proférées par les hommes des
classes inférieures, contre lesquels ils n'avaient pas la ressource du duel. Le recours à la loi leur fut pour la première
fois accordé sous Edouard Ier; il fut dans ce but plus expressément stipulé sous Richard II [3]. Cessant d'être une loi à
l'avantage d'une classe privilégiée, la loi sur la calomnie est
devenue une loi mise à la disposition de tous, et de nos jours
elle est constamment invoquée avec succès, peut-être avec
un succès excessif, car une critique équitable est quelquefois
assimilée à la calomnie.

Une conclusion qui découle du principe fondamental de
l'équité, a donc une fois de plus été incorporée dans la loi.

---

[1] Paterson (J.), *The Liberty of the Press*, Londres, 1880, pp. 154-5.
[2] *Ibidem*, p. 181, note.
[3] *Ibidem*, p. 53.

CHAPITRE XIV

Le Droit de Donner et de Léguer.

§ 63. — Le droit de propriété complet implique le droit d'aliénation ; en effet, son interdiction partielle ou entière attribuerait implicitement à l'autorité de qui émanerait l'interdiction, un droit de propriété partiel ou entier qui limiterait ou anéantirait le droit individuel de propriété. La reconnaissance du droit de propriété entraîne donc celle du droit de donation.

Ce dernier a des racines aussi profondes que le premier. Nous reportant aux conditions de la sustentation de l'individu et de l'espèce, dont découlent les principes fondamentaux de l'éthique, nous voyons d'un côté la préservation de l'individu dépendre du maintien habituel des rapports naturels entre l'effort et les produits de l'effort, et de l'autre, la préservation de l'espèce dépendre du transfert que font les parents à leurs rejetons d'une partie de ces produits, tantôt sous leur forme brute, tantôt après leur avoir fait subir une préparation. La vie de toutes les espèces, y compris l'espèce humaine, repose sur la faculté de donner ce qu'on a acquis.

La raison qui justifie la donation aux rejetons, n'est pas applicable à la donation aux étrangers. Pour celle-ci, nous dirons qu'elle est à la fois un corollaire du droit de propriété et un corollaire du principe primaire de la justice. L'acte double de donner et de recevoir n'intéresse que le donateur et le donataire et n'entame en rien la liberté d'agir des autres hommes. Quoique l'aliénation en faveur de B d'un bien possédé par A, puisse affecter C, D, E, etc., en arrêtant certaines activités qu'ils se proposent d'accomplir, il ne faut pas confondre les activités contingentes et dépendantes d'un événement incertain avec les activités dont la prévention constitue une agression, puisque les sphères d'action de C, D, E, etc., sont demeurées intactes.

Si l'expédience devait seule décider du droit de donner à d'autres qu'aux rejetons, on pourrait invoquer des raisons très fortes pour conclure au rejet du droit illimité de donner. Si nous pesions avec soin les témoignages fournis par la Société de l'Organisation de la Charité et par l'analyse des résultats qu'entraîne le gaspillage de menues aumônes, nous serions portés à croire que la charité, ainsi nommée à tort, fait plus de mal que tous les crimes réunis, et à trouver avantageux d'interdire l'aumône. Mais la croyance à la légitimité du droit de faire l'aumône est si universellement répandue, que nul ne songe à la contester en invoquant des motifs d'expédience apparente.

La législation sanctionne très nettement ce corollaire de la loi d'égale liberté. Il est probable qu'il n'existe aucune loi affirmant expressément le droit de donner, mais, sans nous mettre en peine de la rechercher, il suffit de citer une loi d'Elisabeth [1], qui en implique la reconnaissance. En effet, en déclarant qu'un acte de donation peut être opposé au donateur, mais ne peut pas être opposé aux revendications des créanciers, elle implique qu'une personne a le droit de donner ce qui lui appartient, mais qu'elle n'a pas le droit de donner ce qui, équitablement, appartient à autrui.

§ 64. — Le droit de donner implique le droit de léguer.

[1] Lois de la 13e année d'Élisabeth, chap. 5, et de la 29e année, chap. 5.

puisqu'un legs n'est qu'un don différé. Celui qui peut légitimement aliéner son bien, peut légitimement fixer l'époque où la tradition s'en effectuera. S'il l'aliène par testament, il accomplit, en partie, l'aliénation, mais en stipulant que l'aliénation ne sortira ses effets complets qu'à l'expiration de son propre pouvoir de posséder. Son droit de propriété comprend son droit de subordonner une donation à cette condition; sinon, il serait incomplet.

L'équité ne permet donc pas de soumettre le partage qu'un testateur fait de ses biens, à des restrictions portant sur la désignation des légataires ou la fixation des parts qu'il leur assigne. Si des hommes, agissant en vertu de leur capacité corporative, décident qu'il devra donner ou ne pas donner à B, ou bien encore qu'il devra donner à A, à B, etc., suivant une proportion qu'ils établissent, ces hommes se constituent copropriétaires de ses biens : ils les affectent aux destinations qu'eux-mêmes préfèrent et les détournent des destinations préférées par le testateur. De son vivant même, ses biens sont ainsi soustraits à sa possession dans la mesure où son pouvoir de tester se trouve circonscrit.

Il est généralement admis que l'homme civilisé jouit d'une somme de liberté supérieure à celle de l'homme peu ou point civilisé; aussi voyons-nous le droit de léguer, à peine admis au début des temps, ne s'établir que par gradations. Antérieurement à l'existence de la loi, la coutume, non moins péremptoire que celle-ci, prescrit habituellement les modes de transmission héréditaire de la propriété. Parmi la plupart des Polynésiens [1], c'est le droit de primogéniture qui l'emporte; à Sumatra [2], c'est le partage égal

[1] Ellis (Rev. W.), Polynesian Researches, II, p. 346, et Thomson Dr. A. S). The Story of New Zealand, 1859, I, p. 96.

[2] Marsden (W.), History of Sumatra. 211.

entre les enfants mâles. Les Hottentots [1] et les Damaras [2] imposent la primogéniture en ligne masculine. Sur la Côte d'Or [3] et dans quelques parties du Congo [4], les parents peuvent hériter dans la ligne féminine. Chez les Eghas [5] et les peuplades voisines, l'héritage du fils aîné comprend jusqu'aux femmes de son père, à l'exception de sa mère. A Tombouctou [6], la part d'un fils est double de celle d'une fille, tandis que parfois chez les Ashantis [7], et presque toujours chez les Fulahs, les esclaves et les enfants adoptifs sont aptes à succéder : ces races africaines supérieures jouissent donc d'une certaine liberté de tester. En Asie, la coutume des Arabes [8], des Todas [9], des Ghonds [10], des Bodos et des Dhimals [11] exige le partage égal entre les fils. Les fils d'une sœur peuvent hériter des biens d'un Kasia [12]; d'après ce que nous savons des Karens [13] et des Mishmis [14], le père est libre d'y disposer de ses biens à sa volonté. Les races européennes primitives nous fournissent des exemples analogues. D'après Tacite [15], les anciens Germains ne connaissaient pas

[1] Kolben (P.). *Present State of the Cape of Good Hope* (traduit en angl. par Medley), 1731, I, p. 300.

[2] Andersson (C.-J.). *Lake Ngami*, p. 228.

[3] *Journal of the Ethnological Society*, London, 1856, IV, p. 20.

[4] Proyart (Abbé). *History of Loango*, dans Pinkerton's *Collection* XVI, page 571.

[5] Burton (R.-J.). *Abeokuta and the Cameroon Mountains*, 2 vol., 1863, I, p. 208.

[6] Shabeeny (El Hadj obd Salam). *Account of Timbuctoo*, publié par Jackson, 1820, p. 18.

[7] Beecham. *Ashanti and the Gold Coast*, p. 117.

[8] Burckhardt. *Notes on Bedouins and Wahabys*, Londres, 1831, I, p. 131.

[9] Marsden. *History of Sumatra*, p. 206.

[10] Hislop (Rev. S.). *Aboriginal Tribes of the Central Provinces*, p. 12.

[11] *Journal of the Asiatic Society*, Bengal, XVIII, p. 718.

[12] Hooker (J.-D.). *Hymalayan Journals*, 1854, II, 275.

[13] Mason. In *Journal of the Asiatic Society*, Bengal, XXXVII, 2ᵉ partie, page 142.

[14] Griffith. *Journals of Travels in Assam*, Calcutta, 1847, p. 33.

[15] Tacite. *Germanie*, XX.

les testaments; Belloguet [1] conclut que ni la coutume cel-
tique, ni la coutume germanique n'admettaient le droit de
tester, et d'après Kœnigswarter [2] il en était de même chez les
Frisons. Lorsque le régime de propriété primitive de la
communauté villageoise se transforma en régime de propriété familiale, les enfants et les autres parents du défunt
acquirent un droit aux biens délaissés. Sous les Mérovin-
giens [3], il était permis de disposer par testament de la
richesse mobilière, mais la terre ne pouvait être léguée
qu'à défaut d'héritiers. Héritant de ces usages et imposant
à chaque fief l'obligation de fournir son contingent d'hommes
d'armes convenablement commandés, la féodalité s'inspira
de ce dernier point de vue pour régler le mode de descendance de la terre et repoussa le droit de tester dans une
mesure correspondante. Grâce aux formes plus libres des
relations sociales, l'industrialisme, en se développant, nous a
dotés de plus de liberté dans la disposition de nos biens,
surtout dans les pays où l'esprit militaire a été le plus
refoulé, c'est-à-dire chez nous et en Amérique. En France [4],
l'État détermine le partage qui sera opéré entre les membres de la famille du testateur, dont le pouvoir est limité
comme il l'est dans d'autres États européens. Mais chez
nous, le partage testamentaire des biens mobiliers n'est
soumis à aucune restriction : en matière de biens im-
mobiliers, le droit du propriétaire est limité et n'est reconnu que sous certaines conditions. Cependant, il se
manifeste une tendance à le délivrer de cette dernière entrave.

[1] Belloguet, *Ethnogénie Gauloise*, III, 394
[2] Kœnigswarter, *Histoire de l'Organisation de la Famille en France*,
Paris, 1851, pp. 152-3.
[3] *Ibidem*, pp. 158-60.
[4] Code civil, articles 967 et suivants.

§ 65. — Le droit de propriété implique donc à la fois le droit de donner et celui de léguer, et on reconnaît au propriétaire d'un bien le droit d'en laisser des portions définies à des légataires spécifiés. Mais il ne s'ensuit nullement que l'éthique l'autorise à prescrire l'usage que devront en faire les légataires.

Présentée sans ambages, la proposition qu'un homme puisse posséder quoi que ce soit après sa mort, est une proposition absurde, et pourtant, sous une forme déguisée, le droit de propriété posthume a été largement reconnu et sanctionné dans le passé et l'est encore d'une manière considérable de nos jours, toutes les fois qu'on respecte les volontés du testateur prescrivant l'affectation des biens légués par lui. La prescription de cette affectation implique la continuation d'un certain pouvoir sur ces biens et un prolongement du droit de propriété, qui absorbe tout ou partie du droit des légataires. Peu d'hommes contesteront pourtant que la surface de la Terre, ainsi que tout ce qu'elle porte, ne doit pas être la pleine propriété de la génération existante. L'interprétation du droit de propriété lui fait donc perdre son caractère équitable si elle permet à une génération de prescrire aux générations postérieures les usages auxquels elles auront à consacrer la surface de la Terre, et tout ce qu'elle porte, ainsi que les conditions restrictives auxquelles elles auront à se soumettre.

Cette conclusion s'impose si nous remontons à l'affinité qui existe entre le droit de propriété et les lois qui régissent les phénomènes de la vie. Nous l'avons vu : la condition préalable de la conservation de l'espèce, c'est que chaque individu recueillera les avantages et subira les suites mauvaises de sa propre conduite ; la condition préalable de la continuité de la sustentation, c'est que toutes les fois qu'il y a eu effort, le produit de l'effort ne soit ni intercepté, ni détourné. Puisque cette nécessité biologique fournit la justification fondamentale du droit de propriété, il s'ensuit que cette condition de la conservation de la vie s'arrête avec la vie.

Strictement interprété, le droit de donation sous forme de disposition testamentaire ne s'étend donc qu'à la distribution des biens légués et ne comprend pas la spécification des usages auxquels ils seront affectés.

§ 66. — Arrivés à ce point, nous rencontrons des restrictions de ce droit, qui résultent de ce que parmi les êtres humains, à côté des relations entre citoyens adultes, se présentent les relations de parents à enfants. La morale de l'État et la morale de la famille sont, nous l'avons vu, de nature opposée : lorsque ces deux morales entrent en compétition, par exemple à la mort des parents, il devient nécessaire de trouver les bases d'un compromis.

Si la vie humaine était normale et si nous étions sortis des anomalies de l'état transitoire, cette difficulté se présenterait peut-être rarement, puisque les décès des parents ne surviendraient que lorsque les enfants auraient atteint l'âge adulte : les biens qu'ils leur laissent pourraient dans ce cas leur être délivrés en toute possession et sans restriction aucune. Toutefois, dans les circonstances actuelles, la mort des parents laisse fréquemment les enfants hors d'état de gérer eux-mêmes leur personne et leurs biens ; afin d'assurer le bien-être de leur minorité, les parents soucieux d'accomplir leurs obligations dans la mesure du possible, sont forcés de spécifier l'usage qui sera fait de leurs biens. Les produits des efforts humains étant possédés, non pas seulement en vue de la sustentation de soi, mais encore en vue de la sustentation de la progéniture, il s'ensuit que si la première subit une fin prématurée, les produits acquis peuvent à juste titre être légués afin de pourvoir à la seconde. Comme les parents disparus ne peuvent plus diriger cette affectation, la gestion des biens doit être confiée à une autre personne : le prolongement de possession des parents, qu'implique ce mandat, doit naturellement s'arrêter quand les enfants atteindront leur majorité.

Ces dispositions testamentaires faites en vue d'assurer le bien-être des enfants rendent nécessaires de fixer l'âge où ils seront jugés capables de gérer leurs personnes et leurs biens, mais les considérations morales ne nous sont ici d'aucun secours. Elles ne nous éclairent que sur un point : c'est que le prolongement du droit de propriété des parents décédés, qu'implique la prescription de l'emploi qui sera fait de leurs biens au profit des enfants, ne peut dépasser l'âge où, d'après l'expérience commune, ces derniers sont sortis de l'état de minorité. Cet âge est nécessairement indéfini; il varie suivant le type humain, chez les peuples du même type, et même d'individu à individu.

§ 67. — Une question encore plus embarrassante se présente. La loi ultime de la justice sous-humaine et de la justice humaine dérive des conditions nécessaires à la préservation de l'individu et de l'espèce; des conditions de cette double préservation dérivent encore le droit de possession pendant la vie, et après la mort le droit de possession restreint qu'impliquent les dispositions testamentaires au profit d'enfants en bas âge. Mais il paraît impossible de faire dériver de ces mêmes conditions le droit plus étendu de prescrire l'usage auquel seront affectés des biens

10

légués; un compromis purement empirique est seul réalisable. D'une part, sauf dans le cas précité, le principe ultime de la justice ne sanctionne aucun droit de propriété posthume. D'autre part, si les biens ont été acquis grâce à un travail incessant, à de grands talents, qui ont été aussi profitables à autrui qu'à leur possesseur, grâce à une invention qui rendra des services permanents à l'humanité, il semble dur de refuser absolument à leur propriétaire le droit d'en prescrire l'affectation après sa mort, surtout si, n'ayant pas d'enfants, il est placé dans l'alternative de laisser ses biens *ab intestat* ou de les léguer à des étrangers.

Une distinction s'impose. Tout détenteur de terres assujetties au droit de propriété suprême de la collectivité qu'affirment à la fois l'éthique et la loi anglaise, ne peut pas équitablement en prescrire une affectation qui entraînerait l'aliénation permanente du droit de la collectivité. Mais quant à sa succession mobilière, la situation est différente. Des biens qui sont le produit d'efforts et le fruit de l'application de ces efforts à de la matière brute acquise au prix d'équivalents représentant une somme de travail ou d'épargnes faites sur des salaires, des biens qui sont donc possédés en vertu du rapport que la justice réclame entre les actes et leurs conséquences, ces biens, dis-je, rentrent dans une autre catégorie que les fonds de terre. Ils représentent la portion non consommée de ce que la société a payé à un individu comme rémunération de son travail; s'il remet cette portion à la société représentée par quelques-uns de ses membres ou par un groupe corporatif, il est donc raisonnable de l'autoriser à spécifier les conditions auxquelles il subordonne l'acceptation de son legs. Il n'aliène aucune chose qui appartienne à autrui. Au contraire, les autres hommes reçoivent une chose à laquelle ils n'avaient

aucun droit et recueillent un avantage, même s'ils sont
tenus d'affecter cette chose à un emploi stipulé. S'ils jugent
cet emploi désavantageux, ils ont la ressource de refuser le
legs. Néanmoins, comme des biens mobiliers légués de la
sorte sont habituellement l'objet d'un placement, le pouvoir
illimité comme durée d'en prescrire l'emploi pourrait avoir
pour résultat qu'ils resteraient affectés à un usage utile au
moment où ils ont été légués, mais qui aurait cessé de l'être
par suite de changements sociaux. Un compromis empirique
paraît de nouveau indiqué; il semble naturel d'accorder au
testateur une certaine latitude dans la spécification de
l'emploi à faire des biens qu'il ne laisse pas à ses enfants,
mais de circonscrire cette latitude dans les limites que
recommandera l'expérience.

§ 68. — Puisque la préservation sociale prime la préservation individuelle, nous devons admettre la légitimité de la
restriction du droit de léguer qui résulte de la nécessité où
se trouve la société de faire face au coût de sa protection vis-
à-vis des autres sociétés et de celle des individus vis-à-vis
des autres individus. Dans les conditions actuelles, il est
relativement juste que la communauté, agissant par l'entremise de son gouvernement, s'approprie la part proportionnelle des biens de chaque citoyen que réclame le soin de
la défense nationale et de l'ordre social; les circonstances
déterminent de quelle manière cette appropriation nécessaire devra s'effectuer. Aucune objection éthique ne s'oppose
aux raisons de convenance qui demandent qu'une partie des
recettes publiques provienne de prélèvements proportionnels
sur les successions.

Tenant compte de cette restriction, nous constatons que
les déductions de la loi d'égale liberté qui précèdent, se

justifient par leur correspondance avec la législation existante, et que cette correspondance entre les prescriptions de
l'éthique et celles de la loi s'est progressivement accentuée.
Le droit de donner, qui n'était point uniformément admis
aux temps primitifs, a obtenu par la suite la sanction tacite
des lois qui le limitent aux biens légitimement possédés.
A peine connu aux étapes sociales primitives, le droit de
léguer s'est implanté et répandu avec la liberté croissante
de l'individu; ce sont nos institutions libres et les institutions américaines, qui procèdent de celles-ci, qui lui ont
accordé la sanction législative la plus large. La loi a autorisé
la détermination de l'affectation de biens légués à des
enfants mineurs, détermination que sanctionne l'éthique
Certaines lois, comme la loi sur la mainmorte, qui restreignent cette spécification pour les biens légués à d'autres
qu'aux enfants, sont également en harmonie avec les conclu
sions de l'éthique.

CHAPITRE XV

Le Droit d'Échanger et de Contracter librement.

§ 69. — Un simple changement dans les termes nous permettra de répéter ici, concernant le droit d'échange, ce que nous avons dit au début du chapitre précédent concernant le droit de donation, car un échange n'est en somme qu'une compensation mutuelle de donations. La plupart des lecteurs regarderont peut-être cette interprétation comme fantaisiste, c'est au contraire celle qu'impose l'examen des faits. En effet, si les peuplades les plus grossières ne paraissent pas universellement comprendre ce que c'est qu'un troc, elles admettent sans exception qu'on se fasse des présents ; et l'accoutumance ne tarde pas à développer la conception qu'il convient d'offrir des équivalents en retour. De nombreux livres de voyage en fournissent les exemples. De l'échange de cadeaux équivalents naît sans peine la pratique d'échanges constants, dont l'idée de cadeau finit par s'effacer.

Mais sans faire du droit d'échange un corollaire du droit de donation, il est clair que l'un et l'autre sont compris dans le droit de propriété, puisque la propriété d'une chose demeure incomplète, si cette chose ne peut pas être aliénée au lieu et place d'une autre chose reçue.

Le droit d'échange peut encore être affirmé à titre de déduction directe de la loi d'égale liberté. Car, de deux hommes qui accomplissent volontairement un échange, aucun des deux n'assume une liberté d'action supérieure

à celle de l'autre, tous deux respectent les droits d'autrui et
laissent le reste des hommes en possession de la même
somme de liberté d'action. Quoique l'accomplissement
d'un échange puisse exclure plusieurs d'entre eux d'opérations qui leur seraient avantageuses, leur faculté de s'y
livrer dépendait entièrement du consentement d'un autre
homme et ne fait pas partie de leur sphère d'action normale.
Celle-ci reste ce qu'elle eût été si les deux contractants
n'avaient jamais existé.

Quelque évidente que soit la légimité du droit d'échange,
la loi ne l'a reconnu que tardivement; elle est encore loin
de le reconnaître dans toutes les parties du monde. Parmi
les Polynésiens [1]. les chefs interviennent dans les échanges
de différentes manières : ici, ils monopolisent le commerce
étranger; là, ils fixent les prix, et ailleurs la durée de la
journée de travail. Il en est de même en Afrique. Les chefs
des Bechuanas [2] et des nègres de l'intérieur [3] jouissent
du droit de préemption en matière de commerce; aucun
marché n'est valable sans l'assentiment royal. Chez les
Ashantis [4], le roi et les grands ont seuls le droit de trafiquer:
à Shoa [5], le roi seul peut acheter certains articles de choix.
Les Congolais [6], les Dahoméens [7] et les Fulahs [8] ont des

[1] Wilkes (Commander). Narrative of the United States Exploring Expedition, Philadelphie, 1845. III, 23 —Angas. Sauvage Life and Scenes in Aus-
tralia and New Zealand, II, 50. — Ellis. Narrative of a Tour through Hawaï,
1827, p. 390. — Saint-John. Life in the Forests of the Far East, II, 269.

[2] Burchell. Travels into the Interior of Southern Africa, II, 395.

[3] Lander. Journal of an Expedition to the Course and Termination of the
Niger, Londres, 1832, I, 250.

[4] Beecham. Ashanti and the Gold's Coast, 148.

[5] Harris (W). Highlands of Ethiopia, Londres, 1844. II. 26.

[6] Proyart (Abbé). History of Loango, dans Pinkerton's Collection XVI.
page 578.

[7] Burton (R.-J.). Mission to Gelele, King of Dahomey, Londres. 1864, I,
page 52.

[8] Winterbottom (T. Account of the Native Africans in the Neighbourhood
of Sierra Leone. Londres. 1803, I, 170.

chefs commerciaux qui règlent les achats et les ventes. Des restrictions analogues existaient chez les Hébreux[1] et les Phéniciens[2], aussi bien que chez les anciens Mexicains[3] et les habitants de l'Amérique Centrale[4]. Aujourd'hui, les membres de quelques tribus sud-américaines, tels que les Patagons[5] et les Mundrucus[6], ont besoin de la permission des chefs pour se livrer au commerce. Pour l'Europe, il est inutile de rapporter les faits analogues qui remontent à l'époque où Dioclétien[7] fixait les prix et les salaires : la seule circonstance à noter, c'est que la réglementation des échanges s'est affaiblie avec les progrès de la civilisation. Les entraves ont diminué, et dans quelques cas elles ont disparu entre membres d'une même société; plus tard, elles ont même été supprimées en partie entre membres de sociétés différentes. C'est au contact du type industriel le plus développé et des institutions libres, qui l'accompagnent d'ordinaire, c'est-à-dire dans notre propre pays, que, comme pour les autres droits, les ingérences se sont le plus réduites.

Il est bon toutefois de se rappeler que lors des changements qui ont établi en Angleterre une liberté commerciale à peu près entière, on a plutôt invoqué des motifs politiques

---

[1] Deutéronome, XXII, 8.

[2] Movers, *Die Phoenizier*, Bonn, 1841-1856, II, 108–110.

[3] Zurita (Al. de), *Rapport sur les différentes classes de chefs de la Nouvelle-Espagne* (trad. par H. Ternaux), Compans, Paris, 1840, p. 223

[4] Ximenez (J.), *Las Historias del Origen de los Indios de Guatemala* (1721), publié par Scherzer, à Vienne, 1857, p. 203. — Palacio, *San Salvador and Honduras in 1576*, (Squier, *Collection* nº 1), 84. — Squier (E.-G.), *Nicaragua*, New-York, 1852, II, 341.

[5] Fitzroy (Admiral), *Narrative of the Surveying Voyages of the « Adventure » and « Beagle »*, Londres, 1839-40, II, 150.

[6] Bates, *The Naturalist on the River Amazon*, 2ᵉ édit., Londres, 1864, page 274.

[7] Levasseur, *Histoire des Classes ouvrières*, 1ʳᵉ et 2ᵉ séries, 4 vol., Paris, 1859-1867, I, 82-3.

que des motifs d'équité. L'agitation contre les Lois Céréales
ne faisait que peu appel au « droit » du libre échange ; aujourd'hui encore, ce qu'on reproche le plus aux protectionnistes, tant chez nous qu'à l'étranger, ce n'est pas leur manque
d'équité, mais le caractère illusoire de leur politique. Nous
n'en serons pas surpris, puisque chez nous la masse populaire n'admet pas encore la liberté des échanges en matière
de travail et de salaires. Aveuglés par ce qu'ils prennent
pour leur intérêt, les ouvriers refusent tacitement à l'em-
ployeur et à l'employé le droit de débattre la somme d'argent
qui sera payée comme rétribution d'un travail terminé.
Sur ce point, la loi est en avance sur l'opinion : elle assure
à chaque citoyen la liberté de conclure à son gré les marchés qui ont ses services pour objet, alors que la masse des
citoyens proteste encore contre cette liberté.

§ 70. — Le droit à la liberté des contrats se confond avec le
droit à la liberté des échanges : un ajournement de l'accomplissement d'un échange, tantôt sous-entendu, tantôt stipulé,
opère la transformation du droit d'échanger en droit de contracter.

Citons à titre d'exemples les contrats de services conclus
à des conditions certaines, les contrats d'usage de la terre
et des habitations, les contrats ayant pour objet l'exécution
de travaux spécifiés, les contrats de prêt et d'emprunt de
capitaux. Ce sont là des spécimens des contrats par lesquels
les hommes peuvent s'engager librement sans commettre
aucune agression, contrats qu'ils sont donc en droit de
conclure.

Aux temps reculés, les interventions dans le droit d'é-
changer n'allaient naturellement pas sans interventions dans
le droit de contracter; c'est ce qu'atteste la multitude des

règlements de salaires et de prix, qui de siècle en siècle ont encombré les recueils des lois des nations civilisées. S'affaiblissant en même temps que le gouvernement coercitif, ces interventions ont à peu près disparu de nos jours. Un de ces changements graduels, celui dans les lois sur l'usure, peut servir de type aux autres. Chez plusieurs peuples, qui n'avaient réalisé que de faibles progrès vers les institutions libres, tout paiement d'intérêts sur un prêt était interdit : c'est ce que nous constatons chez les Hébreux [1], en Angleterre à une époque éloignée, et en France aux temps de la plus grande puissance monarchique. Par la suite nous voyons s'introduire une atténuation sous forme de fixation du taux d'intérêt maximum : pour sa province romaine par Cicéron [2]; en Angleterre [3] par Henri VIII à 10 pour 100, par Jacques Iᵉʳ à 8, par Charles II à 6, par la reine Anne à 6, et en France [4], par Louis XV, à 4 pour 100. Enfin, nous assistons au renversement de toutes les barrières et nous voyons les prêteurs et les emprunteurs laissés libres de s'entendre à leur gré.

La loi s'est donc graduellement réglée sur l'équité. Il est pourtant un cas exceptionnel où toutes deux se trouvent d'accord pour prononcer une interdiction commune : je veux parler de l'interdiction, au nom de la morale et de la loi, du contrat par lequel un homme vendrait sa personne comme esclave. Remontant à l'origine biologique de la justice, nous constatons, en effet, que la servitude rompt le rapport qui doit être maintenu entre les efforts et les produits des

---

[1] Deutéronome, XXIII, 19-20.
[2] Arnold (W.-T.). *Roman Provincial Administration*, Londres, 1879, p. 50.
[3] Reeves (J.). *History of the English Law*, édit. Finlason, 3 vol., 1869, III, 292. — Stephen (H.-J.), *New Commentaries of the Laws of England*, 6ᵉ édit., II, 90.
[4] Lecky (W.-E.-H.). *On Rationalism in Europe*, 2 vol., 1865, pp. 293-94.

efforts faits en vue d'assurer la continuation de la vie;
l'homme que la condition de recueillir quelque avantage
immédiat détermine à réduire sa personne en esclavage, se
met ainsi en opposition avec le principe ultime de toute
moralité sociale. Puisqu'au point de vue immédiat de
l'éthique, un contrat ne se conforme à la loi d'égale liberté
que lorsque chacune des parties contractantes livre des
équivalents approximatifs, il est manifeste qu'il ne peut
pas, à proprement parler, exister de contrat dont les conditions soient incommensurables ; c'est pourtant ce qui arrive
si, en vue d'un avantage immédiat, un homme fait l'abandon
de toute son existence. En refusant de reconnaître la validité
de ce marché, et en l'interdisant, la loi a établi à la liberté
des contrats une exception que la morale réclame également.
La loi et l'éthique se sont donc une fois de plus mises en
harmonie.

§ 71. — Comme les autres droits, les droits d'échanger
et de contracter doivent accepter les restrictions que nécessite le soin de la préservation sociale, exposée aux attaques
d'ennemis extérieurs. Il est légitime de suspendre la liberté
des échanges, lorsqu'elle met en danger la défense nationale.

Cette limitation s'impose évidemment aux étapes que
caractérise la permanence de l'esprit militaire. Les sociétés
qui vivent dans un état d'antagonisme chronique de société
à société, doivent organiser leur système de travail de façon
à pouvoir se suffire à elles-mêmes. En France, aux premiers
temps de la féodalité, les métiers les plus divers s'exerçaient
dans un même domaine rural, et les châteaux fabriquaient
presque tous les articles qu'ils consommaient. La difficulté
des communications, les risques inséparables des transports
et des voyages, les dangers résultant des guerres inces-

santes, rendaient indispensable de fabriquer chez soi les
objets de première nécessité. Ce qui était vrai de ces petits
groupes sociaux, l'était également de groupes plus importants ; aussi, la liberté des échanges internationaux était-
elle soumise à des restrictions extrêmes. Le cri « Restons
indépendants », qu'on a souvent poussé pendant l'agitation
contre les Lois Céréales, n'était pas absolument dénué de
justification : ce n'est que pendant une période de paix
fermement assurée, qu'une nation peut, sans risque, au lieu
de la produire elle-même, acheter au dehors une grande
partie de sa subsistance.

Mais l'éthique ne sanctionne que cette seule restriction
des droits d'échanger et de contracter ; elle seule est valide,
et toute autre ingérence dans la liberté de vendre et d'acheter
constitue un attentat, quel qu'en puisse être l'auteur. Le nom
« d'agressionnistes » revient de droit à ceux qui se sont
intitulés « protectionnistes », car la défense faite à A d'acheter à B, pour le forcer d'acheter à C, généralement à des
conditions onéreuses, porte évidemment atteinte au droit de
libre échange, que nous avons reconnu comme corollaire
de la loi d'égale liberté.

Le fait capital à noter, c'est que, chez nous, ce sont invariablement des raisons politiques qui, plus que des raisons morales, ont obtenu la sanction légale pour la déduction éthique que justifiait déjà l'induction.

CHAPITRE XVI

Le Droit à la Liberté du Travail.

§ 72. — Les droits à la liberté de la motion et de la loco-motion impliquent sous un de ses aspects la liberté du travail ; sous un autre, les droits à la liberté de l'échange et des contrats l'impliquent également. Cependant, il en reste un qui ne rentre pas exactement dans les précédents et qu'il convient ici de spécifier. Son existence est certaine, mais il importe de rappeler à quel point le passé l'a méconnu avant que de nos jours il obtienne une pleine reconnaissance.

Par droit à la liberté du travail, j'entends le droit pour tout homme de se livrer à une occupation quelconque, de la manière qu'il préfère ou qu'il juge la meilleure, tant qu'il ne lèse pas ses voisins et qu'il accepte les avantages ou les inconvénients qui peuvent en résulter. Ce droit nous paraît évident et incontestable, mais il n'en a pas toujours été ainsi : il devait être contesté alors que des droits d'une évidence supérieure étaient constamment méconnus.

Remarquons en passant qu'aux temps reculés le travail était assujetti à des règles ayant un caractère religieux : ainsi, le Deutéronome (XXII, 8, etc.) prescrit aux Hébreux des méthodes de construction et d'agriculture. En Europe, les restrictions imposées à la liberté de l'industrie ont été considérables et persistèrent tant que prédomina l'organisation militaire, qui employait tous les moyens propres à se subordonner les volontés individuelles. Dans l'Angleterre

ancienne [1], le lord du manoir vérifiait les produits industriels dans la *Court, Leet* et la royauté, à peine établie,
promulgua des règlements sur les récoltes, sur l'époque de
la tonte des moutons et sur les procédés de labourage. Après
la Conquête, on réglementa la teinturerie. D'Édouard III à
Jacques Ier, des commissaires officiels s'assuraient de la
bonne qualité des produits. L'administration fixait le nombre
d'ouvriers que les patrons pouvaient s'adjoindre et imposait
la culture particulière de certaines plantes; les tanneurs
étaient tenus de laisser les peaux dans les fosses pendant un
temps déterminé; des préposés veillaient à l'accise du pain
et de la bière. Le nombre de ces restrictions a diminué
avec le développement des institutions propres au type
industriel; les cinq sixièmes avaient disparu à l'avènement
de George III. Elles reprirent vigueur pendant la période
des guerres que suscita la Révolution Française, mais recu-
lèrent de nouveau après le rétablissement de la paix, au
point qu'on a fini par supprimer la presque totalité des interventions de l'Etat en matière de procédés de production.
Il est significatif qu'une réaction favorable à la réglementation du travail a accompagné le réveil récent de l'esprit
militaire, réveil qui, chez nous, est la conséquence de son
immense développement sur le Continent : il y a été remis
en honneur pour la seconde fois par la famille Bonaparte,
ce suprême fléau des temps modernes. Depuis trente ans,
des lois nombreuses ont prescrit les conditions auxquelles
l'exercice de certaines professions devait s'assujettir; elles

---

[1] Cunningham. *The Growth of English Industry and Commerce*, Cam-
bridge, 1890, p. 200. — Thorpe, *Ancient Laws and Institutions*, I, 118. —
Craik. *History of English Commerce*, 1844, I, 108-9. — Rogers. *History of
Agriculture and Prices*, I, 575. — Reeves. *History of the English Law*,
Ed. Finlason, 3 vol., 1869, III, 262, 590. *Pictorial History of England*,
6 vol., 1837-1844, II, 809, 812; VIII, 635.

varient de l'interdiction de prendre son repas dans une
fabrique d'allumettes, sauf dans les locaux indiqués, jusqu'aux lois réglant la construction et le nettoiement des
maisons ouvrières, et l'obligation de blanchir à la chaux les
fours des boulangers celles qui punissent les fermiers
coupables d'employer des enfants dépourvus d'instruction.

Observons qu'entre temps, en France[1], où les activités
militaires, excitées par les circonstances environnantes, ont
poussé au développement du type de structure militaire,
les règlements étaient encore plus détaillés et plus rigou-
reux que chez nous; vers la fin de la Monarchie, ils furent
poussés à une extrémité incroyable. « Des essaims de fonctionnaires » appliquaient des ordonnances que venaient sans
cesse compliquer des ordonnances nouvelles destinées à
remédier à l'insuffisance des anciennes : elles précisaient,
par exemple, « la longueur que devaient avoir les pièces de
tissus, les modèles à suivre, les procédés à employer et les
défauts à éviter ». La Révolution accorda plus de liberté,
mais les ingérences officielles se multiplièrent derechef par
la suite, si bien qu'en 1806, suivant M. Levasseur, l'Administration fixait la durée de la journée de travail, les heures
des repas, le commencement et la fin des journées, variant
avec la saison. Il est instructif de noter qu'en France la
liberté du travail individuel a suivi le sort des autres libertés,
et qu'elle n'a jamais été aussi étendue qu'en Angleterre,
où la conquête de la gloire n'a pas été un but aussi prédominant, ni l'organisation militaire aussi prononcée. En
France, l'idée de liberté a toujours été subordonnée à l'idée
d'égalité; même sous les dehors d'une forme de gouver-

---

[1] Tocqueville (A. de). *L'Ancien Régime et la Révolution*, traduction anglaise par Reeve, 127. — Levasseur. *Histoire des Classes ouvrières*, III,
page 286.

nement libre, les citoyens s'y sont invariablement inclinés en silence devant une bureaucratie aussi despotique sous la République que sous la Monarchie, tandis que des retours au type complet de la structure militaire ont souvent été sur le point de s'accomplir.

Sans nous attacher aux détails, un examen général des faits établit que durant la marche du progrès, à partir des stages primitifs peu respectueux de la vie, de la liberté et de la propriété, vers les étapes récentes, qui tiennent celles-ci pour sacrées, on s'est avancé d'un régime autoritaire de réglementation des procédés de production, vers un régime qui laisse le producteur libre de les choisir à son gré.

Les législations les plus respectueuses de la liberté individuelle en général sont donc celles qui lui ont fait la plus large part au point de vue auquel nous venons de nou placer.

CHAPITRE XVII

Le Droit à la Liberté des Croyances et le Droit à la Liberté des Cultes.

§ 73. — Si nous nous tenons au sens littéral des mots, il est oiseux d'affirmer la liberté de la croyance, puisque aucune autorité extérieure n'a le pouvoir de la détruire. L'affirmer implique même une double absurdité, car la coercition extérieure et la coercition intérieure sont également impuissantes à restreindre cette liberté et à la détruire. Les causes qui agissent sur elle échappent à tout contrôle extérieur et même en grande partie au contrôle intérieur. Le droit qui doit donc nous occuper, c'est le droit de *professer* une croyance.

Ce droit est un corollaire évident du droit d'égale liberté. Le fait, pour une personne quelconque, de professer une croyance, ne porte aucune atteinte à la profession des croyances d'autrui ; toutes les fois que d'autres personnes lui imposent la profession d'une de leurs croyances, elles s'arrogent manifestement une liberté d'action plus grande que la sienne.

Nul ne conteste la liberté de la croyance tant qu'il ne s'agit que des croyances qui ne s'attaquent pas directement aux institutions établies. A part quelques sociétés non civilisées, nous constatons que les seules croyances qui aient jamais été interdites sont celles dont la profession semblait mettre en péril l'ordre social existant. Aux lieux et dans les temps

où le type d'organisation militaire règne sans atténuation,
des pénalités frappent tout homme connu pour croire que
le système politique ou l'organisation sociale en vigueur
ont besoin d'être réformés. Il est naturel de méconnaître
un droit dont l'importance relative est évidemment moindre,
lorsqu'on a l'habitude de méconnaître les droits fondamentaux. Le fait que le droit de dissidence politique est contesté
partout où la généralité des droits est méconnue, ne fournit
pas une raison suffisante pour douter que ce droit constitue
une déduction directe de la loi d'égale liberté.

Le droit de professer une croyance religieuse a pour droit
concomitant celui de manifester sa croyance par les actes
du culte, lorsqu'ils peuvent s'accomplir sans infraction des
droits analogues des autres hommes et sans infraction de
l'accomplissement de leurs vies. L'équité s'oppose à toute
intervention tant que les croyants ne troublent pas leurs
voisins, comme le font les sonneries de cloches intempes-
tives et prolongées dans quelques pays catholiques, et le
vacarme des processions de l'Armée du Salut qu'une faiblesse honteuse tolère chez nous. Les personnes qui professent des croyances religieuses différentes de celles de la
majorité, aussi bien que celles qui n'en professent aucune,
doivent rester libres de prendre part à un culte ou de ne
prendre part à aucun.

De nos jours et chez nous, l'énonciation de ces droits est
nécessaire à la symétrie de notre argumentation ; sinon elle
serait à peu près superflue. Mais l'Angleterre n'est pas le
monde, et quelques dénis de ces droits survivent en pratique, même en Angleterre.

§ 74. — Loin de posséder la liberté, dont le dotait la
sentimentalité des rêveurs d'autrefois, le sauvage a sa

croyance dictée par la coutume, qui règle d'une manière tout aussi péremptoire les autres actes de sa vie. En Guinée [1], on étrangle, pour le punir d'avoir fait mentir le fétiche, l'homme qui s'obstine à ne pas guérir en dépit de sa prédiction; inutile de dire que nul ne s'avise d'y professer un scepticisme déplacé. Adorateurs de dieux cannibales, les Fidjiens [2] avaient horreur des habitants de Samoa, qui ne pratiquaient pas le même culte; dans leur irritation de le voir passer outre à une de leurs interdictions religieuses, ils appelèrent Jackson le « blanc impie », et il n'est pas surprenant qu'ils n'aient toléré aucun scepticisme religieux au sein de leur population. Ils ne pouvaient pas se montrer plus tolérants à l'endroit du scepticisme politique, qui aurait miné l'autorité divine de leurs chefs. Telle est bien la conclusion qui se dégage du livre de Williams, racontant qu'un Fidjien revenant d'Amérique mit sa vie en danger en disant que l'Amérique est plus grande que Fidji.

Les civilisations antiques ont souvent contesté le droit à la liberté des croyances. Platon [3] punit tout écart de la religion des Grecs; Socrate fut mis à mort pour avoir attaqué les opinions courantes sur la nature des dieux, et Anaxagoras fut poursuivi pour avoir fait entendre que le Soleil n'était pas le char d'Apollon. En passant de l'époque où il était criminel de professer le christianisme, aux époques où il devint criminel de professer une autre croyance, nous ne ferons qu'une seule remarque au sujet des agissements des inquisiteurs, et du martyre auquel s'envoyaient réciproque-

---

[1] Bastian, *Der Mensch in der Geschichte*, III, 225.

[2] Lubbock *Prehistoric Times*, 2ᵉ édit., 1869, p. 377. — Erskine (Capt.), *Journal of a Cruise among the Islands of the Western Pacific*, 1853, p. 450. — Williams (Rev T.) et J. Calvert, *Fiji and the Fijians*, 1858, I, p. 121.

[3] Platon, *Les Lois*, livre X. — Smith, *Classical Dictionary*, 714; *Encyclopédie britannique*, II, 1.

ment les Protestants et les Catholiques : c'est que l'autorité
n'exigeait que la soumission extérieure. Elle se contentait
de l'acceptation nominale de la croyance imposée et n'exigeait
aucune preuve d'acceptation réelle. Ces persécutions religieuses anciennes niaient ainsi tacitement le droit à la
liberté de la croyance. Depuis l'Acte de Tolérance de 1688,
qui imposait l'acceptation de certains dogmes fondamentaux,
mais faisait remise des pénalités qui frappaient d'autres
dissidences, des adoucissements successifs ont été introduits
dans nos lois. Les dissidents ne sont plus déclarés incapables de remplir les fonctions publiques ; peu à peu les
Catholiques et, un peu plus tard, les Juifs, ont été relevés
de leur incapacité, et, plus récemment encore, la substitution d'une affirmation au serment n'a plus fait de la
croyance en Dieu, exprimée ou sous-entendue, la condition
légale et préalable permettant d'exercer certaines fonctions
civiles. En fait, chacun est maintenant libre d'appartenir
à un culte ou de n'appartenir à aucun ; aucune pénalité
légale n'est à craindre, et on ne s'expose qu'à une pénalité
sociale nulle ou peu rigoureuse.

Une même série de changements a graduellement établi
la liberté des opinions politiques. On ne punit plus, on ne
maltraite plus celui qui rejette un dogme politique, tel que le
droit divin des rois, ou celui qui conteste le droit au trône
de tel ou tel personnage. Les partisans du despotisme et les
anarchistes avoués jouissent d'une même liberté de penser
à leur guise.

§ 75. — La liberté de la croyance et de l'opinion, ou plutôt le droit de les professer librement, ne doit-il être soumis à aucune restriction ? Ou bien, du postulat que les
nécessités de la préservation sociale priment les droits des

individus, devons-nous inférer qu'il convient, dans certaines circonstances, de limiter ce droit?

La nécessité de cette limitation ne peut être invoquée avec quelque apparence de raison que contre des opinions ou des croyances qui, proclamées ouvertement, tendraient directement à entamer le pouvoir de la société à se défendre contre des sociétés hostiles. L'emploi efficace des forces combinées de la collectivité présuppose la subordination au gouvernement et aux agents qu'il désigne pour diriger la guerre; il est, dès lors, rationnel d'admettre qu'il n'est pas loisible de tolérer l'aveu public de convictions qui, en en se généralisant, paralyseraient l'autorité exécutive. Le régime militaire, qui supprime ou suspend tant de droits individuels, porte également atteinte au droit de croire librement.

Ce n'est que pendant le passage graduel du système du *statut* qu'engendrent les hostilités chroniques, au système du *contrat*, qui le remplace à mesure que la vie industrielle devient prédominante, qu'il cesse d'être dangereux et qu'il devient possible de permettre aux droits en général de s'affirmer. Ce n'est qu'au cours de cette transformation qu'il devient naturel de renoncer à l'obligation d'accepter les croyances imposées par l'autorité, pour affirmer le droit de l'individu à choisir lui-même sa croyance.

Nous constatons que l'histoire du droit à la liberté des croyances, ainsi interprétée, a suivi une route parallèle à celle des autres droits. D'abord ignoré, graduellement reconnu par la suite, ce corollaire de la loi d'égale liberté s'est enfin pleinement implanté dans nos lois.

CHAPITRE XVIII

Le Droit à la Liberté de la Parole et le Droit à la Liberté de la Publication.

§ 76. — Le sujet de ce chapitre et celui du chapitre précédent sont difficiles à séparer. La croyance n'est pas en elle-même susceptible d'être soumise au contrôle d'un pouvoir extérieur, qui ne peut que s'en prendre à sa profession permise ou proscrite par l'autorité; il s'ensuit que l'affirmation du droit à la liberté de la croyance entraîne celle du droit à la liberté de la parole. Elle implique encore le droit de se servir de la parole pour la propagation de la croyance: puisque chacune des propositions qui constituent un ou des arguments destinés à supporter ou à imposer une croyance, constitue elle-même une croyance, le droit de l'exprimer rentre dans le droit d'exprimer la croyance qu'on s'efforce de défendre.

Il va de soi que l'un et l'autre de ces droits sont des corollaires immédiats de la loi d'égale liberté. En se servant de la parole pour exprimer ou pour défendre une croyance, nul, à moins d'avoir recours à des clameurs obstinées, n'empêche une autre personne d'en faire autant; auquel cas, la partie ne serait plus égale, et la loi d'égale liberté se trouverait violée.

Un changement dans les termes permet d'appliquer ce qui précède au droit de publication, autrement dit « à la liberté illimitée de la presse ». Au point de vue de leurs rapports éthiques, il n'existe aucune différence essentielle entre l'acte de parler, l'acte de reproduire la parole par les symboles de l'écriture ou l'acte de multiplier les exemplaires de ce qui a été écrit.

Les chapitres précédents admettent néanmoins une restriction qu'il nous faut noter. La liberté de la parole, parlée, écrite ou imprimée, ne comprend pas la liberté de se servir de la parole pour exciter à la perpétration d'attentats contre autrui. Les limitations de la liberté individuelle, que nous avons exposées, excluent évidemment ces deux emplois de la liberté.

§ 77. — De nos jours et dans notre pays, il semblera superflu de prendre la défense de ces droits. Toutefois, il peut être utile d'examiner les arguments par lesquels on les combattait naguère chez nous et qu'on leur oppose encore dans certains pays étrangers.

Un gouvernement, dit-on, doit assurer à ses sujets « la sécurité et le sentiment de la sécurité », d'où la conclusion que le devoir des magistrats est d'ouvrir l'oreille aux déclamations des orateurs populaires et de faire taire ceux qui excitent des alarmes. Cependant, cette conclusion soulève une difficulté, car toutes les fois qu'un changement considérable, politique ou religieux, est réclamé, la majorité effrayée éprouve un sentiment de crainte qui diminue son sentiment de sécurité; le gouvernement serait donc obligé d'arrêter la diffusion des revendications qui s'élèvent. Pendant l'agitation qui précéda la Réforme Parlementaire, une foule de gens étaient dans un état d'alarme chronique; pour calmer cette alarme, il aurait fallu ordonner la suppression de l'agitation. Une multitude d'autres personnes, émues par les terribles prédictions du *Standard* et par les lamentations du *Herald*, auraient tout aussi volontiers écrasé la propagande libre-échangiste ; il aurait donc fallu les laisser faire si le devoir du gouvernement avait été de protéger leur sentiment de sécurité. Il en a été de même lors du mouvement qui a abouti à l'abolition des incapacités qui pesaient sur les Catholiques. On n'entendait que prophéties sur le réveil des persécutions catholiques et le cortège d'horreurs qui les a accompagnées dans le passé. Si l'obligation de maintenir le sentiment de la sécurité était une obligation stricte, le gouvernement eût été tenu d'interdire les discours et les écrits qui firent se réaliser cette réforme.

La proposition de limiter la liberté de la parole en matière politique ou religieuse, ne peut se défendre que dans l'hypothèse que les croyances religieuses ou politiques en vigueur représentent la vérité absolue. Comme l'histoire du passé démontre que cette hypothèse serait généralement erronée, le respect dû à l'expérience ne permet pas à la raison d'admettre que les croyances courantes sont entièrement vraies. Au contraire, il faut s'avouer que la parole libre est restée l'instrument qui dissipe l'erreur : un Pape infaillible aurait seul qualité pour en interdire l'usage.

Jadis on tenait universellement pour nécessaire de mettre une barrière à l'énonciation publique de croyances religieuses et politiques s'écartant des croyances établies ; de même, aux yeux de la majorité, il est encore indispensable d'imposer des bornes aux paroles qui franchissent la limite de ce qu'on appelle la décence ou qui tendent à favoriser l'immoralité dans les relations sexuelles. Cette question est délicate et ne paraît pas susceptible d'une solution satisfaisante. D'une part, il semble indubitable que la licence illimitée aurait pour effet de miner des idées, des sentiments et des institutions dont le maintien est bienfaisant pour la

société; quels que soient les défauts du régime conjugal
actuel, nous avons de fortes raisons de croire à sa bonté
générale. S'il en est ainsi, la publication de doctrines qui
le discréditeraient, serait sans aucun doute nuisible et doit
être réprimée. D'autre part, n'oublions pas que le passé
était convaincu que les propagateurs d'opinions hérétiques
devaient être punis et empêchés de devenir les instruments
de la perte et de la damnation éternelle de leurs auditeurs;
fait qui est propre à suggérer quelque doute au sujet de la
conviction trop absolue que nos opinions concernant les
relations entre les sexes seraient seules fondées. Partout
et toujours, les hommes ont été convaincus de la légitimité de leurs opinions et de leurs sentiments sur ce point
aussi bien qu'en matière politique et religieuse; cependant,
si nous avons raison, d'autres ont dû se tromper. Quoique
les Anglais soient convaincus de l'iniquité des mariages
d'enfants aux Indes, la plupart des Hindous ne partagent pas
cette opinion : chez nous, la majorité ne trouve rien à reprendre aux mariages d'argent, auxquels bien des gens
répugnent. Dans certaines parties de l'Afrique, on ne se
contente pas d'approuver la polygamie, jusqu'aux femmes
y condamnent la monogamie. Au Thibet, non seulement
les habitants ont adopté la polyandrie, mais plusieurs voyageurs estiment que ce système est le meilleur qu'on puisse
pratiquer dans cette contrée désolée. En présence de cette
diversité d'opinions qui se fait jour même dans les nations
civilisées, il ne faut pas trop se presser de considérer
comme établi que nos conceptions et nos usages défient
seuls la critique; à moins de se le figurer, qui nous garantira
que ce genre de restrictions à la liberté de la parole ne
constituerait pas un obstacle au progrès vers des mœurs
meilleures et supérieures aux mœurs actuelles?

Dans ce domaine, comme en politique et en religion, la liberté de la parole a certes ses inconvénients, mais les réflexions qui précèdent entraînent la conclusion que les inconvénients doivent être acceptés en prévision d'avantages possibles. D'ailleurs, l'opinion publique tiendra toujours les inconvénients en échec. L'appréhension de dire ou d'écrire ce qui attirerait l'ostracisme social, est souvent un obstacle plus efficace que la répression inscrite dans les lois.

§ 78. — Les droits à la liberté de la parole et de la publication ont suivi la même marche que les autres droits; méconnus ou n'obtenant aux temps reculés et dans la plupart des pays qu'une adhésion silencieuse, ils ont réussi à s'implanter graduellement. Il semble superflu d'insister sur ce point; toutefois, quelques exemples élucideront la vérité de notre assertion.

Je pourrais à cette occasion remettre en évidence plusieurs des faits énumérés dans le dernier chapitre, puisque la suppression d'une croyance implique la suppression de la liberté de la parole. Les exemples d'un déni de la liberté de la parole aux temps éloignés nous sont familiers : la colère des prêtres juifs contre l'enseignement de Jésus-Christ et ses préceptes contraires à leur foi le conduisit au Calvaire: d'abord persécuteur des chrétiens, Paul fut persécuté pour avoir voulu persuader aux hommes de se convertir au christianisme ; enfin plusieurs empereurs romains envoyèrent les prédicateurs chrétiens au martyre. Après l'établissement du christianisme, nous voyons interdire la profession des opinions contraires à la secte devenue dominante : on frappa successivement ceux qui niaient la divinité de Jésus-Christ, et les adhérents publics du dogme de la prédestination ou du manichéisme avec ses deux prin-

cipes suprêmes du bien et du mal. Plus tard, on persécuta
Huss et Luther. Il en fut de même en Angleterre à partir
de Henri IV[1] qui édicta des pénalités sévères contre les
fauteurs d'hérésie : au xviiᵉ siècle le pouvoir sévissait
contre le clergé non-conformiste[2] qui s'écartait de la doctrine
de l'Église anglicane et emprisonna Bunyan, coupable d'avoir
prêché en plein air. Nous avons encore présent à la mémoire
le dernier procès contre la propagation de l'athéisme. Cependant,
dans le cours des derniers siècles, le droit à la liberté
de la parole religieuse s'est de plus en plus affirmé et a aussi
été graduellement de plus en plus reconnu ; aujourd'hui il
n'existe plus aucune restriction au droit d'exprimer publiquement
une opinion religieuse quelconque, à moins qu'elle
ne soit gratuitement insultante par la forme ou la manière
de l'exposer.

Un progrès parallèle a établi le droit à la liberté des discours
politiques que les temps primitifs se refusaient à
reconnaître. Dans l'Athènes[3] de Solon, la peine de mort frappait
l'opposition à la politique établie ; chez les Romains[4],
l'expression d'opinions proscrites était assimilée à la trahison.
Il y a quelques siècles, une critique politique, même modérée,
était passible de peines rigoureuses. Les époques
plus rapprochées ont vu tour à tour l'expansion de la liberté
de la parole et celle de la surveillance dont elle était l'objet :
nos guerres contre la Révolution Française marquèrent une
tendance rétrograde pour ce droit comme pour tous les
autres. En 1808, un juge proclama « qu'il n'était pas permis
de pousser les sujets au mécontement contre le gouverne-

[1] Green. *A Short History of the English People*, édit. 1880, p. 258.
[2] *Ibidem*, 609, 613.
[3] Paterson. *The Liberty of the Press*, Londres, 1880. p. 76.
[4] *Ibidem*, p. 77.

ment ». Les premières années de la période de paix qui
suivit, virent la décroissance des restrictions qui atteignaient
en général toutes les libertés, y compris la liberté de la
discussion politique. A la vérité, sir J. Burdett fut empri-
sonné pour avoir blâmé les excès inhumains commis par les
troupes, et Leigh Hunt [1] pour avoir dénoncé l'abus du fouet
dans l'armée, mais depuis lors toutes les entraves à l'expression publique d'idées politiques ont en fait disparu. Pourvu
qu'il s'abstienne de pousser au crime, tout citoyen est libre
de dire ce qu'il pense de nos institutions tant en général
qu'en particulier ; il peut même recommander une forme de
gouvernement complètement différente de la nôtre ou condamner en bloc toute forme de gouvernement quelconque.

La reconnaissance croissante du droit à la liberté de la
parole a naturellement été accompagnée d'une reconnaissance croissante du droit à la liberté de la publication. Platon [2] jugeait la censure nécessaire pour arrêter la diffusion de
doctrines non autorisées. Au moyen âge, le pouvoir ecclésiastique supprimait les écrits qu'il considérait comme
hérétiques. Sous le règne d'Elisabeth [3], les livres devaient
être officiellement autorisés, et le Long Parlement lui-même
remit en vigueur le système de censure contre lequel Milton
dirigea sa célèbre protestation. Mais depuis deux siècles.
nous n'avons eu de censure officielle que pour le théâtre.
et les nombreuses mesures auxquelles on a eu recours par
intervalles pour museler la presse, ont été abrogées ou sont
peu à peu tombées en désuétude.

§ 79. — Une fois de plus, dans ce cas comme dans les

[1] Paterson. *The Liberty of the Press.* Londres, 1880. pp. 79, 91.
[2] *Ibidem.* p. 50.
[3] *Ibidem.* pp. 50-1.

cas déjà étudiés, la prééminence de la préservation de la société sur les droits de l'individu autorise l'application légitime à la liberté de la parole et de la publication, des restrictions, qui sont nécessaires en temps de guerre pour enlever à l'ennemi l'avantage qu'il pourrait en tirer. Nous avons vu que l'éthique justifie la subordination des droits les plus importants du citoyen dans la mesure qu'exige le succès de la défense nationale; il s'ensuit qu'il est également permis de lui subordonner ces droits d'importance secondaire.

Une fois de plus aussi, nous constatons la connexité directe qui existe entre l'état d'hostilités internationales et la répression de la liberté individuelle. N'est-il pas manifeste que dans tout le cours de la civilisation, la répression de la liberté du langage et de la publication s'est montrée rigoureuse en raison de la prédominance du régime militaire : aujourd'hui encore, il suffit d'observer le contraste que présentent sous ce rapport l'Angleterre et la Russie.

Mais, ayant reconnu les limitations légitimes de ces droits, il nous faut noter que, comme les autres droits déduits de la loi d'égale liberté, ils ont été inscrits dans les lois aussitôt que la société a eu revêtu une forme supérieure de civilisation.

CHAPITRE XIX

Coup d'œil en arrière et argument nouveau.

§ 80. — Partout où les institutions sont en contradiction avec la nature humaine, il se produit une force qui détermine un changement. Tantôt les institutions façonnent la nature, tantôt celle-ci façonne les institutions; parfois encore l'influence est réciproque; un état plus stable finit toujours par s'établir à la longue.

En Angleterre, les actions et les réactions entre notre caractère national et les arrangements sociaux ont amené un résultat curieux. L'esprit de compromis, qui a dicté ceux-ci, a conquis la faveur du premier; il n'est plus seulement toléré, il est préféré. Nous en sommes venus à nous méfier des principes, et à tenir tout système en suspicion. Il est dès lors naturel que les hommes d'État et les citoyens. qui d'une part s'accordent pour proclamer la souveraineté de la nation, et de l'autre rédigent avec empressement des discours royaux s'adressant aux Lords et aux Communes comme on parlerait à des serviteurs et appelant le peuple : « mes sujets », s'irritent toutes les fois qu'on leur demande d'avoir une politique logique et conséquente avec elle-même. Ils affirment les droits de la raison individuelle en matière religieuse, mais autorisent tacitement le Parlement à subvenir aux frais d'un culte officiel; rien d'étonnant à ce qu'ils se sentent mal à l'aise quand on leur demande comment ils arrivent à concilier leur théorie et leur pratique.

Fréquemment forcés d'accepter des doctrines contradictoires, ils deviennent ennemis de tout raisonnement exact,
se révoltent contre toute tentative de les lier à des propositions précises et reculent à l'aspect d'un principe abstrait
avec l'effroi d'une bonne qui a cru apercevoir un fantôme.

Aucun raisonnement ne vient à bout de cette manière
invétérée de voir et de sentir, produit de nos conditions
sociales. Les opinions qui s'en écartent, n'ont que peu de
chance d'être écoutées. Les lecteurs dont les opinions
n'ont pas été modifiées par les arguments exposés un à un
dans les chapitres précédents, n'en changeront pas parce
que nous allons grouper ces arguments et démontrer qu'ils
convergent vers une même conclusion. Cependant il convient, avant de continuer, d'insister sur l'accord qui règne
entre ces propositions; il nous restera ensuite à en déduire
les conséquences.

§ 81. — Nous n'avons aucune éthique de la condensation
des nébuleuses, du mouvement sidéral ou de l'évolution
planétaire : les actions inorganiques échappent à notre conception de l'éthique. De même, si nous abordons l'étude des
choses organisées, nous ne voyons pas que l'éthique ait à
s'occuper des phénomènes de la vie végétale. Il est vrai que
nous assignons aux plantes des qualités de supériorité et
d'infériorité auxquelles nous attribuons leur succès ou leur
échec au cours de leur lutte pour l'existence; toutefois nous
n'y rattachons aucune idée d'approbation ou de blâme. Ce
n'est qu'à l'éveil de la faculté de sentir, c'est-à-dire dans
le monde animal, que nous voyons naître la matière propre
de l'éthique. Il s'ensuit qu'au point de vue de sa nature
ultime, l'éthique, présupposant l'existence de la vie animale, en n'acquérant de sens appréciable qu'à mesure que

cette vie prend des formes plus complexes, doit pouvoir s'exprimer en termes s'appliquant à la vie animale. Elle étudie certains traits dans la conduite de la vie, qu'elle considère comme respectivement bons ou mauvais, et ne peut asseoir son jugement tant qu'elle continue à ignorer les phénomènes essentiels de la vie.

Le chapitre sur la « Morale animale » nous a dévoilé cette connexité sous sa forme concrète. Nous avons vu que si nous fixons notre attention sur une espèce quelconque, dont la durée serait désirable, nous classons comme bons relativement à cette espèce, et considérons avec une certaine approbation, les actes qui servent à entretenir l'individu et à conserver la race ; au contraire, nous éprouvons de la réprobation pour les actes qui ont des tendances inverses. Dans le chapitre suivant, qui traite de la « Justice sous-humaine », nous avons constaté la condition préalable nécessaire à l'accomplissement de la fin présumée désirable : c'est que chaque individu recueille les résultats bons ou mauvais de sa propre nature et des conséquences qui découlent de celle-ci. Nous avons constaté que pour tout le règne animal inférieur, il n'existe aucune force qui fasse obstacle à cette condition préalable, aboutissant à la survie des mieux adaptés. Nous avons constaté encore que puisque cette connexité entre la conduite et ses conséquences est tenue pour juste, il s'ensuit que, pour tout le règne animal, ce que nous avons appelé la justice n'est autre chose que l'aspect éthique sous lequel se présente la loi biologique en vertu de laquelle la vie en général s'est maintenue et a évolué vers des formes supérieures : cette loi est donc revêtue de la plus haute autorité possible.

Une loi secondaire prend naissance lors de l'établissement des mœurs grégaires. Si un certain nombre d'individus vivent dans une proximité telle qu'ils sont exposés à entraver les actes des uns des autres et à mutuellement s'empêcher d'atteindre les résultats désirés, leurs actes devront mutuellement se restreindre, de façon à prévenir l'antagonisme et la dispersion du groupe qui en résulterait. L'accomplissement des actes de chaque individu doit être assujetti à une limitation telle qu'ils n'entravent pas les actes des autres individus dans une mesure supérieure à celle dont ils sont entravés eux-mêmes. Nous avons constaté pour diverses races grégaires l'observance de ces restrictions sur une grande échelle.

Enfin, le chapitre sur « la Justice humaine » nous a montré que cette loi secondaire, qui ne s'était dessinée que sous des dehors vagues pour les êtres grégaires inférieurs, arrivait à avoir pour l'homme, le premier des êtres grégaires, des applications plus prononcées, plus définies et plus complexes. Soumis aux conditions qu'impose la vie sociale et s'affirmant pour chaque individu, le principe primaire de la justice donne naissance au principe secondaire ou limitatif en embrassant tous les individus existants : les restrictions mutuelles, que nécessite à l'état d'association l'accomplissement simultané de leurs actes, constituent un élément nécessaire de la justice.

§ 82. — L'adaptation produite directement, indirectement, ou encore des deux manières à la fois, régit la structure cérébrale, ainsi qu'elle régit les structures du reste du corps : comme les fonctions physiques, les fonctions mentales tendent à s'adapter aux nécessités ambiantes. Le sentiment commun à tous les êtres, qui les pousse à maintenir leur liberté d'action, s'accentue chez les êtres d'une organisation supérieure ; ceux-ci éprouvent en outre jusqu'à un certain point le sentiment correspondant à la nécessité qui s'impose à chacun d'eux de n'agir qu'en respectant les limites imposées par les actions d'autrui.

En même temps qu'une faculté « de prévoir et de se souvenir » plus étendue, l'homme présente des manifestations plus élevées de ces deux traits de caractère ; nettement visibles dans les sociétés depuis longtemps pacifiques, ils restent effacés dans celles où l'état de guerre a longtemps prédominé. Tant pour les droits personnels que pour les droits corrélatifs d'autrui, une conscience nette de la justice se manifeste partout où les mœurs ont échappé à l'héritage d'un conflit chronique entre la morale de l'amitié et la morale de l'inimitié. Mais partout où les droits des hommes à la vie, à la liberté et à la propriété, se trouvent incessamment subordonnés, et où la contrainte a organisé les populations en armées destinées à augmenter la puissance guerrière, partout où, par conséquent, les hommes sont accoutumés à fouler aux pieds les droits des hommes qui n'habitent pas le même territoire que le leur, l'accoutumance refoule les émotions et les idées qui correspondent aux principes, égoïste et altruiste, de la justice.

Toutefois, sauf cette restriction, la vie à l'état d'association, développe l'influence prédominante de la sympathie, en ouvrant, il est vrai, la carrière au sentiment de la justice égoïste, mais en fournissant aussi au sentiment de la justice altruiste l'occasion de s'exercer et de donner naissance aux idées corrélatives ; à la longue, en même temps que les hommes acquièrent une certaine conscience morale de leurs droits personnels et des droits d'autrui, leur intelligence devient apte à plus ou moins les percevoir. Enfin naissent les intuitions qui correspondent aux nécessités dont la satisfaction permet aux activités sociales de se déployer avec har-

monie ; ces intuitions s'expriment sous leur forme la plus
abstraite par l'assertion que la liberté de chacun n'est limitée que par les libertés analogues de tous.

Ce principe fondamental a donc une double origine déductive. En premier lieu, il se déduit des conditions antérieures à la vie complète à l'état d'association ; en second
lieu, il se déduit des formes du sentiment conscient que
crée la nature humaine en recevant l'empreinte de ces conditions.

§ 83. — Ces conclusions obtenues par voie de déduction
concordent avec celles auxquelles l'induction nous a con-
duits. Leurs expériences accumulées ont, en effet, déterminé
les hommes à établir des lois en harmonie avec les divers
corollaires qui se rattachent au principe d'égale liberté.

La guerre ne tient nul compte de la vie humaine, mais la
paix lui fait acquérir un caractère sacré, et les hommes
sont arrivés à considérer sans exception comme attentats
tous les empiétements, même les plus vulgaires, qui sont
dirigés contre l'intégrité physique. Aux stages primitifs,
l'esclavage était à peu près universellement répandu : les
progrès de la civilisation l'ont graduellement mitigé et les
restrictions imposées à la motion et à la locomotion ont disparu des sociétés les plus avancées. Après les avoir méconnus à l'origine, la loi fait respecter les droits égaux des
hommes à la jouissance non interceptée de l'air et de la
lumière. Quoique pendant une période d'extrême prédominance de l'activité militaire, la propriété collective de la
terre soit tombée aux mains des chefs de tribu et des rois et
devenue leur propriété personnelle, le développement de
l'industrialisme est parvenu à faire reconnaître que le droit
de propriété privée de la terre doit en principe se subor-

donner au droit de propriété suprême de la Communauté
et que chaque citoyen possède un titre latent à participer
à son usage. Violé sans scrupule aux temps primitifs, qui
ne respectaient même pas les droits à la vie et à la liberté,
le droit de propriété a été de plus en plus sauvegardé à
mesure que les sociétés ont accentué leur mouvement en
avant. S'appliquant avec un succès croissant à défendre le
droit à la propriété matérielle, les lois modernes ont de
plus en plus reconnu et maintenu les droits à la propriété
incorporelle, en fortifiant progressivement les lois sur les
inventions et sur la propriété littéraire, et celles qui punissent la diffamation et la calomnie.

Tandis que dans les sociétés non civilisées, et aux débuts
des sociétés civilisées, l'individu abandonné à ses propres
forces ne doit compter que sur lui-même pour défendre sa
vie, sa liberté et ses biens, aux étapes suivantes la communauté se charge de plus en plus de les défendre à sa place,
en faisant agir le gouvernement qu'elle s'est donné. A moins
de prétendre que le désordre primitif valait mieux que l'ordre
comparatif qui règne de nos jours, il faut donc bien admettre
que l'expérience des résultats obtenus ratifie l'affirmation
de tous ces droits capitaux et confirme les arguments à l'aide
desquels nous les avons déduits.

§ 84. — Une confirmation de nature et de signification
analogues vient s'ajouter à celle de l'expérience. Tandis
qu'en vertu de sa capacité collective, la communauté s'est
graduellement chargée de sauvegarder les droits de chaque
homme contre les agressions d'autrui, elle a graduellement
cessé de violer elle-même ces droits qu'elle ne cessait de
méconnaître dans le passé.

Les peuples non civilisés et les peuples civilisés primitifs niaient le droit de léguer — tantôt au nom de la coutume, tantôt au nom de la loi, — ou bien ils le restreignaient à l'extrême, mais au contact de l'industrialisme croissant et des formes sociales qui lui sont propres, les restrictions du droit de léguer ont diminué, pour disparaître à peu près complètement chez les nations dont l'organisation industrielle est la plus avancée. Dans les sociétés grossières, les gouvernants empiètent habituellement sur le droit à la liberté des échanges, en imposant des monopoles, des restrictions et des prohibitions, mais les sociétés avancées s'ingèrent beaucoup moins dans les échanges sur le marché intérieur, et la nôtre s'abstient pour ainsi dire absolument d'intervenir en matière d'échanges avec l'étranger. En Europe, l'État a, pendant des siècles, réglementé l'industrie, dictant les procédés à employer et les articles qu'il fallait fabriquer : aujourd'hui, sauf les règlements destinés à protéger les ouvriers, chacun est libre de fabriquer comme il lui plaît les articles qu'il lui convient de produire. A l'origine, l'autorité réglait les croyances et les observances : elle a lentement renoncé à cette immixtion et, de nos jours, les sociétés les plus avancées laissent chacun libre de croire ou de ne pas croire, et de pratiquer un culte ou de n'en pratiquer aucun. Il en est de même des droits de libre parole et de libre publication : méconnus au début de la civilisation, ceux qui s'enhardissaient à les exercer étaient aussitôt frappés : peu à peu ces droits ont obtenu la sanction des lois écrites.

Les gouvernements ont encore cessé de s'immiscer dans d'autres catégories d'actes privés. Jadis ils réglementaient la consommation et la qualité des aliments et prescrivaient jusqu'au nombre des repas. Aux gens placés au-dessous d'une ligne de démarcation spécifiée, ils interdisaient les vêtements de certaines couleurs, les fourrures, les broderies et les dentelles ; ils énuméraient les armes qu'on pouvait porter ou employer. La loi désignait les classes qui étaient autorisées à se servir de vaisselle d'argent ou à porter la chevelure longue. Jusqu'aux divertissements étaient réglés : certains jeux étaient défendus, certains exercices du corps étaient commandés. Les temps modernes ne connaissent plus ces atteintes à la liberté individuelle et admettent implicitement le droit de chacun à adopter la manière de vivre qui lui convient.

A moins donc de réclamer le rétablissement des lois somptuaires et des lois analogues, l'abolition de la liberté de tester, de la liberté de l'échange, de la liberté du travail, de la liberté des croyances et de la liberté de la parole, il faut, une fois de plus, reconnaître que nos déductions de la formule de la justice se sont trouvées progressivement justifiées par la constatation des effets malfaisants de leur violation.

§ 85. — L'économie politique nous offre toute une série de vérifications inductives, dont nous n'avons pas parlé jusqu'ici.

Elle enseigne que les ingérences de l'État, sous forme de prohibitions et de primes commerciales, sont nuisibles : la loi d'égale liberté les condamnait déjà au nom de la justice. L'économie politique démontre les avantages de la liberté des spéculations commerciales, même sur les denrées alimentaires ; le principe fondamental de l'équité justifie cette assertion. L'économie politique a prouvé que les peines prononcées contre l'usure ont des effets funestes ; la loi d'égale liberté les avait déjà condamnées parce qu'elles impliquent des empiétements sur le droit. L'économie politique a démontré que loin de lui nuire, les machines contribuent au bien-être de l'ensemble d'une population ; d'accord avec elle, la loi d'égale liberté réprouve les mesures destinées à en restreindre l'emploi. L'économie politique pose en principe qu'il est impossible et désavantageux de régler artificiellement le taux des salaires et le cours des prix ; au nom de la loi d'égale liberté, la morale en interdit la réglementation. Sur d'autres points encore, comme le commerce des banques et l'inanité des efforts faits pour protéger une industrie aux dépens des autres, l'économie politique arrive à des conclusions que l'éthique a de son côté déjà déduites.

Tous ces exemples, que s'accordent-ils à prouver ? Ils prouvent qu'à l'état de société la conformité à la loi d'égale liberté assure le mieux, non seulement l'*harmonie*, mais encore l'*efficacité* de la coopération sociale.

§ 86. — Deux arguments déductifs et trois arguments inductifs convergent donc vers une même conclusion. L'étude des lois de la vie, telle qu'elle s'accomplit dans les conditions sociales, et la preuve que nous fournit l'expression du sentiment conscient de la morale, fruit de la discipline continue qu'impose la vie sociale, nous conduisent droit à reconnaître que la loi d'égale liberté est la loi morale suprême. Les conclusions générales basées sur l'expérience commune du genre humain, qu'a enregistrées une législation progressive, nous conduisent indirectement à la même reconnaissance, puisqu'elles établissent que le progrès de la civilisation a eu pour effet un accroissement graduel de la protection des droits de l'individu par les gouvernements et une décroissance simultanée et graduelle des empiétements des gouvernements sur ces droits. Le fait que l'économie politique recommande ce que notre théorie déclare équitable, vient encore par surcroît confirmer cet accord.

Je ne me flatte pas de l'espoir d'avoir facilité l'acceptation de ce principe à la quintuple racine en prouvant que les arguments *a posteriori* fournis par l'histoire concordent avec les arguments *a priori* empruntés à la biologie et la psychologie. S'il est des penseurs *a priori* qui s'obstinent à rejeter les conclusions qui sont en désaccord avec leurs opinions, il est aussi des penseurs *a posteriori* qui nient tout aussi obstinément la valeur des opinions intuitives. Ils ont foi aux cognitions qui résultent de l'expérience accumulée de l'individu, mais ils n'accordent aucune créance aux cognitions qui résultent de l'expérience accumulée de la race. Évitons cette double intolérance. L'accord de l'induction et de la déduction nous fournit une preuve d'une solidité inexpugnable : forts de l'accord de déductions et d'inductions nombreuses, nous avons atteint la certitude la plus solide qui se puisse imaginer.

CHAPITRE XX

Les Droits des Femmes.

§ 87. — J'ai laissé de côté une question qui se présentait naturellement à l'esprit dans les chapitres qui traitaient du principe fondamental de la justice ; je la reprends, car elle me semble offrir une introduction appropriée au sujet que nous allons examiner.

« Pourquoi, eût-on pu me demander, pourquoi les hommes n'auraient-ils pas des droits proportionnés à leurs facultés ? Pourquoi la sphère d'action de l'individu supérieur ne serait-elle pas plus vaste que celle de l'individu inférieur ? Puisqu'un homme de haute stature occupe plus d'espace qu'un homme de petite taille et qu'il a besoin de consommer de plus fortes quantités des nécessités de la vie, ses énergies ont besoin d'un champ plus vaste pour s'y déployer. Il n'est pas conforme à la raison que les activités des grands et des petits, des forts et des faibles, des supérieurs et des inférieurs, soient confinées dans des limites trop étroites pour les uns et trop étendues pour les autres. »

Je réponds qu'en premier lieu nous nous exposons à nous égarer si nous interprétons à la lettre les métaphores auxquelles nous sommes forcés d'avoir recours. Quoique nous ayons présenté les libertés égales des hommes sous la figure d'espaces les enveloppant et se limitant mutuellement, elles ne se présentent pas en réalité d'une manière aussi simple. L'homme inférieur, en réclamant un droit égal à

l'intégrité physique, ne porte pas atteinte à l'intégrité physique
de l'homme supérieur. En réclamant la même liberté de se
déplacer et de travailler, il n'empêche pas ce dernier de
se déplacer et de travailler de son côté. En conservant
pour lui seul le gain que lui ont procuré ses activités, il
n'empêche en aucune façon l'homme supérieur de s'approprier le produit d'activités qui naturellement dépassera le
produit de ses activités réduites.

Je réponds encore que refuser à la faculté inférieure une
sphère d'action égale à celle de la faculté supérieure, équivaudrait à superposer une infirmité artificielle à une infirmité naturelle. Un corps malingre ou difforme, des sens
imparfaits, un tempérament chétif ou une intelligence bor-
née ne sont que trop des motifs de pitié. S'il était possible
d'accuser la Nature d'injustice, nous serions en droit de
dire qu'il est injuste que quelques-uns ne soient doués
que de facultés naturelles inférieures à celles d'autrui et
soient ainsi dans une large mesure livrés désarmés au
combat de la vie. Que dire donc de la proposition qui veut
que nous ajoutions au désavantage d'être doué de facultés
moindres celui de ne disposer que de sphères plus étroites
pour y exercer ces moindres facultés ? La sympathie nous
pousserait plutôt à compenser ces incapacités héréditaires
par des champs d'action plus étendus. Evidemment, le
moins que nous puissions faire, c'est de leur accorder la
même liberté de se déployer dans la mesure de leurs moyens.

Une troisième réponse, c'est que, fût-il équitable de pro-
portionner les libertés des hommes à leurs capacités respectives, il serait impossible de le faire, puisque nous ne disposons d'aucun moyen de les mesurer, ni les unes, ni les
autres. Par contre, dans la majorité des cas, il n'y a aucune
difficulté à appliquer le principe d'égalité. Si, sans aucune

agression antérieure, A tue B. l'abat à ses pieds ou l'enferme, il est clair que ces deux hommes se sont attribué des libertés d'action différentes. Si, ayant acheté des marchandises à D, C ne paie pas le prix convenu, il va de soi que le contrat ayant été exécuté par l'une des parties seulement, elles ont usé de degrés de liberté inégaux. L'attribution de libertés proportionnées aux capacités nécessiterait la détermination du *quantum* existant de chaque faculté, physique et mentale, et la répartition proportionnelle des espèces particulières de libertés qui lui reviendraient. Mais ces deux opérations sont impossibles à exécuter; en dehors de toute autre raison, des considérations pratiques exigent donc que nous traitions comme égales les libertés des hommes, quelles que soient les facultés dont ils sont doués.

§ 88. — Un changement dans les termes permet d'appliquer ces arguments à la relation qui existe entre les droits des hommes et les droits des femmes. Nous n'allons pas entrer dans le détail de la comparaison de leurs capacités. Ce n'en est pas le lieu, et il nous suffit pour le moment de noter le fait incontestable que quelques femmes jouissent d'une force physique supérieure à celle de certains hommes et que d'autres femmes jouissent de facultés mentales supérieures même à celles de la généralité des hommes. Si le *quantum* de liberté devait donc se régler sur les capacités, l'opération, fût-elle possible, n'aurait pas à tenir compte du sexe.

La difficulté se représenterait sous une autre forme si, écartant les cas exceptionnels, nous partions de la proposition que la moyenne des forces mentales féminines est, comme la moyenne de leurs forces physiques, inférieure à leur moyenne chez les hommes. Nous serions impuissant à nous régler sur ce principe, puisqu'il serait encore impossible d'établir la proportion qui existe entre les deux moyennes et de calculer exactement les parts proportionnelles des sphères d'activité qu'il faudrait attribuer à chacune.

Nous l'avons dit : en fait de différences à établir, la générosité, qui est en faveur de l'égalisation, nous pousserait plutôt à compenser des facultés moindres par des facilités plus grandes. Mais toute question de générosité à part, l'équité exige que si nous n'avantageons pas artificiellement les femmes, nous ne fassions rien pour les désavantager artificiellement.

Si l'on considère isolément les hommes et les femmes comme membres indépendants d'une même société, où chacun ou chacune doit pourvoir à ses besoins le mieux qu'il pourra, il s'ensuit qu'il n'est pas équitable d'assujettir les femmes à des restrictions concernant l'occupation, la profession ou la carrière qu'elles désirent embrasser. Il faut qu'elles jouissent de la même liberté que les hommes, de s'y préparer et de recueillir le fruit des connaissances et de l'habileté qu'elles ont acquises.

La question se complique pour les relations des femmes mariées vis-à-vis de leur mari et pour leurs relations avec l'État.

§ 89. — Des droits égaux à ceux des hommes que les femmes devraient avoir avant le mariage, l'équité ordonne qu'elles conservent après le mariage tous ceux que n'atteint pas nécessairement l'état conjugal; tels sont les droits à l'intégrité physique, à la propriété des biens recueillis par le travail ou par succession, les droits à la liberté des croyances et du discours, etc. Ces droits ne doivent subir de restriction que pour autant qu'ils soient en contradiction avec les clauses explicites ou implicites du contrat auquel elles ont volontairement souscrit; comme la condition des femmes mariées varie suivant les temps et les lieux, ces restrictions doivent naturellement varier de même. A défaut de données précises, nous devons nous contenter d'approximations.

Pour les biens, par exemple, il n'est pas contraire à la raison et à l'équité d'assigner au mari, toutes les fois qu'il a seul la charge de l'entretien de la famille, l'usufruit, si ce n'est la possession, de biens qui, dans d'autres circonstances, appartiendraient à la femme; à défaut de cette attribution, il serait possible à la femme de réserver ses biens et leur produit à son profit personnel et exclusif et de se refuser à contribuer aux charges communes du ménage. Ce n'est que dans le cas où elle supporte une part égale de la charge de l'entretien de la famille, qu'il semble juste de lui conserver un droit de propriété égal et entier. Cependant, nous ne prétendons pas que les charges doivent être absolument et réciproquement partagées. A première vue, il paraît qu'avec des droits de propriété censés égaux, l'entretien des enfants et du couple lui même incombe à l'un aussi bien qu'à l'autre époux; toutefois, l'existence, pour l'une des parties, de fonctions onéreuses, dont l'autre est affranchie, la rend dans une large mesure incapable de vie active et s'oppose à ce mode d'arrangement. Un compromis, variable comme les circonstances, semble seul possible, et l'accomplissement par la femme des devoirs maternels et domestiques constituera d'ordinaire l'équivalent équitable des efforts que fait le mari pour procurer les ressources nécessaires.

Il est encore moins aisé de préciser les droits du contrôle réciproque des actes de chaque conjoint et des actes communs du ménage. Il convient de tenir compte des positions relatives de chacun d'eux au point de vue de son apport d'argent et de services, et de la nature de chacun de ceux-ci ; ces facteurs du problème varient à l'infini. Il est encore impossible de se conformer pour chaque cas particulier à la loi d'égale liberté lorsque surgissent entre les deux volontés des conflits qui ne peuvent se résoudre d'un commun accord, et que l'un doit seul décider de la conduite à suivre: il n'est possible de s'y conformer que dans la moyenne des cas. Les circonstances décideront. Ajoutons néanmoins que la balance de l'autorité devra plutôt pencher du côté de l'homme, généralement doué d'un jugement plus pondéré que la femme, d'autant plus que c'est lui qui, d'ordinaire, fournit les moyens d'assurer l'accomplissement de leurs volontés particulières ou communes. Mais pour cette question, le raisonnement n'a qu'un empire limité, et ce sont les caractères des parties intéressées qui la tranchent. La seule influence que puissent exercer des considérations morales, c'est de tempérer l'exercice de la suprématie qui s'est établie.

Il nous reste à résoudre une question tout aussi compli-quée, peut-être l'est-elle davantage : c'est celle de la garde et de l'éducation des enfants. Chaque jour, il y a des décisions à prendre concernant cette éducation: en cas de séparation des époux, il faut décider lequel des deux sera chargé de les garder. Quels seront alors les titres relatifs de l'époux et de l'épouse? Les titres physiques directs paraissent de même valeur, quoique la nutrition prolongée antérieure et posté-rieure à la naissance augmente ceux de la mère. D'autre part le travail du père a dans l'ordre normal fourni les aliments, qui ont permis à la mère de subsister et de nourrir l'enfant. Que ces titres contradictoires soient ou non jugés valides, il

il ne semble pas que le titre de la mère puisse être inférieur
à celui du père. En fait d'éducation, la justice paraît donc
favorable à un compromis, dont la raison nous permet de
dire ceci : c'est qu'il convient que l'autorité de la mère prédomine au premier âge et celle du père par la suite. La nature
maternelle s'adapte mieux que la paternelle aux besoins de
la première et de la seconde enfance, tandis que le père, plus
expérimenté, est un guide plus sûr pour préparer les enfants
et surtout les fils au combat de la vie. Mais il semble également contraire à l'équité et au bonheur de l'enfant qu'à un
moment quelconque l'autorité d'un des parents exclue tout
à fait celle de l'autre. Le souci du bien des enfants fournit
encore certaines autres indications en cas de séparation judiciaire et de conflit des titres à leur possession ; un partage
égal, toutes les fois qu'il est possible, s'effectue en confiant
les plus jeunes à la mère et les aînés au père. Evidemment,
il faut toujours chercher le compromis que dicteront les circonstances spéciales à chaque cas.

J'ajouterai qu'il n'est pas urgent en Angleterre et encore
moins en Amérique, d'accorder plus de droits aux femmes au
point de vue de leur association domestique avec l'homme.
Dans quelques cas, le besoin opposé s'y ferait plutôt sentir.
Mais d'autres sociétés civilisées ne reconnaissent leurs droits
qu'avec une parcimonie excessive : je citerai notamment
l'Allemagne [1].

§ 90. — Retraçons comme précédemment les étapes que

---

[1] Parmi d'autres raisons, qui me déterminent à exprimer cette réflexion,
j'ai le souvenir d'une conversation que j'ai un jour entendue entre deux
Allemands résidant en Angleterre. Ils se racontaient en riant avec dédain
qu'ils avaient souvent vu le dimanche ou quelque autre jour de fête des
ouvriers anglais se charger de leur enfant afin de ménager les forces de
leur femme. Leurs railleries m'ont fait honte, mais non pas pour nos
ouvriers.

la coutume et la loi ont suivies pour arriver à se conformer
à l'éthique.

L'ensemble des tribus non civilisées ne fait pas plus de cas
des droits de la femme que de ceux des animaux. Il n'y a
d'exception que pour les quelques peuplades primitives
qui, sans prêcher les vertus dites chrétiennes, se con-
tentent de les pratiquer, et pour les rares tribus absolument
pacifiques qu'on rencontre çà et là, et qui, admirables dans
leur conduite générale, traitent leurs femmes avec autant
d'équité que de douceur. Cependant même chez les plus
dégradées, existe le respect des droits de la femme dans la
mesure qui permet à celle-ci de survivre et d'élever ses
enfants : sinon, la tribu s'éteindrait. Trop souvent, ce respect
se réduit au minimun indispensable pour prévenir cette
extinction.

Le premier des droits était communément refusé à leurs
femmes par les Fidjiens [1] qui pouvaient les tuer et les manger
si tel était leur bon plaisir ; par les Fuégiens [2] et les Austra-
liens [3] les plus sauvages, qui sacrifiaient les vieilles femmes
au besoin de nourriture, et par les peuples nombreux qui
envoient les veuves rejoindre leur mari dans l'autre monde.
Dans ces stages inférieurs, aucune liberté n'est reconnue
en propre aux femmes, qui, menant une vie d'esclaves, y
peuvent être vendues comme telles : le mariage y repose sur
l'achat ou le rapt. Partout où les mœurs considèrent la
femme comme un objet possédé, un droit de propriété distinct peut à peine exister pour elle : la civilisation à ses
débuts ne reconnaît donc que très vaguement pour elle ce

---

[1] Williams and Calvert, *Fiji and the Fijians*, 2 vol., 1858, I, 210.
[2] Fitzroy (Admiral), *Narrative of the Surveying Voyages of the Adventure and Beagle*, Londres, 1839-40, II, 2.
[3] *Transactions of the Ethnological Society*, N. S. III, 248, 288.

second principe fondamental. Il est vrai que dans bien des cas, la question se complique et se modifie sous l'influence du système de descendance dans la ligne féminine; néanmoins, il est certain que dans les sociétés grossières, où la crainte des représailles restreint seule l'agression entre hommes, les droits des femmes sont habituellement méconnus.

Nous ne retracerons pas la filiation du statut de la femme. Sans nous arrêter aux sociétés antiques, chez qui, comme en Égypte[1], la descendance en ligne féminine conférait aux femmes une position relativement élevée, il nous suffira de remarquer que, dans les sociétés qui se sont formées par l'agrégation de groupes patriarcaux, les droits des femmes, qui, dans les premiers temps, étaient à peine mieux reconnus que parmi les sauvages, ont graduellement progressé dans le cours des deux mille dernières années. Nous limitant aux Aryens, qui ont couvert l'Europe, nous voyons les femmes occuper une position absolument subordonnée, excepté dans les cas où, comme le raconte Tacite[2], elles acquéraient une position meilleure en prenant part aux dangers de la guerre; plus d'un peuple nous fournit des exemples de cette connexité. Les Germains[3] primitifs achetaient leurs femmes, et le mari avait le droit de vendre et même de tuer la sienne. La société teutonique[4] primitive et la société romaine primitive maintenaient la femme dans un état de tutelle perpétuelle et la rendaient ainsi incapable d'un droit de propriété distinct. Le même état de choses régnait dans l'Angleterre primitive[5], les hommes achetaient

[1] Ebers. *Ægypten und die Bücher Moses*, 1868, I, 307-8.

[2] Tacite, *La Germanie*, XVIII.

[3] Grimm (Jacob). *Deutsche Rechtsalterthümer*, Göttingen, 1828, p. 450.

[4] Maine (Sir H.). *Ancient Law*, 3e édit, p. 153.

[5] Lappenberg. *England under the Saxon Kings*, traduction anglaise par Thorpe, 2 vol., 1845, II, 338-9.

leurs fiancées sans les consulter au sujet du marché dont elles étaient l'objet. Ce système s'adoucit peu à peu par la suite. A Rome [1], on cessa d'observer la loi qui ordonnait qu'un cortège irait enlever la fiancée et la conduire chez son époux. Le droit de vie et de mort prit fin, mais pour reparaître quelquefois, comme lorsque l'Angevin Foulques le Noir [2] fit brûler sa femme. L'observation générale des faits nous fait voir que la sujétion des femmes devint moins extrême à mesure que la vie devint moins exclusivement belliqueuse. Le déclin du système du *statut* et le développement du système du *contrat*, qui caractérisent l'industrialisme, améliorèrent la condition de la femme; les signatures féminines, que nous rencontrons au bas des documents des guildes, éclairent curieusement cette tendance, quoique la condition des femmes, en dehors de la guilde, fût restée à peu près la même que par le passé. L'influence du régime social continue à se manifester d'une manière générale. En Angleterre et en Amérique, où le type industriel de l'organisation sociale est très développé, le statut légal de la femme est supérieur à ce qu'il est sur le continent européen, où le militarisme a conservé plus d'empire. Chez nous surtout, depuis la croissance dans les temps modernes des institutions libres qui caractérisent la prédominance de l'industrialisme, la condition des femmes s'est rapidement et de plus en plus rapprochée de celle des hommes.

Les déductions éthiques s'harmonisent donc, une fois de plus, avec les inductions historiques. Les chapitres précédents nous ont montré chacun des corollaires de la loi d'égale liberté que nous appelons un droit, s'affermissant à mesure

---

[1] Hunter. *Introduction to Roman Law*, 32-3.
[2] Green. *A short History of the English People*, p. 95.

que les hommes atteignent une vie sociale plus élevée ; nous
voyons de même, au cours de la même évolution, les femmes
acquérir un ensemble de droits qui, à l'origine, leur étaient
entièrement refusés.

§ 91. — Il reste à comparer, au point de vue de l'éthique,
la position politique des femmes avec celle des hommes, mais
il nous est impossible de le faire tant que nous n'aurons pas
traité à fond des droits politiques de ces derniers. Quand
nous aurons abordé l'examen de ce qu'on appelle communément « les droits politiques », nous verrons qu'il y a lieu
de modifier essentiellement les conceptions courantes ; aussi
ne pouvons-nous pas encore traiter, d'une manière adéquate,
les droits politiques des femmes. Cependant, dès maintenant, un des aspects de la question peut être élucidé.

Les droits politiques sont-ils les mêmes pour la femme
que pour l'homme ? De nos jours, on est enclin à l'affirmer.
On soutient qu'il existe un parallélisme entre l'identité des
droits déjà exposés, qui résultent de la communauté de nature des deux sexes, et l'identité de leurs droits à la direction
des affaires publiques. A première vue, ce parallélisme paraît
justifié, mais la réflexion nous démontre qu'il ne l'est pas.
La capacité civique n'implique pas seulement le droit de voter
et d'exercer par intervalles certaines fonctions représenta-
tives. Elle entraîne aussi des obligations onéreuses ; puisqu'il en est ainsi, elle doit comprendre, outre le partage des
avantages, la participation aux charges. Il est absurde d'appeler égalité un état de choses qui conférerait gratuitement
aux unes un certain pouvoir, en échange duquel les autres
ont des risques à courir. Quelle que soit l'étendue de ses
droits politiques, la défense nationale soumet chaque homme
en particulier à la perte de sa liberté, à des privations et au

danger éventuel de mort ; le jour où les femmes obtiendront les mêmes droits politiques, sans être assujetties aux mêmes obligations, leur position sera une position de supériorité et non pas d'égalité.

A moins donc qu'elles ne fournissent à l'armée et à la marine un contingent proportionnel au contingent masculin, la question de la pseudo-égalité des « droits politiques » des femmes ne pourra être débattue que lorsque l'humanité aura atteint l'état de paix permanent. Que l'établissement de cette égalité soit ou non désirable, ce n'est qu'alors qu'on pourra égaliser les droits politiques des deux sexes.

Mais cette objection ne s'étend pas à la participation des femmes au gouvernement de l'administration locale. Pour leur refuser celle-ci, il faudrait invoquer d'autres raisons.

CHAPITRE XXI

Les Droits des Enfants.

§ 92. — Le lecteur se rappelle sans doute que dès le début nous avons reconnu la distinction fondamentale qui existe entre la morale de la famille et celle de l'Etat, et constaté que le bien de l'espèce exige le maintien de ces deux principes antagonistes. Il en résulte que les droits des enfants sont de nature tout à fait différente de celle des droits des adultes. Puisque les enfants se transforment graduellement en adultes, le rapport entre les deux catégories de droits change continuellement et ne peut s'établir qu'en vertu de transactions variant à mesure que s'opère cette transformation.

La préservation de la race implique l'auto-sustentation de ses membres et la sustentation de la progéniture. Puisque nous présumons que la préservation de la race constitue une fin recommandable, nous devons conclure qu'il est juste d'accomplir ces deux sustentations. Si les conditions en dehors desquelles ces opérations ne peuvent s'accomplir, aboutissent à ce que nous appelons des droits, il en résulte que les enfants ont des droits — disons, pour distinguer, des titres légitimes — aux choses matérielles qui les aident à vivre et à grandir, et que les parents ont le devoir de les leur procurer. Puisque pour les adultes, les droits sont les formes spéciales et correspondantes que prend la liberté d'action générale nécessaire pour se procurer la subsistance.

le vêtement, l'abri, etc., le bas-âge aura des titres légitimes à la subsistance, au vêtement, à l'abri, mais non aux formes de la liberté qui en rendent l'acquisition possible. L'enfant aux facultés non encore développées est incapable d'occuper plusieurs des compartiments de la sphère d'activité qu'occupe l'adulte. Pendant cette étape d'incapacité, il faut bien lui procurer gratuitement les avantages nécessaires qu'on ne peut recueillir que dans les régions d'activité qui lui sont inaccessibles. Ses titres se déduisent de la même nécessité primaire — la préservation de l'espèce — et ont la même validité que les droits que la loi d'égale liberté confère à l'adulte.

J'ai recours à dessein à cette distinction verbale entre les droits des adultes et les titres légitimes des enfants ; la conscience associe tellement les droits aux activités et aux produits des activités, que quelque confusion en résulterait si nous les attribuions à des nourrissons et à de jeunes enfants incapables de se livrer à ces activités et d'en recueillir les produits.

§ 93. — La préservation de l'espèce étant la fin ultime, les enfants ont donc dans une large mesure des titres légitimes aux produits des activités plutôt qu'aux sphères d'action de ces activités ; toutefois ils ont des titres légitimes aux parties des sphères d'activité dont ils peuvent user avec avantage. Car si la préservation de l'espèce constitue un *desideratum*, les parents doivent, pour qu'elle se réalise, pourvoir les petits de chaque génération, non seulement de la subsistance, du vêtement et de l'abri nécessaires, mais leur ménager les occasions indispensables pour qu'ils puissent exercer leurs facultés et préparer ainsi leur adaptation à la vie des adultes. Jusqu'aux êtres inférieurs satisfont à cette nécessité dans une certaine mesure, quoique d'une manière inconsciente, en excitant leurs petits à se servir de leurs membres et de leurs sens. Cette préparation, déjà nécessaire à la vie comparativement simple des oiseaux et des quadrupèdes, est encore plus indispensable à la vie complexe de l'espèce humaine ; l'obligation de la fournir et d'y aider devient encore plus impérative.

Il n'est possible de donner aucune réponse à la question de savoir jusqu'à quel point la vie des parents doit, dans l'accomplissement de ces obligations, se subordonner à celle des enfants. D'innombrables espèces d'êtres inférieurs sacrifient complètement chaque génération à la génération suivante : les parents meurent aussitôt qu'ils ont déposé leurs œufs. Il ne peut pas en être de même pour les êtres supérieurs, qui sont tenus d'entourer leur progéniture de soins incessants pendant la période de la croissance ou qui en élèvent plusieurs portées successives. Le bien de l'espèce exige dans ce cas que les parents continuent à vivre pleins de vigueur et à nourrir leur progéniture pendant la durée de sa minorité. Tel est particulièrement le cas pour l'homme, à cause de la durée prolongée de la période pendant laquelle les enfants doivent être assistés. Il en résulte que dans l'estimation des droits relatifs des enfants et des parents, les sacrifices de ces derniers ne doivent pas être poussés au point de les rendre incapables du plein accomplissement de leurs devoirs de parenté. Des sacrifices excessifs finiraient par nuire à la progéniture et à l'espèce. Le bien et le bonheur des parents constituent en outre une fin qui concourt à la fin générale ; une raison morale prescrit donc une limitation modérée de leur subordination.

§ 94. — Des titres légitimes des enfants par rapport à

leurs parents, passons à leurs devoirs corrélatifs envers ces derniers. Nous aurons de nouveau à nous contenter d'un compromis, se modifiant graduellement au cours de l'évolution de l'enfance vers la majorité.

L'enfant a un titre légitime à la subsistance, au vêtement, à l'abri et aux autres auxiliaires de son développement, mais il n'a pas de droit à la direction de soi qui s'associe à l'auto-sustentation. Deux raisons s'y opposent : l'exercice en serait malfaisant en soi et impliquerait la méconnaissance du droit des parents sur l'enfant, qui constitue la réciproque du titre de l'enfant vis-à-vis des parents. La première de ces raisons saute aux yeux et il est à peine besoin d'entrer dans le détail de la seconde. A la vérité, il n'est pas possible de procéder à l'estimation de ces titres relatifs, comme la loi d'égale liberté nous permet de le faire pour les adultes; cependant, nous inspirant tant bien que mal de cette dernière, nous trouvons qu'en retour de la subsistance et des autres soins fournis, les parents sont fondés à recevoir des équivalents sous forme d'obéissance et d'accomplissement de menus services.

Toutefois, au point de vue de la fin ultime — le bien de l'espèce, — ces relations réciproques entre majeurs et mineurs doivent se rapprocher des relations entre adultes à mesure qu'avance l'acquisition des facultés d'autosustentation et de direction de soi. L'exercice des activités indépendantes ou autonomes peut seule rendre les hommes capables de celles-ci; un accroissement graduel de liberté est nécessaire à cette fin. L'équité implique d'ailleurs la même solution. L'enfant qui, avant l'âge adulte, parvient en grande partie à se suffire à lui-même, n'acquiert-il pas un juste titre à une somme de liberté proportionnée?

Il va de soi que la discordance essentielle qui subsiste

entre la morale de la famille et celle de l'État, sème de
perplexités le passage de la direction par la famille à la
direction par l'État. Tout ce qu'il est permis d'espérer, c'est
que dans chaque cas particulier, et sans perdre de vue le
bien de la race, le compromis intervenant établira une compensation équitable des titres des deux parties et ne sacrifiera
sans raison aucun des droits en présence.

§ 95. — Encore plus pour les enfants que pour les femmes,
l'évolution des types sociaux inférieurs vers les types sociaux
supérieurs entraîne une reconnaissance croissante de leurs
titres légitimes ; ce progrès s'accuse également pour leur
vie, leur liberté et leurs biens.

Dans toutes les parties du globe, parmi toutes les variétés
humaines, la coutume et la loi autorisent ou ont autorisé
l'infanticide, allant parfois jusqu'à sacrifier la moitié des
nouveau-nés. Ces sacrifices sont particulièrement fréquents
partout où, la subsistance étant rare, on redoute un excès
d'expansion numérique de la tribu : dans ce cas, leur manque
de valeur guerrière fait qu'on immole de préférence les
petites filles. En Grèce et dans la Rome primitive[1], où le
père avait droit de vie et de mort sur son enfant, la loi ne
protégeait pas non plus les droits des mineurs, quoique la
coutume les ait peut-être respectés davantage. Il en était
de même chez les Celtes et les premiers Teutons[2] : leur coutume d'exposer les enfants et de les tuer ainsi indirectement,
persista longtemps après avoir été condamnée par l'Église
chrétienne. La liberté des enfants n'était naturellement pas
plus respectée que leur vie. Leur mise en vente, en vue de
l'adoption ou de l'esclavage, était toujours fréquente. De nos

<hr />

[1] Lecky, *History of European Morals*, édit. 1877, II, 26.
[2] Grimm (Jacob), *Deutsche Rechtsalterthümer*, 1828, p. 455.

jours le troc[1] des enfants se pratique chez les Fuégiens.
les naturels de la Nouvelle-Guinée[2] et de la Nouvelle-Zélande[3],
les Dyaks[4], les Malayasis[5] et de nombreux peuples non civilisés, qui ne font qu'imiter l'exemple des ancêtres des hommes
civilisés. La coutume hébraïque[6] permettait de vendre les
enfants et de les saisir pour dettes ; les Romains[7] les ven-
dirent jusque sous les empereurs et après l'établissement du
christianisme. Les Celtes de la Gaule[8] se livrèrent au même
trafic jusqu'à sa suppression par les édits des empereurs
romains, et les Germains[9] jusqu'au règne de Charlemagne.
Les libertés des enfants, ainsi violées à l'extrême, l'étaient
encore de manières secondaires. Quel que fût son âge, un
Romain[10] ne pouvait pas se marier sans le consentement de
son père. La méconnaissance des droits à la vie et à la liberté
s'accompagnait de la méconnaissance du droit de propriété.
Rien ne pouvait appartenir à l'enfant, qui ne s'appartenait
pas lui-même, et il fallut inventer des subtilités juridiques
pour permettre aux fils des Romains l'acquisition de droits
personnels sur certaines catégories de biens, comme les
dépouilles prises à la guerre ou les émoluments attachés aux
emplois civils.

Nous ne nous arrêterons pas à décrire les stages par les-

[1] Fitzroy (Admiral). *Narrative of the Surveying Voyages of the Adventure and Beagle*, II, 171.

[2] Kolff. *Voyages of the Dutch Brig « the Dourga » through the Molucca Archipelago*, trad. Earl, 1840, p. 301.

[3] Cook, *Journal of Capt. Cook's Last Voyage*, Londres, 1781, p. 54.

[4] Brooke, *Ten Years in Sarawak*, I, 75,

[5] Waitz. *Anthropologie*, II, 437.

[6] *Exode* XXI-7, *Livre des Rois*, IV ; *Livre de Job*, XXIV-9.

[7] Lecky. *History of European Morals*, II. 31.

[8] Königswarter. *Histoire de l'Organisation de la Famille en France*, Paris, 1857, pp. 86-7.

[9] Grimm (Jacob). *Deutsche Rechtsalterthümer*, 461.

[10] Hunter, *Introduction to Roman Law*, 29, et Königswarter. *Histoire de l'Organisation de la Famille*, 87.

quels ont passé les titres légitimes des enfants avant d'être largement reconnus dans les sociétés civilisées contemporaines. Des changements successifs ont graduellement introduit une large liberté en faveur de la jeunesse, liberté qui, dans certains cas, comme aux États-Unis, dépasse les bornes du juste et de l'expédient. Ce qui doit surtout nous frapper, c'est que la reconnaissance des droits de l'enfance a marché le plus vite et est allée le plus loin dans les pays où le type industriel s'est le plus complètement dégagé du type militaire. Jusqu'à la Révolution, on traitait les enfants en France [1] comme des esclaves. Des fils, même adultes, objet du mécontentement de leur père, pouvaient être emprisonnés à la demande de celui-ci, qui usait parfois de ce pouvoir : on enfermait malgré elles les filles au couvent. Ce n'est qu'après la Révolution que « les droits des fils furent proclamés et que la liberté individuelle fut soustraite à l'arbitraire de *lettres de cachet* obtenues par des pères injustes ou cruels ». En Angleterre, et bien qu'aux siècles passés nos pères se montrassent durs envers leurs enfants, ils n'avaient pas le droit de les faire emprisonner sans motifs. Cependant, naguère encore, les enfants, même majeurs, s'inclinaient le plus souvent si leurs parents s'opposaient à leur mariage, mais cette opposition était dépourvue de toute sanction légale. De nos jours, tandis que sur le Continent l'autorité des parents, en matière de mariage, joue un rôle prépondérant, il est aisé, chez nous, de se marier contre leur désir. On ne s'attire ainsi qu'un blâme insignifiant.

Le contraste est extrême entre les États primitifs, où l'en-

---

[1] Bernard (P.) *Histoire de l'Autorité Paternelle en France*, Montdidier, 1863, pp. 189-193 et 161, et Goncourt (E.-J. de) *La Femme au dix-huitième siècle*, 1862, pp. 10-12.

fant pouvait être tué avec impunité comme un animal, et les
États modernes, qui assimilent l'infanticide à l'assassinat,
font de l'avortement un crime, punissent les mauvais trai-
tements et l'insuffisance de sustentation du ait des parents,
et déclarent l'enfant pourvu d'une tutelle, capable du droit
de propriété.

§ 96. — Constatons, une fois de plus, la concordance de
la théorie et de la pratique — des injonctions de la morale
et des progrès de la loi écrite, — des déductions des principes fondamentaux et des inductions basées sur l'expérience.

Tenant compte à la fois de la morale de la famille et de la
morale de l'État, de la nécessité d'une transaction entre ces
deux morales se modifiant au cours de la transition de l'enfance à l'âge adulte, ne perdant de vue ni le bien de l'individu, ni la préservation de la race, nous sommes arrivés,
pour les titres légitimes des enfants, à des conclusions d'une
précision approximative. Les faits historiques confirment
a posteriori les conclusions obtenues *a priori* et nous
montrent l'évolution des types inférieurs vers les types supérieurs des sociétés, accompagnée d'une adaptation croissante des lois et des usages aux exigences de la morale.

CHAPITRE XXII

Les Droits dits Politiques.

§ 97. — Chaque jour nous voyons les hommes se préoccuper de ce qui est proche et négliger ce qui est éloigné. On attribue couramment la puissance d'une locomotive à l'action de la vapeur, alors que la vapeur ne sert que d'intermédiaire et qu'elle n'a aucun pouvoir initiateur : l'initiateur, c'est la chaleur du foyer. On ne comprend pas que la machine à vapeur est en réalité une machine à chaleur, qui ne diffère des autres machines mues par la chaleur, comme les appareils à gaz, que par l'instrumentalité dont elle se sert pour transformer la motion moléculaire en motion molaire.

Cette limitation de la connaissance aux rapports directs et cette ignorance des rapports indirects vicient d'ordinaire les raisonnements concernant les affaires sociales. Quelqu'un fait-il bâtir une maison, tracer une route, drainer un champ, l'impression première est que cette personne fournit du travail ; l'idée du travail lui-même refoule l'idée de la subsistance qu'il procure et le travail finit par être considéré comme constituant un avantage en soi. On s'imagine ainsi que l'augmentation des quantités d'objets ou de moyens qui desservent les besoins humains, ne constitue pas un bien, mais que celui-ci consiste dans la dépense de travail qui les procure. De là tant d'erreurs accréditées : le vulgaire se répète qu'un incendie destructeur fait aller le commerce et que les machines font du tort aux classes populaires. Il éviterait ces erreurs s'il s'attachait à la chose dernière, le produit, au lieu de s'attacher à la chose rapprochée, le travail. Les mêmes erreurs règnent concernant l'usage de la monnaie. L'esprit humain associe l'idée de valeur aux pièces de monnaie, dont l'échange fournit les objets désirés, mais néglige les objets qu'elles servent à acheter, et cependant ce sont ces objets qui ont réellement de la valeur, puisque seuls ils donnent satisfaction à nos désirs. L'expérience journalière de leur puissance d'acquisition associe tellement l'idée de valeur aux promesses de paiement, qui n'en ont absolument aucune par elles mêmes, que l'opinion identifie leur abondance et la richesse. On se figure qu'il suffit d'émettre des billets de banque à profusion pour assurer la prospérité nationale. Toutes ces erreurs seraient évitées si le raisonnement se formulait en termes d'articles produits au lieu de se formuler en symboles de leur valeur. L'éducation de la jeunesse nous fournit un nouvel exemple de cette usurpation de ce qui est proche et de cette expulsion de ce qui est éloigné, de cet oubli des fins et de cette préoccupation absorbante des moyens qui les procurent. La science des anciens s'étant perdue, il fut un temps où la connaissance des langues grecque et latine, dans lesquelles cette science avait été exprimée, devint l'unique moyen de l'acquérir ; la connaissance de ces langues n'était alors qu'un simple instrument. Mais, aujourd'hui que cette science antique est depuis longtemps accessible dans notre langue, que nous avons accumulé une masse de connaissances bien autrement imposante, on persiste à enseigner le grec et le latin : dans la pratique, on considère cet enseignement comme constituant une fin en soi, à l'exclusion de celle qu'on avait en vue à l'origine. Des jeunes gens passablement familiarisés avec ces langues anciennes, passent pour instruits, n'eussent-ils acquis qu'un minimum des connaissances qu'elles recèlent et n'en eussent-ils acquis aucune de la quantité immensément plus grande et immensément plus précieuse des connaissances que des recherches séculaires ont rassemblées.

§98.— Cette remarque générale, appuyée d'exemples nombreux, fraie la voie que nous allons suivre. Cette confusion entre les moyens et les fins, cette poursuite des uns au détriment des autres, vicie profondément l'opinion politique courante, et engendre les erreurs qui ont cours au sujet des droits politiques.

Il n'existe à proprement parler de droits que ceux que nous avons énoncés. Les droits n'étant, ainsi que nous l'avons vu, que les parties respectives et distinctes de la liberté générale de poursuivre les objets de la vie individuelle, sans que les hommes puissent être soumis à une autre limitation que celle qui résulte de la présence des autres hommes ayant à poursuivre les mêmes objets par les mêmes voies, il s'ensuit qu'un homme est en possession de tous ses droits, du moment que sa liberté n'est frappée d'aucune autre restriction. Si nul ne vient empiéter sur l'intégrité de sa personne physique, si aucun obstacle n'est mis à sa motion et à sa locomotion, s'il jouit en pleine propriété de tout ce qu'il a gagné ou acquis, s'il a le droit de donner ou de léguer à son gré, s'il peut travailler à sa guise, conclure un contrat ou un échange avec qui bon lui semble, se former n'importe quelle opinion et l'exprimer par le discours ou par la presse, il ne lui reste rien à réclamer en fait de libertés véritables. Ses revendications ultérieures appartiennent à une catégorie différente et ne constituent pas des droits proprement dits. Nous avons constaté à plusieurs reprises, et par des méthodes variées, que les droits proprement dits ont pour origine les lois de la vie à l'état de société. Les arrangements sociaux peuvent ou les reconnaître dans toute leur étendue, ou plus ou moins les ignorer : ils ne les créent pas et ne peuvent que s'y conformer ou s'y soustraire. Les rouages sociaux qui constituent ce que nous appelons le gouvernement, sont, dans une mesure qui varie, les instruments du maintien de ces droits, mais, quelle que soit cette mesure, ils ne sont que de simples instruments, et quand nous disons qu'ils sont conformes au droit, nous devons entendre qu'ils ne le sont qu'en tant qu'ils sont propres à défendre les droits proprement dits avec efficacité.

Néanmoins, de cette tendance de l'esprit à ne se préoccuper que des moyens et à exclure les fins, il est résulté que l'opinion en est venue à considérer comme constituant des droits les arrangements gouvernementaux qui sont destinés à maintenir ceux-ci, et à leur décerner une place privilégiée. Dans les nations les plus avancées, les citoyens sont arrivés à posséder des parts de la puissance politique : l'expérience ayant démontré que cette possession offre des garanties à la défense de la vie, de la liberté et de la propriété, on a confondu leur revendication et celle de la vie, de la liberté et de la propriété elles-mêmes. Cependant il n'existe aucune affinité entre elles. L'expression d'un vote ne contribue pas en soi à l'accomplissement de la vie de l'électeur, comme le fait l'exercice des libertés diverses que nous avons proprement appelées des droits. Tout ce qu'il est possible d'avancer, c'est que l'attribution de la franchise électorale à chaque citoyen donne aux citoyens en général le pouvoir de réprimer les atteintes portées à leurs droits, pouvoir dont ils peuvent faire un usage bon ou mauvais.

Dans l'espèce qui nous occupe, la confusion entre la fin et les moyens était à peu près inévitable. L'observation des contrastes que présentent les états des différentes nations et les états successifs de la même nation, a fortement empreint dans l'esprit des hommes la conviction que lorsque la puissance gouvernementale est aux mains d'un seul ou d'une oligarchie, ceux-ci en useront à leur profit et au détriment de la masse. On craint que les citoyens qui ne détiennent pas cette puissance soient assujettis à des restrictions et à des charges disproportionnées, et privés de la liberté propre à chacun, que réclame l'équité, et qui n'a d'autre limite que les libertés analogues de tous, et l'on redoute une violation plus ou moins étendue de leurs droits. L'expérience ayant appris qu'une distribution plus étendue du pouvoir politique entraîne une diminution des violations. on a identifié le maintien d'une forme populaire de gouvernement et le respect des droits : le pouvoir d'émettre un vote, instrument de la défense des droits, a fini par être considéré comme constituant un droit, et l'opinion générale le confond avec les droits proprement dits.

Ce que nous disons est fondé, car les droits proprement dits ne sont-ils pas foulés aux pieds sans scrupule dans les pays où les soi-disant droits politiques sont possédés par tous indistinctement ? En France, le despotisme bureaucratique est aussi lourd sous la République que sous l'Empire. Les exactions et les vexations y sont restées tout aussi nombreuses et péremptoires ; un délégué des *Trade-Unions* anglaises à un congrès à Paris déclarait que les atteintes portées en France aux libertés des citoyens étaient poussées au point qu'elles constituaient « une tache et une anomalie dans une nation républicaine ». Il en est de même aux Etats-Unis. Le suffrage universel n'y prévient pas la cor-

ruption des municipalités, qui imposent des taxes locales
élevées et ne font que peu de bonne besogne ; il n'y arrête
pas le développement des organisations qui forcent chaque
électeur à abdiquer entre les mains de meneurs et de
courtiers électoraux, n'empêche pas la réglementation de la
vie privée des citoyens, à qui il est prescrit de s'abstenir de
boissons désignées, et permet qu'on taxe lourdement la généralité des consommateurs au moyen d'un tarif protection-
niste établi au profit d'une faible minorité d'industriels et
d'ouvriers. Le suffrage universel n'y parvient même pas à
sauvegarder la vie humaine : dans plusieurs États, il tolère
des assassinats que répriment avec peine les agents de la loi,
exposés aux coups de feu s'ils cherchent à accomplir leur
mission. L'extension récente du suffrage a amené chez nous
des résultats peu différents de ceux que je viens d'énumérer.
Loin d'avoir assuré le maintien plus énergique des droits
humains proprement dits, elle a été suivie de leur méconnaissance plus fréquente, d'ingérences plus nombreuses et de
prélèvements plus considérables aux dépens de notre bourse.

On a donc fait fausse route, tant chez nous qu'à l'étranger.
Nous ne découvrons aucun indice de cette prétendue identité : nous ne la discernons pas davantage dans le cas
extrême où des hommes usent de leurs soi-disant droits
politiques pour se dépouiller de leurs droits proprement
dits, comme lors du plébiscite qui a élu Napoléon III, que
lorsqu'ils laissent bourrer la cervelle de leurs enfants de
leçons de grammaire et de bavardages concernant les rois,
trop souvent au prix d'une alimentation insuffisante et d'un
affaiblissement de leur jeune tempérament. Les soi-disant
droits politiques peuvent servir à défendre les vraies libertés,
mais ils peuvent aussi servir à d'autres usages, même à
l'établissement de la tyrannie.

§ 99. — Outre cette confusion des moyens et des fins, première cause de tant d'erreurs accréditées, il existe encore une autre cause d'erreur. La conception d'un droit est double et nous sommes exposés à croire à la présence de ses deux facteurs alors qu'un seul se trouve représenté.

Nous l'avons démontré à plusieurs reprises : la liberté constitue l'élément positif de notre conception, tandis que la limitation qu'impliquent les libertés égales d'autrui en constitue l'élément négatif. Il est rare que ces deux éléments coexistent dans la proportion voulue ; parfois l'un d'eux est absolument absent. La liberté peut s'exercer sans restriction aucune et engendrer ainsi des agressions perpétuelles et un état de guerre universel. Inversement, les restrictions peuvent être égales dans la pratique, mais être poussées au point de détruire la liberté. Le pouvoir peut également contraindre tous les citoyens au point de les réduire à la servitude ; il se peut que dans la poursuite de quelque fin philanthropique ou autre, il dépouille chacun en particulier de larges parts de la liberté qui doit subsister après avoir tenu compte des libertés d'autrui. La confusion dans les idées, dont nous avons parlé et qui fait classer les prétendus droits politiques parmi les droits proprement dits, est due en partie à la prédilection qui s'attache à l'égalité, qui en est le caractère secondaire, tandis qu'on néglige leur caractère primaire, la liberté. Les peuples se sont tellement habitués à associer le développement de l'une au développement de l'autre, qu'ils en sont arrivés à les considérer comme intimement unies et à croire que l'acquisition de l'égalité assure celle de la liberté.

J'ai prouvé plus haut que tel n'est pas le cas. Les hommes peuvent user de leur liberté égale pour se réduire en servitude : ils ne réussissent pas à comprendre que l'égalité

dans le degré d'oppression et dans la somme des souffrances
endurées, suffit pour donner satisfaction à la revendication
isolée de l'égalité. Ils oublient que l'acquisition des soi-
disant droits politiques n'équivaut pas à l'acquisition des
droits proprement dits. L'une ne fournit qu'un instrument
pour obtenir ou pour défendre l'autre, instrument qui peut
servir ou ne pas servir à l'accomplissement de cette fin. La
question essentielle est celle-ci : « Comment faut-il s'y
prendre pour préserver les droits proprement dits et les
défendre contre les agresseurs étrangers ou nationaux ? »
Un système de gouvernement n'est après tout qu'un système de rouages. Le gouvernement représentatif est un de
ces systèmes, et le choix des représentants confié au vote de
tous les citoyens, un des nombreux procédés de formation
d'un gouvernement représentatif. L'élection n'étant qu'une
méthode d'arriver à créer un rouage capable de maintenir
les droits, il s'agit de savoir si la possession universelle du
suffrage assure la création du rouage le plus capable de
les sauvegarder. Nous avons déjà reconnu qu'elle n'assure
pas cette fin avec efficacité, et nous verrons plus loin qu'elle
a peu de chances de l'assurer dans les circonstances existantes.

Nous remettrons à plus tard la suite de cette discussion,
pour aborder auparavant un autre sujet plus général, celui
de « la Nature de l'État ».

CHAPITRE XXIII

De la Nature de l'État.

§ 100. — L'étude de l'évolution générale nous a familiarisés avec la proposition que la nature des choses est loin d'être immuable. Sans changer d'identité, il arrive que leur nature se transforme. Le contraste entre la nébuleuse sphéroïde et la planète solide, produit définitif de sa concentration, est à peine plus marqué que ne le sont les contrastes qui nous environnent de tous côtés.

En fait, ces transformations de nature règnent universellement dans le monde organique. Tantôt, après une période de vie sédentaire, un polype se sectionne en fragments qui se détachent un à un et deviennent des méduses nageant en liberté. Tantôt une petite larve du type annelé, après s'être livrée pendant quelque temps à une circulation active dans l'eau, se fixe sur un poisson, perd ses organes moteurs, et, vivant en parasite, ne présente plus guère que des poches ovifères et un estomac. Une autre renonce aux déplacements de son existence première, pour s'établir à demeure sur un rocher : elle s'y transforme en ce qu'on appelle vulgairement un gland de mer, et se repaît des êtres minuscules qui passent à sa portée et qu'elle entraîne dans son goulet. Une autre fois, c'est une forme vermiculaire, qui, après avoir longtemps vécu et s'être nourrie dans l'eau, s'échappe de sa coque de nymphe et s'envole sous forme d'un moustique ; de même nous assistons à la transformation des larves en

mites ou en mouches à viande. La plus étrange et la plus
extrême de toutes ces transformations est la métamorphose
que subissent quelques-unes des algues aquatiques inférieures. Pendant une période assez courte, elles se meuvent
avec agilité et présentent tous les caractères d'un animal ;
puis elles se fixent, bourgeonnent, et deviennent des vé-
gétaux.

L'examen de ces faits d'une merveilleuse variété et trop
abondants pour être énumérés, doit nous mettre en garde
contre l'erreur qui tend constamment à se dégager de
l'hypothèse vulgaire que la nature d'une chose a été, est
et restera invariablement la même. Au contraire, cet examen
nous prépare à prévoir des changements de nature qui
peuvent être fondamentaux.

§ 101. — L'immense majorité des gens est convaincue
qu'il n'est qu'une seule conception exacte de l'État, tandis
qu'ayant reconnu que les sociétés évoluent, et retenu les
leçons que l'évolution générale nous enseigne, nous sommes
amenés à conclure que l'État a probablement des natures
essentiellement différentes suivant le lieu et le temps. L'accord entre cette conclusion et les faits va bientôt se manifester.

Nous ne nous arrêterons pas à quelques types sociaux
tout à fait primitifs, que caractérise la descendance en ligne
féminine. Occupons-nous d'abord du groupe patriarcal,
type d'un caractère intermédiaire entre la famille et la société.
Facile à étudier dans la horde nomade, il présente le spectacle d'une société où les relations des individus entre
eux, ainsi que leurs relations avec le chef commun et avec
les biens collectifs, confèrent à la structure et aux fonctions
du corps social une nature qui tranche avec celle des corps

politiques que nous voyons autour de nous. Même lorsqu'un groupe, en se développant, devient une communauté villageoise, qui, ainsi qu'on le voit dans l'Inde, peut posséder « un état-major complet destiné à veiller au gouvernement intérieur », la plupart, si ce n'est toutes les relations qui subsistent entre les associés, lui communiquent une nature corporative offrant des différences marquées avec celle d'une société où les liens du sang ont cessé d'être le facteur dominant.

Montons jusqu'à un État d'une composition supérieure, tel que les communautés grecques formées de l'union de plusieurs agglomérations de relations. Les membres des familles, des *gentes* et des *phratries* s'y mêlent sans perdre leur identité, et les groupes respectifs ont conservé leurs intérêts corporatifs distincts et souvent antagonistes. Il est certain que dans son ensemble la nature de ces communautés diffère beaucoup de celle d'une communauté moderne, chez qui l'amalgame complet a détruit les lignes de démarcation primitives, tandis que l'individu, et non plus le groupe familial, a fini par y constituer l'unité politique.

Nous rappelant le contraste signalé entre le *régime du statut* et le *régime du contrat*, nous notons une fois de plus une dissemblance essentielle entre les natures des deux catégories de corps politiques ainsi formés. Dans plusieurs sociétés anciennes, « la sanction religieuse et politique, parfois combinée, parfois séparée, assignait à chacun son mode d'existence, sa croyance, ses obligations et son rang dans la société, et ne laissait aucun champ à la volonté ou à la raison de l'individu ». Chez nous, la religion et la politique ne jouissent d'aucun pouvoir approchant, et nul individu ne se voit prescrire sa position, ni la carrière qu'il suivra.

La constatation de ces faits interdit à notre raison l'hypothèse de l'unité de nature de tous les corps politiques. Loin
d'admettre que la conception générale de l'Etat fournie à
Aristote par l'étude des sociétés qu'il connaissait, ait conservé sa valeur et puisse servir de guide à l'heure présente,
nous pensons qu'elle est actuellement et suivant toute vrai-
semblance devenue inapplicable et qu'elle nous égarerait si
nous nous confiions à sa direction.

§ 102. — Cette conviction s'imprimera encore plus profondément en nous si, au lieu de comparer les natures des
ociétés, nous les comparons dans leurs manifestations
actives. Observons à cet effet les divers genres de vie auxquels les sociétés se livrent.

Comme l'évolution implique des transitions graduelles,
il s'ensuit que quelque dissemblables que puissent devenir
les corporations humaines, il est impossible de découvrir
entre elles des démarcations tranchées. Mais tout en gardant
cette restriction présente à l'esprit, il est néanmoins permis
de dire que trois mobiles distincts ont poussé les hommes,
originellement dispersés en familles errantes, à s'associer
plus étroitement: le désir de sortir de l'isolement a été un
de ces mobiles et, quoiqu'elle ne soit pas universelle, la
socialité est un caractère général des êtres humains, qui
les pousse à l'agrégation. Le second mobile, c'est la nécessité de l'action combinée contre les ennemis humains ou
animaux, et la nécessité de la coopération en vue de résister
à l'agression extérieure ou de la pratiquer. Le troisième but
poursuivi, c'est la facilitation de la sustentation par l'assistance mutuelle, et par la coopération en vue d'une meilleure satisfaction à procurer aux besoins physiques et, par
la suite, aux besoins intellectuels et moraux. Le plus

souvent, l'association dessert simultanément ces trois fins. Cependant il est non seulement toujours possible à nos investigations de les distinguer, mais nous avons des exemples de chacune d'elles poursuivie isolément.

Les Esquimaux [1] forment un des groupes sociaux qui ne cherchent à satisfaire que le désir de sortir de l'isolement. Les membres de chacun de leurs groupes sont individuellement indépendants. N'éprouvant aucune nécessité de se combiner en vue de la défense ou de l'attaque, ils se passent de chefs guerriers et de gouvernement politique : l'opinion exprimée par leurs voisins constitue le seul contrôle auquel ils soient assujettis. Ils ne pratiquent pas la division du travail, et la coopération industrielle se restreint chez eux à celle du mari et de la femme au sein d'une même famille. Leur société n'a subi d'autre opération d'incorporation que celle qui résulte de la juxtaposition de ses parties : celles-ci demeurent mutuellement indépendantes.

La classe des groupes qui ont cédé au second mobile, s'offre en foule à nos yeux. Sous sa forme pure, elle est représentée par les tribus de chasseurs, dont les activités alternent entre la chasse et la guerre ; d'autres exemples sont fournis par les tribus de pirates ou par celles qui, comme les Masaï, subsistent du produit des *razzias* qu'elles dirigent contre leurs voisins. Dans ces communautés, la division du travail n'existe, lorsqu'elle existe, qu'à l'état rudimentaire. La coopération n'est pratiquée que pour la défense extérieure ou l'attaque ; elle l'est à peine pour la sustentation intérieure. A la vérité une certaine coopération industrielle prend naissance et suit le développement des sociétés qui se sont agrandies par la conquête, mais, confinée aux esclaves et aux serfs travaillant sous la surveil-

---

[1] Hearne (R.), *Journey from Prince of Wales's Fort*, Dublin, 1796, p. 161.

lance de leurs maîtres, elle ne suffit pas à modifier profondément leur caractère essentiel. Ce caractère demeure celui d'un corps adapté à l'action commune contre d'autres corps semblables. Les vies des unités restent subordonnées dans la mesure que nécessite la préservation, et parfois l'expansion, de la vie de l'ensemble. Toutes choses égales d'ailleurs, les tribus et les nations qui ne maintiendraient pas cette subordination, seraient évincées par les tribus et les nations qui la maintiendraient: la survie des mieux adaptées leur imprime le caractère permanent de cette subordination. La croyance propre à ce type, et incontestée par lui, que la guerre est la seule affaire de la vie, s'associe à la conviction que tout individu doit être le vassal de la communauté, ce que les Grecs [1] exprimaient en disant que le citoyen n'appartient ni à lui-même, ni à sa famille, mais qu'il appartient à la cité. Il est naturel que l'individu y subisse l'absorption de ses droits par les droits de l'agrégat, et la coercition de ce dernier qui le façonne conformément au but poursuivi; il y est assujetti à la discipline, aux leçons et à la direction qui sont jugées nécessaires pour faire de lui un bon soldat et un bon serviteur de l'Etat.

Il n'y a pas moyen de citer d'exemples satisfaisants de la troisième catégorie de sociétés, car elles n'existent pas encore sous leur forme pleinement développée. Les conditions défavorables de leur habitat empêchent les rares tribus parfaitement pacifiques qu'on rencontre dans quelques-unes des îles Papoua ou dans les régions fiévreuses de l'Inde, dont la malaria chasse les races belliqueuses avoisinantes, de se développer en grandes sociétés vouées au travail. Vivant de la culture, se rassemblant en villages de dix à quarante habitations, et se transportant vers des territoires

---

[1] Grote (G.). *A History of Greece*, 1e édit. II, 408.

neufs aussitôt qu'ils ont épuisé les anciens. les Bodos, les
Dhimals, les Kocchs et les autres peuplades aborigènes [1] ne
pratiquent que la division du travail entre les sexes, et ne connaissent d'autre coopération que celle qui consiste à s'en-
tr'aider pour la construction de leurs demeures et le défrichement de leurs terres. En général, ce n'est qu'à la suite
des conquêtes qui ont consolidé de petites communautés en
communautés plus considérables, que naissent les circonstances propices au développement de la dépendance mutuelle
d'hommes se livrant à des industries différentes. Pendant un
temps fort long, la nature essentielle de l'organisation industrielle, restée servante de l'organisation militaire, ne parvient pas à se déployer. Mais aujourd'hui les nations modernes les plus avancées sont organisées suivant un principe
fondamentalement différent de celui de la plupart des grandes
nations du passé. Faisant abstraction des tendances rétrogrades qui prévalent en Europe, si nous comparons les
sociétés de l'antiquité et du moyen âge aux sociétés contemporaines et particulièrement à l'Angleterre et à l'Amérique,
nous découvrons entre elles des différences fondamentales.
Dans les premières, tous les hommes libres étaient soldats
et le travail était réservé aux esclaves et aux serfs ; dans les
secondes, peu d'hommes libres sont soldats et la grande
masse s'adonne au travail de la production et de la distribution de la richesse. Dans les unes. les soldats, nombreux,
devenaient soldats par contrainte ; dans les autres, les soldats, comparativement rares, le deviennent en vertu d'un
contrat. Il est donc évident que le contraste essentiel consiste en ce que. dans le premier cas, l'agrégat exerçait une
puissante coercition sur les unités qui le composaient, tan-

---

[1] Hodgson (B.-H.). *Kocch, Bodo and Dhimal Tribes*, Calcutta, p. 157, et
Journal of the Asiatic Society, Bengal, XVIII, 741.

dis que, dans le second, la coercition qu'il exerce est faible
et tend à diminuer avec le déclin de l'esprit militaire.

Quelle signification faut-il attribuer à ce contraste circonscrit à ses termes inférieurs? Dans les deux cas, le bien des
unités constitue la fin que doit poursuivre la société dans
sa capacité corporative, c'est-à-dire l'État, puisque la société
n'est pas, comme agrégat, douée de sensibilité et que sa
durée ne constitue un *desideratum* qu'en tant qu'elle dessert
les facultés de sentir des individus. Comment les dessert-
elle? En premier lieu, en prévenant les empiétements sur
l'accomplissement des vies individuelles. Aux stages primitifs, la société incorporée a pour objet principal, si ce n'est
unique, de prévenir la mort et le préjudice infligés à ses
membres par les ennemis extérieurs, et l'éthique sanctionne
la contrainte que la nécessité impose à ses membres.
Aux stages supérieurs, elle a principalement, sinon uniquement, à protéger ses membres contre la mort et le préjudice résultant d'atteintes émanées de l'intérieur, et la sanction morale de la contrainte ne s'étend pas au delà de ce
qui est nécessaire pour les prévenir.

§ 103. — Ce n'est pas le moment d'examiner si d'autres
fonctions peuvent venir s'ajouter à cette fonction. Notre
sujet présent ne comprend que la nature de l'État et il nous
importe seulement d'observer la différence radicale qui
sépare les deux types sociaux. Le principe sur lequel il faut
insister, est celui-ci : un corps politique appelé à agir sur
d'autres corps semblables, et devant, à cet effet, disposer des
forces combinées des unités qui le composent, est foncè-
rement différent d'un corps politique qui n'est appelé à agir
que sur les unités dont il se compose. Tout raisonnement
qui prend pour point de départ l'hypothèse que l'État a tou-

jours et partout la même nature, doit donc forcément aboutir à des conclusions radicalement erronées.

Un autre point reste à signaler. Pendant de longues périodes passées, présentes et pendant un avenir indéfini, il s'est produit, il se produit et il se produira des changements, tantôt progressifs, tantôt rétrogrades, rapprochant les sociétés, tantôt de l'un des types, tantôt de l'autre : ces types doivent donc s'entrelacer et n'ont pas de limites précises. Il faut donc nous attendre à voir se répandre des opinions vagues et indéfinies concernant la nature de l'Etat.

CHAPITRE XXIV

La Constitution de l'État.

§ 104. — La différence dans les fins implique d'ordinaire une différence dans les moyens, et il n'est pas probable que la structure la mieux appropriée à tel but le soit également à tel autre.

Afin de préserver la vie de ses unités et le maintien de la liberté d'en poursuivre les objets que possèdent généralement les peuples non asservis, une société doit user de son action corporative sur les sociétés environnantes. Son organisation doit donc être telle qu'elle puisse en temps et lieu disposer de la force efficacement combinée de ses unités. Si cette force n'agit pas de concert, ses unités seront asservies ; l'exercice de leur action concertée rend indispensable qu'elles soient soumises à une direction. La contrainte devra assurer cette soumission, et pour qu'il y ait de la suite dans les ordres de l'autorité qui contraint, les ordres devront émaner d'une autorité unique. L'étude de la genèse du type militaire (voir les *Principes de Sociologie*, §§ 547-561) conduit irrésistiblement à la conclusion que la centralisation est nécessaire au succès de l'action extérieure d'une société en lutte contre d'autres sociétés, et que cette centralisation s'accentue en raison du caractère habituel de l'action extérieure. Non seulement le corps des combattants, mais encore la communauté qui l'entretient, doivent se soumettre au pouvoir despotique qui gouverne. Agissant par l'intermédiaire du pouvoir gouvernant, produit de son évolution, la volonté de l'agrégat refoule et anéantit les volontés des membres individuels, et ne fait que tolérer les droits qu'elle leur laisse.

Tant que prédomine le régime militaire, la constitution de l'Etat soumet le citoyen ordinaire soit à un autocrate, soit à une oligarchie, dont un autocrate tend toujours à surgir. Nous avons constaté dès le début de ce livre que cet état de sujétion, de même que la perte de la liberté et la perte contingente de la vie, qui l'accompagnent, jouit d'une sanction quasi éthique lorsqu'elle est imposée par la guerre défensive : en effet la suspension partielle des droits se justifie quand il s'agit d'en empêcher l'oblitération et la perte totales, qui résulteraient de la mort des unités et de leur asservissement. Toutefois, ce sont les guerres offensives, plutôt que les guerres défensives, qui développent le type de société militaire, et dans ce cas, la constitution de l'Etat qui en est résultée ne peut se prévaloir d'aucune sanction éthique. Quelque désirable qu'il soit que les races supérieures l'emportent et supplantent les races inférieures, et quoique aux stages primitifs les guerres agressives aient desservi les intérêts de l'humanité, cependant, ainsi que nous l'avons vu, cette manière de les desservir doit être assimilée au développement général de la vie qui résulte de la lutte pour l'existence parmi les êtres inférieurs : ce genre d'action échappe à la juridiction de la morale.

Nous avons donc à noter ceci : quand les conditions d'une société sont telles qu'elle est physiquement mise en danger par d'autres sociétés, il lui faut une constitution coercitive, qui, tout éloignée qu'elle soit de la justice absolue, sera cependant relativement juste ou sera du moins la moins injuste que comportent les circonstances.

§ 105. — Ne nous arrêtons pas aux formes sociales intermédiaires et passons du type militaire au type industriel pleinement développé, qui nécessitera une constitution de l'État toute différente. Dans les deux cas, le but est le même : assurer les conditions qui permettent l'accomplissement de la vie et de ses activités. Mais leur maintien contre les ennemis extérieurs et leur maintien contre les ennemis intérieurs constituent des fonctions absolument dissemblables et imposent, ainsi qu'on va le voir, des procédés également différents.

Dans le premier cas, le danger est direct pour la communauté considérée comme formant un tout, et indirect pour les individus ; dans l'autre, il est direct pour les individus et indirect pour la communauté. Dans le premier cas, le danger est considérable, concentré, et sa première incidence sera locale ; dans le second, les dangers sont multiples, diffus et peu graves isolément. Dans l'un, tous les membres de la communauté sont à la fois menacés de dommage ; dans l'autre, c'est tantôt tel membre et tantôt tel autre qui se trouve menacé ; le citoyen lésé aujourd'hui sera demain l'agresseur. Et tandis que dans le premier cas, le dommage considérable, une fois qu'il est écarté, n'est plus à redouter pendant quelque temps, dans le second, les préjudices qu'il faut prévenir, quoique peu graves, se renouvellent incessamment. Appelés à des fonctions si diverses, les rouages politiques à employer devront évidemment être différents.

Inutile pour prévenir des assassinats, des vols et des escroqueries, une armée serait impuissante contre ces méfaits disséminés à l'infini. La force administrative requise pour les réprimer doit être diffuse comme le sont les crimes et les délits à prévenir ou à châtier ; son action devra être continue

et non pas intermittente. L'absence des forces nombreuses
et combinées que réclament les entreprises militaires,
permet de se passer d'un gouvernement coercitif, qui seul
est capable de mettre en mouvement ces forces combinées.
Il faudra au contraire un gouvernement adapté à maintenir
les droits réciproques des citoyens et à respecter leurs
droits dans ses rapports avec eux.

Quelle sera dans ce cas la constitution appropriée à
l'État ? Comme chaque citoyen est présumé n'être pas lui-
même un agresseur, qu'il est intéressé à la préservation
de la vie et de la propriété, à l'exécution des contrats et
au maintien de tous les droits secondaires, il semble à
première vue que la constitution de l'État devra donner
à chaque citoyen une part de pouvoir égale à celle de
chacun des autres citoyens. Il paraît incontestable que si la
loi d'égale liberté exige que tous les hommes soient mis
en possession de droits égaux, il leur revient des parts
égales dans le choix de l'instrument chargé d'assurer ces
droits.

Néanmoins l'avant-dernier chapitre a démontré que cette
revendication n'est pas un corollaire légitime de la loi d'égale
liberté, et des exemples variés ont établi qu'elle ne constitue
pas le moyen d'atteindre la fin désirée. Nous allons découvrir
les causes probables de cette contradiction apparente.

§ 106. — De toutes les propositions qui concernent la
conduite humaine, il n'en est pas de plus sûre que celle qui
constate qu'en moyenne les hommes se laissent guider par
leurs intérêts et surtout par leurs intérêts apparents. Notre
gouvernement lui-même tient compte de cette tendance
générale et tous les Actes du Parlement stipulent des
clauses qui ont pour objet d'écarter les effets nuisibles de

cette tendance. Le moindre acte, un bail, un contrat, atteste combien elle est universelle, agissante et reconnue.

Cette tendance détermine inévitablement le mode d'action de toutes les formes de gouvernement : tous les hommes, qu'ils fassent partie des rouages politiques ou qu'ils les désignent directement ou indirectement, se laissent guider par leurs intérêts apparents. Les lois de tous les pays en fournissent d'innombrables preuves. L'histoire ayant irréfutablement démontré que ceux qui détiennent le pouvoir s'en servent à leur avantage, les peuples en ont tiré la conclusion que le seul moyen d'assurer l'avantage de tous, c'est d'attribuer à tous le pouvoir; toutefois c'est là une erreur qui commence à être percée à jour.

Il y a vingt ans, lorsqu'on s'agitait pour l'extension des droits politiques, les orateurs et les journalistes dénonçaient journellement la « législation de classe » de l'aristocratie. Mais nul ne se doutait que le déplacement du pouvoir prédominant au profit d'une classe nouvelle produirait une nouvelle législation de classe venant remplacer l'ancienne. Chaque jour nous prouve qu'il en a été ainsi. S'il est avéré que les propriétaires fonciers et les capitalistes de la génération précédente usaient des pouvoirs publics qui leur étaient confiés, de façon à s'exonérer et à charger indûment le reste de la nation, il est non moins avéré qu'aujourd'hui les artisans et les ouvriers, agissant par leurs représentants soumis à leurs injonctions, sont en voie de refondre rapidement notre système social suivant un modèle qui assurera le triomphe de leurs intérêts au détriment de ceux des autres citoyens. D'année en année le Parlement crée des rouages publics de plus en plus nombreux, destinés à conférer des avantages, gratuits en apparence, mais qui pèsent sur le contribuable général et local : jouissant de ces avantages et

déchargée du coût de leur entretien, la masse populaire
pousse à leur multiplication.

Il n'est donc pas exact de dire que la possession du pouvoir politique par tous assure la justice à tous. Au contraire,
l'expérience démontre — ce qu'on aurait pu prévoir — que
la répartition universelle du suffrage confère à la classe la
plus nombreuse des avantages assurés, et ce aux dépens
de la moins nombreuse. Bientôt on enlèvera aux supériorités sociales les gains plus élevés que leur rapporte leur
activité plus productive, pour en détourner indirectement
une partie destinée à parfaire les gains inférieurs des moins
diligents et des moins capables; de là, une violation inévitable et proportionnelle de la loi d'égale liberté. Aussi est-il
évident que la constitution de l'Etat qui sera appropriée au
type social industriel appelé à réaliser pleinement l'équité,
établira la représentation des intérêts au lieu de celle des
individus. En effet, l'équilibre des fonctions est nécessaire
à la santé de l'organisme social et au bien-être de ses membres, et il est impossible de le maintenir en donnant à chaque
fonction un pouvoir proportionné au nombre des fonctionnaires qu'elle entretient. L'importance relative des fonctions
différentes ne se mesurant pas au nombre des unités qu'elles
emploient, le bien général n'est pas assuré par l'attribution
aux diverses parties du corps politique, de pouvoirs proportionnés à l'espace qu'elles occupent.

§ 107. — Naîtra-t-il un jour une forme de société dans
laquelle on pourra conférer des pouvoirs politiques égaux à
tous les individus, sans donner ainsi aux diverses classes
des pouvoirs dont elles fassent un mauvais usage ? Il est
impossible de répondre à cette question. Peut-être, grâce
au développement des organisations coopératives qui jusqu'à

présent n'effacent la distinction entre employeurs et
employés qu'en théorie et nullement en pratique, le type
industriel parviendra-t-il à produire des arrangements
sociaux où les antagonismes d'intérêts des classes cesseront
d'exister ou seront atténués et n'engendreront plus de
complications sérieuses. Peut-être viendra-t-il un temps
où le respect réciproque de leurs intérêts refrénera chez
les hommes la poursuite immodérée de leurs intérêts personnels au point que la répartition égale du pouvoir politique
ne déterminera pas à un degré appréciable une législation
de classe. Mais ce qui est indubitable, c'est qu'au sein de
l'humanité telle qu'elle existe et telle qu'elle existera encore
longtemps, l'égalité des droits politiques n'assure pas le
maintien de l'égalité des droits proprement dits.

De plus, toute constitution de l'État que sanctionne
la seule morale relative, doit, par une autre raison, s'écarter
considérablement de celle que sanctionnerait la morale
absolue. Les formes de gouvernement appropriées aux
sociétés civilisées actuelles sont forcément des formes
transitoires. Ainsi que l'implique toute notre argumentation, la constitution d'un État voué au régime militaire est
fondamentalement diverse de celle d'un État voué à l'industrialisme : pendant les étapes de l'évolution échelonnés
entre ces régions, il faut successivement passer par des
formes de constitution mixtes et variables, s'adaptant
au gré des événements, tantôt à l'une des séries de nécessités, et tantôt à l'autre. Je l'ai démontré ailleurs (*Principes
de Sociologie*, §§ 547-573) : si nous excluons les types
humains non progressifs, ayant atteint une organisation
sociale qui ne changera plus, et si nous nous arrêtons aux
types doués d'une plasticité supérieure et encore en voie
d'évolution individuelle et sociale, nous constatons que l'ac-

croissement de l'un ou l'autre genre d'activité sociale ne
tarde pas à déterminer un changement correspondant de
structure.

Ces constitutions d'État mixtes, appropriées à ces nécessités mixtes, sont pourvues d'une sanction quasi-morale. La
fin suprême étant le maintien des conditions qui permettent
l'accomplissement de la vie individuelle et de ses activités,
celui-ci étant mis en danger, tantôt par des masses d'ennemis extérieurs et tantôt par des ennemis intérieurs isolés,
il s'ensuit qu'il existe une justification quasi-éthique pour
les constitutions politiques qui sont les plus aptes à détourner à des moments donnés ces deux catégories de dangers.
Il faut donc accepter le degré d'inaptitude à l'une des fins
qu'entraîne l'adaptation à l'autre.

§ 108. — Le titre de ce chapitre embrasse une autre question que nous ne pouvons passer sous silence : celle des
droits politiques des femmes. Nous avons déjà reconnu que
dans les sociétés militaires ou partiellement militaires, la
possession par les femmes du droit de suffrage n'est pas
strictement conforme à l'équité : à moins qu'elles ne suppor-
tent des charges égales, il n'est pas juste qu'elles détiennent des pouvoirs égaux. Partant de l'hypothèse qu'un jour
la suppression du régime militaire fera disparaître cet obstacle, nous devons nous demander s'il sera alors avantageux de leur donner le droit de suffrage. Je me sers du
mot « avantageux », car nous avons constaté que la question
n'est pas une question de justice pure et simple. Il s'agit
de découvrir l'influence que l'attribution du suffrage aux
femmes aura sur la défense des droits proprement dits.
Certaines raisons nous font pencher vers la conclusion que
la stabilité de ces droits en serait affaiblie.

La facilité comparative avec laquelle les femmes cèdent à leur impulsivité, ferait de l'accroissement de leur influence un facteur nuisible au travail législatif. Tels qu'ils sont constitués à l'heure présente, les êtres humains ne subissent déjà que trop l'empire de leurs émotions spéciales, quand elles sont temporairement excitées et non tenues en bride par la somme de leurs autres émotions. Or, le sentiment du moment a encore plus de prise sur les femmes que sur les hommes. Ce trait de leur caractère est en contradiction avec l'impassibilité judiciaire qui devrait présider à l'élaboration des lois. La condition préalable et évidente pour bien légiférer, c'est de se garder des passions qu'excitent des causes temporaires ou des objets particuliers. A l'heure actuelle, cette condition préalable n'est qu'imparfaitement assurée; elle le serait encore bien moins si la possession du droit du suffrage était étendue aux femmes.

Une différence intellectuelle analogue s'associe à cette différence morale. Très peu d'hommes et encore moins de femmes se forment des opinions où le général et l'abstrait occupent la place qui leur revient. Le particulier et le concret agissent seuls sur leur pensée. Neuf législateurs sur dix et quatre-vingt-dix-neuf électeurs sur cent ne songent qu'aux résultats immédiats de la mesure qu'ils discutent et ne songent pas le moins du monde à ses résultats indirects, au précédent qu'elle créera ou à l'influence qu'elle aura sur le caractère humain. Si les femmes votaient, cette préoccupation de ce qui est rapproché et personnel aux dépens de ce qui est éloigné et impersonnel, s'accentuerait encore davantage, et les maux immenses que produisent déjà les conditions présentes, seraient encore augmentés.

Nous avons démontré qu'il existe une opposition radicale entre l'éthique de la famille et l'éthique de l'État, et qu'il est nuisible d'introduire l'une dans la sphère de l'autre ; le mal peut même devenir mortel, si cette introduction s'étend et se perpétue. Or, c'est le caractère qui détermine en définitive la conduite ; sa compagne, l'intelligence, ne lui sert que d'instrument pour procurer des satisfactions aux sentiments, dont l'ensemble constitue le caractère. Actuellement, leurs sentiments poussent déjà les hommes et les femmes à vicier la morale de l'Etat, en y introduisant celle de la famille. Mais, en vertu de leurs fonctions maternelles, les femmes sont particulièrement portées à accorder des avantages en raison de l'absence de mérites plutôt qu'en raison des mérites, et à donner le plus à la moindre capacité. L'amour des êtres sans défense — c'est, ainsi qu'on peut en somme dépeindre l'instinct de la parenté, plus puissant chez la femme que chez l'homme et déterminant davantage sa conduite au dehors comme au dedans de la famille — l'enrôlerait encore plus que les hommes au service d'une action publique soucieuse à l'excès des êtres inférieurs et les opposant aux êtres supérieurs. La tendance actuelle des deux sexes est d'envisager les citoyens comme ayant des titres en raison de leur dénûment, alors que leur dénûment est habituellement la conséquence de leur démérite ; si cette tendance plus marquée chez la femme que chez l'homme s'exerce dans le domaine de la politique, elle déterminera une sollicitude plus marquée en faveur des incapables et au détriment des plus capables. Au lieu du respect des droits, qui, nous l'avons vu, constitue la mise en pratique systématique du principe qui exige que chacun recueille les résultats, bons et mauvais, de sa conduite personnelle, nous verrons les droits subir des atteintes plus générales et plus répétées. Les biens gagnés par les supérieurs leur seront encore plus volontiers retirés dans le but d'assister les in-

férieurs, et les maux que ces derniers se sont attirés, seront
encore plus fréquemment mis à la charge des supérieurs.

Un autre trait distinctif des femmes découle, non plus de
la relation maternelle, mais de la relation conjugale. Tandis
que leurs sentiments se sont façonnés à l'aptitude spéciale
requise pour les soins à donner aux enfants, ces sentiments
se sont aussi adaptés au choix convenable d'un époux,
dans la mesure où les circonstances leur ont permis de
choisir. Le trait du caractère masculin qui attire le plus les
femmes, c'est la vigueur physique ou mentale ou l'union de
l'une et l'autre de ces qualités; cette préférence a d'ailleurs favorisé la multiplication des plus vigoureux, car,
toutes choses égales d'ailleurs, les variétés où cette préférence instinctive était la moins marquée ont été évincées
par d'autres variétés. De là chez la femme le culte de la
force sous toutes ses formes; de là également, son conser-
vatisme relatif. Les femmes subissant plus que les hommes
l'ascendant de l'autorité, sous quelque forme qu'elle se
manifeste — politique, sociale ou ecclésiastique, — cette
tendance agit à tous les degrés du développement social.
Même dans les circonstances où leurs sentiments instinctifs
sembleraient devoir produire un effet opposé, les femmes
restent plus fidèles que les hommes aux coutumes qu'ont
sanctifiées les injonctions des ancêtres : c'est ainsi que,
chez les Juangs, les femmes continuent à porter un costume
plus élémentaire que celui des hommes, qui ont commencé
à se ceindre les reins. La femme a toujours été plus que
l'homme imbue du fanatisme religieux, qui n'est que l'expression de l'extrême subordination à une puissance qu'on tient
pour surnaturelle. Les Grecs ont noté cette différence entre
les sexes: on l'a observée au Japon, les Hindous nous en fournissent des exemples, et elle se manifeste dans toute l'Eu-

rope; si l'on confère le suffrage aux femmes, ce sentiment, qu'éveillent en elles le pouvoir et son apparat sous toutes ses formes, prendra la défense de toutes les autorités politiques et ecclésiastiques. Peut-être, dans les conditions présentes, une influence conservatrice de cette nature serait-elle bienfaisante, si ce n'était le trait de caractère que j'ai décrit en premier. Mais venant se joindre à la prédilection de la femme pour la générosité au détriment de la justice, ce culte de la force contribuerait, si on lui accorde une plus grande liberté d'expression, à accroître la puissance qu'ont les pouvoirs publics de ne tenir nul compte des droits individuels, toutes les fois qu'ils poursuivent des fins réputées bienfaisantes.

La question sera tout autre après la disparition des complications politiques actuelles, qui sont issues de notre état transitoire. Il est fort possible qu'alors la possession du droit de vote par les femmes ait des effets bienfaisants.

Les partisans de leur affranchissement électoral immédiat invoquent la raison que, sans lui, elles seront impuissantes à obtenir la reconnaissance légale de leurs droits équitables. L'expérience ne ratifie pas ce plaidoyer. Depuis trente ans, on a abrogé bien des incapacités féminines sans grande résistance de la part des hommes. Dans les temps modernes le sentiment de la justice a réglé à un plus haut degré la conduite des hommes envers les femmes que vis-à-vis des autres hommes. Les classes d'hommes opprimées ont eu à lutter bien plus longtemps pour arracher les concessions qu'elles réclamaient aux classes dominantes, que les femmes, en tant que classe, n'ont eu à lutter contre la classe des hommes, pour obtenir les diverses libertés qu'elles ont réclamées. Elles les ont conquises, bien que privées de pouvoir politique; elles obtiendront sans

doute de même le redressement des injustices dont elles
peuvent encore avoir à se plaindre — principalement au
point de vue de la garde de leurs enfants, — sans nous
exposer au gigantesque bouleversement politique que poursuivent quelques-unes d'entre elles.

Pour la forme la plus simple de leurs espérances, cette
probabilité devient en fait une certitude. Proclamer ouvertement que les femmes ont besoin du droit de suffrage pour
obtenir leurs justes droits, équivaut à soutenir que les
hommes accorderont le suffrage, sachant que cette concesion
entraînera la concession des justes droits des femmes,
mais qu'ils se refusent néanmoins à accorder ces derniers en
particulier. A, le suffrage, impliquant l'acquisition de B,
les droits, la proposition est donc celle-ci : les hommes
sont prêts à accorder A plus B, mais ils ne consentent pas à
accorder B tout seul.

§ 109. — Traitant de la constitution de l'État, il nous faut
bien parler de la répartition de ses charges. Il y a autant de
raisons d'insister sur la répartition équitable du coût du gouvernement que sur la participation équitable à sa direction.

Au point de vue abstrait, la question ne semble pas offrir
de difficultés sérieuses. Les cotisations individuelles devraient être proportionnées aux avantages individuellement
recueillis. Les charges devaient être analogues en raison
de l'analogie des avantages, et diverses en raison de leur
diversité. Il en résulte une distinction à établir entre les
dépenses publiques ayant pour objet la protection des personnes, et celles qui ont pour objet la protection des biens.
Parlant en général, les hommes attachent une égale valeur
à leur vie et à leur sécurité personnelle ; les dépenses
publiques encourues pour protéger celles-ci doivent donc

peser également sur tous. D'autre part, comme la valeur
des biens d'un ouvrier salarié placé à l'une des extrémités
de l'échelle sociale diffère immensément de la valeur des
biens du millionnaire, la participation aux frais de la
défense de la propriété doit être proportionnée à la valeur
des biens possédés et plus ou moins varier suivant leur
nature. Ces considérations nous fournissent les éléments
approximatifs d'une juste répartition au point de vue de la
protection à l'intérieur. Il est plus malaisé de formuler une
juste répartition au point de vue de la protection extérieure.
L'invasion met à la fois en danger la personne et les biens :
le citoyen est exposé à être dépouillé de ces derniers, à souffrir un préjudice physique et à se voir plus ou moins privé
de sa liberté. La justice de la distribution dépend donc de
l'importance relative que chacun attache à chacun de ces
préjudices, et il ne paraît pas possible d'en exprimer la
valeur générale ou spéciale. Contentons-nous de dire que
tant que persistera le régime militaire ou partiellement
militaire, une approximation grossière d'une juste incidence
des charges publiques sera seule réalisable.

Il est toutefois une conclusion qui s'impose. De quelque
manière que les charges de l'État soient réparties entre les
citoyens, tous doivent les supporter. Tout homme qui par-
ticipe aux bénéfices du gouvernement, doit acquitter directement, et non pas indirectement, sa part des dépenses de
l'État.

Cette dernière condition est d'une importance capitale.
Les hommes politiques préfèrent les modes de recouvre-
ment de l'impôt qui sont combinés de telle sorte que
tout ou partie des prélèvements opérés sur le revenu des
citoyens passe inaperçu. Ils défendent fréquemment les
droits de douane et d'accise en faisant valoir que ceux-ci

permettent d'extraire de la nation un revenu supérieur à
celui qu'on obtiendrait si chaque citoyen versait sa quote-
part entre les mains du percepteur. S'emparant furtivement
de sommes qu'on n'obtiendrait pas ouvertement, ce système
a des résultats condamnables. La résistance à l'impôt est ainsi
éludée ; c'est pourtant une résistance salutaire, qui, non
entravée, mettrait un frein aux exagérations des dépenses
publiques. Si chaque citoyen était tenu de payer sa quote-
part des impôts sous une forme visible et tangible, le montant de cette part serait si élevé que tous s'uniraient pour
imposer l'économie dans l'accomplissement des fonctions
nécessaires et résisteraient à l'établissement des fonctions
inutiles. Aujourd'hui, au contraire, qu'on offre à chaque
citoyen des avantages qu'il croit ne lui rien coûter, il est
tenté d'applaudir au gaspillage et se laisse aller, avec une
improbité plus ou moins consciente, à la tendance de recueillir des avantages aux dépens d'autrui.

Lors de l'agitation en faveur de l'extension de la franchise
électorale, on répétait continuellement la maxime : « La
taxation sans la représentation, c'est le vol ». Depuis ce
jour, l'expérience nous a appris que la représentation, sans
la taxation, est mère de la spoliation.

CHAPITRE XXV

Les Devoirs de l'État.

§ 110. — Qu'ils acceptent ou rejettent les principes éthiques exposés dans nos premiers chapitres, la plupart de mes lecteurs se rallieront aux applications pratiques qui ont été exposées dans les chapitres suivants. Quelques-uns sans doute sont tellement ennemis de la méthode déductive qu'ils en rejetteraient, s'ils le pouvaient, les résultats, l'induction les eût-elle vérifiés. Mais pour tous les résultats auxquels nous sommes arrivés par nos déductions, nous avons établi que l'ensemble des hommes civilisés les a un à un et empiriquement adoptés et que l'expérience accumulée les a fait inscrire dans les lois et revêtir d'un caractère d'autorité de plus en plus accusé. Aujourd'hui, on songe à peine à les contredire.

Nous allons aborder des questions au sujet desquelles règnent des opinions contradictoires. Afin d'éviter les préventions qui s'attacheraient à nos conclusions en raison d'une méthode qui ne serait pas en faveur, nous allons procéder suivant une méthode que nul ne condamnera, et dont tous, quelque insuffisante qu'elle soit par elle-même, doivent admettre jusqu'à un certain point l'autorité. Ceci dit, abordons notre enquête inductive concernant les devoirs de l'État.

Hobbes, le philosophe tant vanté, se serait gardé de publier sa théorie de l'État si, au lieu de la déduire d'une fiction pure, il s'était préparé à sa tâche en rassemblant les

données que nous fournissent les groupes d'hommes primitifs ou d'hommes arrivés aux premiers stages de la vie
sociale. S'il avait vu ce que les sauvages sont dans la réalité,
il ne leur aurait pas attribué, sur l'ordre social et ses bienfaits, les idées qui sont le produit d'une vie sociale développée,
et n'aurait pas ignoré qu'à l'origine, la subordination à un
pouvoir dirigeant n'est pas dictée par le mobile qu'il croit
découvrir. Au lieu de procéder comme lui *a priori*, procédons *a posteriori* et interrogeons les témoignages dont
nous disposons.

§ 111. — Le premier point acquis, c'est qu'en l'absence
de guerre passée ou présente, les hommes se passent de
gouvernement. Nous avons déjà démontré que chez les
Esquimaux, où les guerres de tribu à tribu sont inconnues,
il ne surgit entre les membres d'une même tribu aucun de
ces conflits qui, suivant Hobbes, doivent nécessairement
éclater entre des hommes privés de gouvernement. S'il
arrive qu'un Esquimau[1] ait à se plaindre d'un autre Esquimau, il en appelle à l'opinion par une chanson satirique.
Les Fuégiens[2], qui vivent en tribus de vingt à quatre-
vingts âmes, n'ont aucun chef : « Ils paraissent, dit Weddell,
n'en avoir nul besoin pour garantir la paix intérieure de
leur société ». Dans leurs forêts, les Veddahs[3] tracent des
lignes de démarcation, « qui sont toujours honorablement
respectées » et le chef, c'est-à-dire l'homme le plus considéré de chaque cantonnement, « n'exerce, dit Tennant,
d'autre autorité que celle de veiller à certaines saisons au
partage du miel recueilli par les membres de la peuplade ».

[1] D. Crantz, *History of Greenland*, Londres, 1820, I, 164-5.
[2] Weddell, *Voyage towards the South Pole*, 1825, p. 168.
[3] Tennant, *Ceylon : An Account of the Island*, 1859, II, 440.

Le second point, c'est que s'il éclate des guerres entre
les tribus d'ordinaire pacifiques, il se trouve aussitôt des
chefs guerriers pour acquérir une influence prépondérante.
A chaque guerre surgit quelque homme qui se distingue du
reste par plus de force, de courage, d'habileté ou de sagacité : la tribu l'écoute et le reconnaît comme chef. Les
premières fois, comme chez les Tasmaniens [1], l'homme qui
a acquis la prédominance pendant la guerre, la perd au
rétablissement de la paix : celle-ci marque le retour à un
état d'égalité et d'absence de gouvernement. Néanmoins,
comme les guerres entre tribus ont une tendance à devenir
chroniques, il arrive généralement que celui qui a agi en
qualité de chef, tantôt dans une guerre et tantôt dans une
autre, finit par acquérir une autorité permanente. La déférence qu'on lui témoigne, s'étend des périodes de guerre
aux intervalles qui les séparent : la souveraineté prend
naissance. Ces rapports de structure sociale se dessinent
nettement dans la tribu des Shoshones ou Serpents, de
l'Amérique du Nord, tribu qui se divise en trois sections.
Les Serpents des Montagnes [2] n'ont aucun gouvernement :
ils vivent à l'état de bandes errantes et dispersées, et ne
s'unissent jamais pour résister aux attaques de leurs frères
hostiles. Parmi les War-are-aree-Kas ou Mangeurs de Poisson [3], il n'existe de trace d'organisation sociale « que
pendant la saison du saumon » ; ils se rendent alors en
foule sur le bord des rivières et acceptent l'avis, plutôt qu'ils
ne s'engagent à lui obéir, à l'un d'eux qu'ils admettent comme
« chef temporaire ». La souveraineté est plus marquée

---

[1] Bonwick, *Daily Life and Origin of the Tasmanians*, Londres, 1870,
page 81.

[2] Ross, *Fur Hunters of the Far West*, Londres 1855, I, 250.

[3] Schoolcraft, *The Indian Tribes of the United States*, Londres, 1853-1856,
I, 207.

chez les Shirry-Dikas[1], mieux armés et se livrant à la chasse
aux bisons : cependant l'autorité, facilement transmissible,
ne s'attache qu'à « la vigueur personnelle du chef ». Parmi
les Comanches[2], relativement guerriers, les chefs ont un
pouvoir plus étendu, quoique leur office ne soit pas héréditaire, et qu'il résulte « d'une ruse supérieure, de talents ou
de succès à la guerre ». A partir de ces degrés primitifs,
nous sommes à même de suivre le développement croissant de la dignité définie du chef, à mesure que la guerre
entre tribus devient chronique.

Le troisième point, c'est que la suprématie du chef s'affer-
mit à la suite des guerres où sa hardiesse a subjugué les
tribus adjacentes, et formé et consolidé par ses conquêtes
successives une société plus étendue ; l'accroissement de son
pouvoir lui permet d'imposer sa volonté au delà de l'action
militaire. Lorsque cette évolution a constitué les nations et
que les chefs sont devenus des rois, le pouvoir gouvernemental, devenu absolu, embrasse toute la vie sociale. Mais,
remarquons-le, le roi reste avant tout le chef à la guerre.
Les annales des Égyptiens et des Assyriens s'accordent avec
les annales des nations européennes, pour établir que partout le roi a été originairement le chef des soldats.

Groupant différents faits secondaires pour en extraire
un quatrième témoignage, nous constatons que, dans les
nations modernes, le chef de l'Etat ne commande plus
toujours en personne ses armées sur le champ de bataille,
mais qu'il en délègue le commandement ; toutefois il reste
soldat de nom et reçoit une éducation militaire ou navale.
Les magistratures civiles suprêmes ne se rencontrent que

---

[1] Lewis and Clarke. *Travels to the Source of the Missouri*, Londres, 1814,
page 306.

[2] Schoolcraft. *Indian Tribes of the U. States*, II, 127.

dans les républiques, et encore ont-elles une tendance à reprendre le caractère militaire. Une guerre prolongée suffit pour rendre au gouvernement son type primitif de dictature guerrière.

L'induction met donc hors de doute que les actions offensives et défensives d'une société contre d'autres sociétés donnent naissance aux gouvernements et favorisent leur développement. La fonction primaire de l'État, ou de l'agent qui centralise ses pouvoirs, est donc de diriger les activités combinées des individus incorporés en vue de la guerre. Le premier devoir de l'agent qui gouverne, c'est la défense nationale. Les mesures prises en vue du maintien de la justice de tribu à tribu ont un caractère plus impératif et sont d'origine antérieure à celle des mesures qui visent le maintien de la justice entre les individus.

§ 112. — Nous constatons donc que la subordination des sujets au souverain n'a pas eu à l'origine le but que s'est imaginé Hobbes, et qu'il s'est passé un temps fort long avant qu'on ait même tenté de réaliser ce but. Plus d'une société à l'état élémentaire a duré, et plus d'une société complexe a existé pendant de longues périodes, sans que le souverain ait pris aucune mesure destinée à prévenir les agressions d'individu à individu.

La nécessité de l'action combinée contre les ennemis de la tribu est évidente et péremptoire ; elle invite à l'obéissance au chef, mais il n'existe aucune nécessité évidente de défendre un membre de la tribu contre un autre membre ; leur querelle ne semble pas mettre en danger la prospérité commune, ou du moins ce danger paraît trop minime pour appeler une intervention. Tant qu'il n'y a pas eu de souveraineté et tant qu'il n'y a eu de souveraineté qu'en temps de guerre, chaque membre de la tribu maintenait de son mieux ses droits personnels : s'il subissait un préjudice, il s'efforçait de léser à son tour l'agresseur. En vigueur chez les animaux grégaires aussi bien que dans les hordes humaines primitives, cette administration grossière de la justice a passé à l'état de coutume reconnue bien avant l'établissement de toute règle politique ; elle s'est longtemps prolongée à l'état de coutume transmise par les ancêtres et consacrée par la tradition. La loi du talion régit toutes les sociétés primitives, tantôt en dehors de l'action du souverain et tantôt sanctionnée par lui.

Dans l'Amérique du Nord, parmi les Serpents[1], les Creeks[2] et les Dacotahs[3], les individus lésés ou leurs familles vengeaient en personne leurs griefs privés ; les Comanches[4] pratiquaient d'ordinaire ce système de représailles, quoique leurs assemblées intervinssent quelquefois sans succès, et les Iroquois, qui possédaient un gouvernement comparativement avancé, autorisaient le redressement privé des griefs. Dans l'Amérique du Sud, les Taupes[5], les Patagons[6], les Araucaniens[7] vivent dans un état de sujétion politique plus ou moins marquée et coexistant avec une administration primitive de la justice, chaque homme agissant pour son compte ou sa famille agissant à sa place. L'Afrique et ses populations aux niveaux de civilisation variés, nous offre le spectacle de mélanges variés de ces systèmes. Malgré son pouvoir, un roi ou chef des Bechua-

[1] Lewis and Clarke, Travels to the Source of the Missouri, etc.
[2] Schoolcraft, Op. cit. V, 277.
[3] Burton, II, 183, 185.
[4] Burton, I, 231.
[5] Wallace, Travels on the Amazon and Rio Negro, 1853, p. 499.
[6] Falkner, Description of Patagonia, 123.
[7] Thompson, Alcedo's Geographical and Historical Dictionary of America, Londres 1812, I, 467.

nas [1], ne punit que les crimes commis contre sa personne
ou ses serviteurs. Chez les Africains de l'Est [2], l'individu
lésé se venge tantôt lui-même et tantôt adresse un appel
au chef. Parmi les nègres de la Côte d'Or [3], quelques tribus
connaissent les peines judiciaires, tandis que d'autres ré-
servent la vengeance à la famille de la victime ; la même
diversité s'offre en Abyssinie [4]. Passant en Asie, nous voyons
chez les Arabes [5] l'un ou l'autre mode de répression prévaloir
suivant que le groupe est nomade ou sédentaire : chez les
nomades, l'usage prescrit les représailles privées et la restitution forcée, alors que dans les villes arabes le droit de
punir est généralement confié au chef de la cité. Les Bheels [6]
établissent entre l'action punitive du chef et celle de l'individu une proportion qui varie suivant l'étendue du pouvoir
du chef ; les Khonds [7], peu respectueux de l'autorité, laissent
à l'action privée le soin d'imposer la justice. La coutume
des Kareens [8] laisse tout homme se faire justice en personne,
mais il est tenu de se conformer au principe de l'égalité
du dommage subi et du dommage infligé.

Un état de choses analogue existait parmi les tribus
aryennes, qui ont envahi l'Europe aux temps primitifs. La
vengeance privée et le châtiment public s'associaient dans

---

[1] Lichtenstein, *Travels in Southern Africa in the Years* 1803-1806, trad.
anglaise, Plumptre, 1812, II, 329.

[2] Burton, *The Lake Regions of Central Africa*, 1860, II, 365.

[3] *Journal of the Ethnological Society, London*, 1848, I, 215, et Winterbottom, *Account of the Native Africans of Sierra Leone*, 1803, I, 127.

[4] Parkyns, *Life in Abyssinia*, 1853, II, 236-38.

[5] Polgrave, *Journal through Central and Eastern Arabia*, Londres, 1865,
p. 53, et Burckhardt, *Notes on Bedouins and Wahabys*, Londres, 1831, I,
page 285.

[6] Malcolm (Sir J.), *Memoirs of Central Asia*, 1823, I, 576.

[7] Macpherson, *Report upon the Khonds of Ganjam and Cuttack*, Calcutta, 1842, p. 44.

[8] Mason, In *Journal of the Asiatic Society, Bengal*, XXXVII, 2e partie,
page 142.

des proportions variables, l'une diminuant et l'autre croissant à mesure qu'elles se rapprochèrent d'un état de civili-
tion plus avancé. « Toute la législation teutonique, écrit
Kemble [1], reposait sur le droit de guerre privée... chaque
homme libre avait pleine latitude de se venger, lui, sa famille et ses amis, et de venger tous les préjudices qu'ils
avaient soufferts ». Toutefois, au lieu de rester, comme au
début, son propre juge quant à l'étendue des représailles à
exercer, la coutume le soumit bientôt à des restrictions et
fixa tout un tarif de compositions graduées suivant le rang.
L'autorité politique grandissante commença par imposer les
amendes établies par la coutume ; en cas de non-paiement,
elle permettait le redressement des torts à titre privé : « Que
la famille soit indemnisée ou qu'elle porte la guerre chez
l'agresseur ». Durant le stage de transition que traversaient
quelques-unes des tribus germaniques à l'époque où elles
furent décrites pour la première fois, la compensation était
allouée en partie à la victime ou à la famille lésée, et en
partie au souverain. Sous la féodalité, le système de la
réparation privée fit lentement place au système de rectification publique, mais seulement lorsque le gouvernement
central se fut fortifié. En Angleterre, le droit de guerre
privée persista pour les nobles jusqu'au xiie et au xiiie siècle [2] ;
en France, il dura plus longtemps [3]. Il était tellement enraciné dans les mœurs, que parfois les seigneurs féodaux
considéraient comme une honte de soutenir leurs droits différemment que les armes à la main. Signalons encore la persistance prolongée des duels judiciaires et des duels privés,

[1] Kemble, *The Saxons in England*, 1849, I, 268 et 272, et Thorpe, *Ancient Laws and Institutions*, I, 457.

[2] Green, *A short History of the English People*, 197.

[3] Guérard, *Cartulaire de l'Abbaye de Saint-Père de Chartres*, Paris, 1840, CCVIII.

Il faut encore étudier ces faits sous deux autres aspects.
La fonction primaire du gouvernement est de combiner les
actions des individus incorporés en vue de la guerre; sa
fonction secondaire, consistant à défendre les membres de
la tribu les uns contre les autres, ne s'est établie que peu
à peu et n'a pris naissance qu'en se différenciant de la
fonction primaire. Même aux stages les plus reculés, le redressement privé des torts avait appartenu en partie à
l'individu lésé et en partie à sa famille et à sa parenté.
L'évolution progressive, qui produit à la fois le développement de l'organisation familiale et l'agrégation sociale des
groupes de familles ou clans, engendra la doctrine de la
responsabilité familiale. Ce qui revient à dire que les guerres
privées entre groupes de familles devinrent de même nature
que les guerres publiques entre sociétés, et que l'activité
qui impose la justice de tribu à tribu. De là cette idée, qui
nous semble étrange, qu'en cas de meurtre d'un membre
du groupe, il fallait frapper un membre du groupe auquel
appartenait le meurtrier, que ce fût celui-ci ou tout autre à
sa place. Pourvu que le groupe subit un dommage équivalent
à celui qu'il avait infligé, l'exigence essentielle se trouvait
satisfaite.

Un autre aspect de ces faits doit être noté. Cette administration grossière de la justice au moyen de guerres privées
s'est transformée en administration publique de la justice,
non pas à cause de la sollicitude que le souverain portait à
l'équité des relations sociales, mais bien plutôt à cause de
son souci de prévenir l'affaiblissement social qui devait résulter de dissensions intestines. Chef d'une tribu primitive
ou capitaine de bandits, le chef est forcé de couper court aux
querelles de ses hommes; il fait en petit ce que les rois
féodaux faisaient en grand, lorsque, en temps de guerre

étrangère, ils interdisaient les guerres privées entre les
nobles de leur royaume. Il est manifeste que le désir du
roi d'assurer la paix sociale, qui sert de base à sa puissance
militaire, le stimulait à se poser en arbitre des conflits qui
éclataient au-dessous de lui; il est encore manifeste que
l'appel que lui adressait l'offensé, appel auquel il répondait
par la raison que nous venons d'énoncer, tendit de plus en
plus à affermir son autorité de juge et de législateur.

Une fois établie, cette fonction secondaire de l'État ne
cessa plus de se développer et prit rang comme importance
immédiatement après la fonction de protection contre les
ennemis extérieurs. Notons que tandis que les autres genres
d'action gouvernementale vont aujourd'hui se restreignant,
celle-ci va toujours grandissant. Les activités militaires ont
beau diminuer graduellement, le pouvoir politique a beau
renoncer à diverses actions régulatrices qu'il exerçait précédemment, le progrès de la civilisation n'en élargit pas
moins la sphère de l'administration de la justice et la rend
plus efficace.

§ 113. — Voyons si la déduction ne nous conduira pas à
des conclusions correspondant à celles que nous a fournies
l'induction, et s'il ne découle pas de la nature des hommes,
tels que les conditionne la société, que ces deux devoirs
de l'État constituent ses devoirs essentiels.

Nous avons constaté que, pour prospérer, une espèce doit
se conformer à deux principes opposés et appropriés respectivement à ses rejetons et à ses membres adultes : l'attribution des avantages devant s'opérer pour les premiers en
raison inverse et pour les seconds en raison directe de leur
mérite. Arrêtons-nous au second de ces principes, le seul
avec lequel nous ayons affaire en ce moment. Il est clair que

dans une société, le maintien des conditions qui assurent à chacun la rémunération de ses efforts, est susceptible d'être entravé par des ennemis extérieurs et par des ennemis intérieurs. Il en résulte que pour assurer la prospérité d'une espèce ou d'une société, un exercice raisonnable de la force doit maintenir ces conditions ; l'action corporative de la société, indispensable à l'exercice de cette force, est réclamée impérativement dans le premier cas et quasi impérativement dans le second. La masse des citoyens, les criminels exceptés, a de bonnes raisons d'approuver cet usage de la force. A quels mobiles obéit-elle donc ?

Tous sentent que la perte contingente de la vie et la perte partielle de la liberté, auxquelles se soumettent les soldats, ainsi que les contributions prélevées sur les revenus des citoyens et consacrées à l'entretien des soldats, se justifient parce qu'elles sont l'instrument qui permet à chacun d'accomplir sa fin suprême, d'exercer ses activités et d'en recueillir le fruits ; ils n'en sacrifient une partie qu'afin de s'assurer le reste. C'est dans ce but qu'ils autorisent tacitement la coercition par l'État.

Le besoin d'une tutelle corporative contre les ennemis intérieurs est moins vivement ressenti. Cependant, de la poursuite de ses fins, résulte pour chacun le désir de la voir s'établir. Dans toute communauté, les membres relativement puissants sont clairsemés, tandis que les membres relativement faibles sont nombreux ; il s'ensuit que dans la plupart des cas la rectification purement privée des torts serait impraticable. Si, en plus de l'assistance souvent illusoire de la famille ou des amis, le citoyen peut obtenir l'assistance d'un membre puissant, celle-ci vaut son prix : il l'achète d'abord par un présent, qui devient par la suite un tribut. A la longue, tous jugent qu'il vaut mieux payer

le prix de la sécurité que d'endurer des agressions pé-
rilleuses.

Les nécessités fondamentales auxquelles sont soumis les
hommes à l'état de société, impliquent donc ces devoirs, primaire et secondaire, de l'État. Chaque homme en son particulier désire vivre, exercer ses activités et en récolter les
fruits. Tous sont intéressés à maintenir contre les ennemis
de l'extérieur les conditions qui leur permettent d'atteindre
ces fins : tous, sauf les criminels, sont intéressés à les maintenir contre les ennemis intérieurs. Ainsi naissent les devoirs
de l'État et l'autorité de l'État.

§ 114. — Puisque ces devoirs incombent à l'État, il a
l'obligation de prendre les mesures qui le mettent à même
de s'en acquitter avec succès.

Personne ne conteste qu'il est tenu de se pourvoir de
l'appareil défensif nécessaire pour vaincre un danger imminent. Même si une attaque étrangère n'est pas probable,
l'État est tenu d'entretenir des forces suffisantes pour
repousser une invasion : le manque de préparatifs appellerait
les attaques. Quoique dans notre partie du monde, et de nos
jours, nous n'ayons pas à nous garder de descentes entreprises sans excuse par des hordes de pillards, cependant la
moindre provocation suffit encore aux peuples dits civilisés
pour se lancer l'un sur l'autre d'innombrables armées;
même les nations les plus avancées ont à se méfier de leurs
voisins. Les circonstances déterminent la somme de puissance militaire qu'exige cette sauvegarde; chaque cas doit
être apprécié isolément.

Tandis que l'opinion reconnaît pleinement la nécessité de
maintenir l'organisation sans laquelle l'État ne pourrait s'acquitter du premier de ses devoirs, elle ne se rend pas, à

beaucoup près, un compte aussi exact de la nécessité qu'il y a d'entretenir l'organisation indispensable à l'accomplissement du second. Nous avons vu qu'au début la protection des citoyens contre les agressions d'autres citoyens n'incombait pas au gouvernement et que celui-ci ne s'en est chargé que graduellement; même chez les nations les plus civilisées, il ne s'acquitte qu'imparfaitement de cette tâche et l'on conteste même qu'il soit tenu de s'en acquitter dans toute son étendue. Je n'entends pas que l'opinion courante conteste l'obligation pour l'Etat de garder les citoyens contre les agresseurs qualifiés de criminels, et je ne prétends pas que lui-même ne s'acquitte pas de cette mission. Ce que je veux dire, c'est que ni l'Etat, ni les citoyens n'admettent qu'il ait l'obligation de les défendre contre les agresseurs en matière civile. Les agents de l'Etat prennent en main la plainte et la cause d'une personne qui a subi une violente poussée, et punissent le coupable, mais si des manœuvres dolosives dépouillent cette même personne de sa fortune, ils feront la sourde oreille. Elle doit, ou bien accepter sa ruine, ou bien courir le risque de l'aggraver en entamant un procès et en s'exposant à d'interminables appels. Non seulement certains hommes de loi, mais la majorité approuve cet état de choses: le rire accueille la proposition que le devoir de l'Etat est de rendre la justice gratuitement, aussi bien en matière civile qu'en matière criminelle. Cet accueil a toujours été réservé à tout arrangement qui réalisait un progrès vers l'équité, et l'opinion ne se convertit que du jour où le succès vient attester sa raison d'être. Si l'Etat, dit-on, se chargeait gratuitement de l'arbitrage entre les parties, les tribunaux seraient tellement encombrés que les retards anéantiraient le but désiré: en outre, le pays aurait à supporter des dépenses écrasantes. Cette objection procède de la supposition erronée que l'introduction d'un changement n'exercerait aucune influence sur la marche générale des affaires. On tient pour démontré que si la justice était certaine et gratuite, le nombre de ses violations resterait le même qu'aujourd'hui, où elle est incertaine et dispendieuse. L'immense majorité des infractions en matière civile sont au contraire la conséquence de son administration défectueuse, et ne seraient pas commises si l'infliction de la peine était toujours assurée.

Cette objection implique une proposition vraiment incroyable. Une foule de citoyens doivent donc choisir entre supporter en silence les préjudices qu'ils ont subis, ou risquer la ruine, s'ils tentent d'en obtenir la réparation, uniquement parce que l'État, à qui ils paient d'énormes impôts, ne se soucie pas d'eux et ne veut pas faire face à la dépense qu'entraînerait leur protection. L'accomplissement de cette fonction serait aux yeux de nos adversaires un mal public si grave qu'ils préfèrent laisser d'innombrables citoyens en proie à la misère et en pousser d'autres à la banqueroute. Entre temps l'État recommande aux autorités locales de veiller avec soin à la canalisation des éviers !

§ 115. — Il reste à mentionner un devoir de l'État, qui rentre indirectement dans le dernier, quoiqu'il soit susceptible d'en être distingué, et d'en spécifier les conséquences : je veux parler des devoirs de l'État par rapport au sol même qu'occupe la nation.

Des autorisations de l'État sont nécessaires pour les affectations de la superficie autres que celles que nous avons déjà énumérées et qui bénéficient de l'autorisation tacite de la communauté, agissant par l'entremise de son gouvernement.

Il appartient au gouvernement, mandataire de la nation, de décider si une entreprise projetée — route, canal, chemin de fer, dock, etc., — qui bouleversera un terrain au point de le rendre à jamais impropre aux usages ordinaires, présente des garanties d'utilité publique telles qu'elles justifient son aliénation. Il doit fixer les conditions auxquelles il subordonne son approbation, et celles-ci doivent à la fois être équitables pour les capitalistes qui engagent leurs fonds dans l'entreprise, protéger les droits de la communauté existante et tenir compte des intérêts des générations futures, qui seront un jour les propriétaires suprêmes du territoire. Il semble que ni l'aliénation permanente du terrain réclamé, ni, comme aujourd'hui, le droit pour l'État de rompre sans scrupules et à sa guise le contrat conclu, ne constituent les moyens équitables d'atteindre ces buts respectifs. Ceux-ci seraient mieux assurés par une aliénation d'une durée spécifiée, avec réserve du droit de l'État à reviser les conditions de la concession à l'expiration de ce terme.

En vertu de ses obligations comme mandataire, le corps gouvernant a encore à exercer un contrôle connexe, mais différent. Par lui-même ou par ses délégués locaux, il a la mission d'autoriser ou d'interdire les travaux exécutés dans les rues, les routes et les autres espaces publics à l'effet d'y installer ou d'y réparer le matériel des services des eaux, du gaz, des télégraphes et d'autres services analogues. Ce contrôle est indispensable à la protection des intérêts particuliers et collectifs contre les agressions de membres ou de groupes isolés de la communauté.

Il va de soi que les mêmes considérations exigent que les rivières, les lacs, toute surface d'eau intérieure, et la mer qui baigne le littoral, soient soumis à la surveillance de l'État. Il est légitime d'imposer à ceux qui s'en servent, les restrictions sauvegardant les intérêts de la collectivité, qui en a le domaine éminent.

§ 116. — Quels sont donc les devoirs de l'État envisagés sous leur aspect le plus général? Que doit faire une société, agissant en sa capacité corporative, pour ses membres agissant en leurs capacités individuelles? Il y a plusieurs manières de répondre à cette question.

La prospérité d'une espèce est le mieux assurée lorsque chacun de ses membres adultes recueille les bons et les mauvais résultats de sa propre nature et des conséquences qui en découlent. Pour les espèces grégaires, l'accomplissement de cette exigence implique que les individus ne s'immiscent pas dans les affaires d'autrui, n'empêchent aucun d'entre eux de recueillir les fruits naturels de ses actes et ne lui permettent pas de se décharger sur autrui de leurs conséquences mauvaises. L'obligation qui incombe à l'agrégat social, autrement dit à la masse incorporée des citoyens, c'est d'assurer le fonctionnement de cette loi ultime de la vie de l'espèce, telle que la restreint la condition sociale.

Tous doivent, au profit de chacun, veiller au maintien de cette nécessité essentielle, car aucun individu isolé ne suffirait à la maintenir effectivement pour soi. Nul ne réussirait à refouler isolément des envahisseurs étrangers ; en général sa résistance aux envahisseurs intérieurs, isolée ou avec le secours de quelques amis, serait inefficace ou dangereuse et lui coûterait trop de temps et d'argent, si même elle n'avait à subir tous ces inconvénients réunis. De plus, un état universel de défense de soi implique un état d'antagonisme chronique, qui arrêterait ou du moins entraverait la coopération et les facilités qu'elle procure à la vie. Dans la distinction à établir entre les attributions de l'action corporative

et les attributions de l'action individuelle, il est donc clair
que l'action corporative, qu'elle se restreigne à ce domaine
ou qu'elle le franchisse, peut à bon droit être employée pour
prévenir les interventions dans l'action individuelle, qui
viendraient se superposer à celles que nécessite l'état social.

Tout citoyen désire vivre, et vivre d'une vie aussi pleine
que le comportent les circonstances. De ce désir de tous, il
résulte que tous, exerçant un contrôle commun, sont intéressés à ce que nul ne souffre dans sa propre personne
d'une rupture du rapport entre les actes et les fins, et que nul
ne viole ce rapport dans la personne d'autrui. La masse des
citoyens incorporés est ainsi tenue de maintenir les conditions permettant à chacun de vivre de la vie la plus pleine
qui soit compatible avec les vies les plus pleines de ses
concitoyens.

Il nous reste à discuter la question de savoir si l'État a
d'autres obligations à remplir. Entre ses fonctions essentielles et ses autres fonctions existe une démarcation qu'il
n'est pas toujours possible de tracer avec précision, mais
dont le contour se dessine cependant à grands traits. Le
maintien intact des conditions qui permettent l'accomplissement de la vie, est une entreprise qui diffère fondamentalement de celle qui a pour objet l'immixtion dans l'accomplissement même de la vie, qu'il s'agisse d'aider, de diriger
ou de retenir l'individu. Nous allons rechercher d'abord si
l'équité permet à l'État de poursuivre cette entreprise, et
ensuite, s'il existe des considérations politiques qui viennent
confirmer les considérations que dicte l'équité.

CHAPITRE XXVI

Les Limites des Devoirs de l'État.

§ 117. — La théorie du gouvernement paternel devait naturellement naître à l'époque primitive où la famille et l'État ne s'étaient pas différenciés, alors que l'obéissance commune à l'ascendant le plus âgé, père, grand-père ou arrière-grand-père, tenait les membres du groupe assemblés. Négligeant les groupes sociaux plus anciens, que sir Henry Maine[1] passe sous silence, nous pouvons souscrire à son observation générale que chez les peuples aryens et sémitiques, le pouvoir despotique du père sur les enfants se transmettait à mesure que ces derniers devenaient eux-mêmes chefs de famille, et a imprimé un caractère général au contrôle exercé sur tous les membres du groupe. L'idée du système de gouvernement qui en résulta, se prolongea inévitablement dans le système qui s'établit lorsque les familles composées se développèrent en communautés; il survécut à la fusion en sociétés plus étendues de plusieurs de ces communautés peu nombreuses, n'ayant plus entre elles qu'une affinité de race, nulle ou légère.

La théorie du gouvernement paternel, qui s'est ainsi formée, affirme tacitement la légitimité du gouvernement illimité. L'autorité despotique du père s'étendait à tous les actes des enfants, et le gouvernement patriarcal, qui en sortit, en arriva naturellement à s'exercer sur la vie entière de ses

---

[1] Maine (Sir H.), *Ancient Law*, 3ᵉ édit., 1866, p. 133.

sujets. A ce stage, il ne connut ni distinctions, ni limitations ; tant que le groupe, ayant en somme une origine commune, conserva quelque chose de sa constitution originaire, tant qu'il détint en communauté absolue ou partielle le territoire qu'il habitait et les produits de celui-ci, la conception d'un gouvernement possédant une autorité illimitée demeura celle qui s'adaptait probablement le mieux aux nécessités sociales.

De même que les idées religieuses anciennes, cette idée sociale ancienne a survécu et reparaît continuellement parmi nous au milieu de conditions absolument différentes de celles auxquelles elle était appropriée. Un vague sentimentalisme chérit encore la notion du gouvernement paternel ; il ne cherche pas à en concevoir le sens précis et n'en aperçoit par conséquent pas l'inapplicabilité à des sociétés arrivées à un développement supérieur. Aucun des caractères originaires du gouvernement paternel n'existe, ni ne peut exister de nos jours. L'opposition des conditions vaut la peine d'être observée.

La paternité implique d'ordinaire la propriété des moyens de subsistance des enfants et des serviteurs ; un droit approchant continua à survivre sous la forme patriarcale de gouvernement. Mais dans les nations avancées, ce caractère s'efface et cède même la place à un caractère tout opposé. L'appareil gouvernemental ne fournit plus la subsistance aux hommes soumis à son autorité : ce sont eux, au contraire, qui subviennent à ses besoins. Sous le gouvernement paternel véritable, le détenteur du pouvoir était à la fois le détenteur de tous les biens existants, le bienfaiteur et le maître des enfants. Au contraire, un gouvernement moderne reçoit la plus grande part de son pouvoir de ceux qui occupent la position relative qu'occupaient les enfants ; il n'est donc pas possible qu'il soit leur bienfaiteur, au sens où nous avons employé ce mot, puisqu'il reçoit de leurs mains les moyens qui lui permettent d'agir en leur nom. De plus, dans les groupes de familles simples ou composées, les intérêts des gouvernants et des gouvernés sont presque identiques, et les liens du sang contribuent à assurer une action régulatrice, propre à conduire au bien général. Aucune des émotions qu'engendre le sentiment de la famille ou de la parenté, ne pénètre les relations politiques des sociétés avancées, et ne peut servir à tenir en échec l'égoïsme du pouvoir, qu'il se présente sous la forme d'un roi, d'une oligarchie ou d'un corps démocratique comme aux États-Unis. Ce parallélisme présumé fait encore défaut au point de vue des connaissances et de la sagesse du gouvernement. Dans le gouvernement paternel primitif et dans le gouvernement patriarcal, qui en est dérivé, l'autorité s'associait généralement à une expérience plus vaste et d'une clairvoyance plus pénétrante que celle des descendants qu'elle gouvernait. Les sociétés développées ne présentent aucune opposition de ce genre entre la supériorité mentale des membres qui sont censés occuper la position du père, et l'infériorité mentale de ceux qui sont censés occuper la position des enfants. Au contraire, parmi ceux qu'une métaphore qualifie d'enfants, il s'en trouve plusieurs pourvus de connaissances et d'une intelligence supérieures à celles du souverain unique ou multiple. Dans les pays à souverain multiple, si les prétendus enfants ont à choisir les membres qui seront appelés à faire partie du gouvernement, ils laissent généralement les plus capables de côté. Souvent, c'est la sottise, et non pas la sagesse, collective qui gouverne, ce qui constitue un nouveau renversement de la relation paternelle et filiale.

La théorie des fonctions de l'État qui se base sur ce prétendu parallélisme, est donc absolument fausse. L'analogie qu'elle prétend découvrir entre la relation de père à enfant et celle de gouvernement à gouvernés, ne repose que sur la puérilité d'esprit de ses défenseurs.

§ 118. — Une autre conception des devoirs de l'État est née en même temps que la précédente, mais s'en est graduellement séparée : l'expérience des actions gouvernementales nécessaires à la direction d'une guerre l'a engendrée, et, jusque dans des temps récents, c'est principalement sous cette forme que l'action gouvernementale s'est manifestée.

Dans les groupes sociaux antérieurs au type patriarcal, les guerres fréquentes fondent la souveraineté; dans le groupe patriarcal, le chef des guerriers est ordinairement le chef de l'État. Cette identité persiste aux stages suivants et détermine la nature générale du gouvernement. Pour faire de bons soldats, il ne faut pas seulement subordonner les hommes de grade en grade, et les dresser aux exercices militaires; il faut encore régler leur vie journalière de manière à développer leur capacité guerrière. Mais ce n'est pas tout : le soldat-roi, habitué à ne regarder la communauté que comme une réserve destinée à lui fournir des soldats et les ressources nécessaires, se voit entraîné à étendre son empire sur la vie entière de ses sujets. Ce régime militaire a en général prédominé et prédomine encore chez plusieurs nations à l'heure actuelle : de là, la presque universalité de cette idée du pouvoir gouvernemental et de l'idée concomitante qu'on se fait des devoirs de l'État.

Sparte, le plus militaire des États de la Grèce, faisait de la préparation à la guerre la grande affaire de la vie, dont tout le cours était réglementé en vue de cette préparation.

Quoique Athènes n'ait pas fait d'efforts aussi extrêmes vers ce but, il y passait cependant pour le but prédominant. Dans la république idéale de Platon [1], l'éducation devait mouler les citoyens et les adapter aux nécessités sociales, dont la première était la défense sociale : le pouvoir du corps collectif sur ses unités était poussé au point qu'il réglementait la procréation par le choix des parents, dont il réglait les âges respectifs. Dans sa *Politique*, Aristote [2] recommande d'enlever aux parents l'éducation des enfants et d'élever différemment les différentes classes des citoyens afin d'adapter chacune d'elles aux besoins publics : il armait le législateur du même droit de régler les mariages et la procréation. C'est ainsi que la conception des fonctions gouvernementales, née du régime militaire et appropriée à une nation de combattants, est demeurée la conception généralement répandue.

Nous voyons une fois de plus des idées, des sentiments et des usages appropriés aux stages primitifs du développement humain, survivre jusque dans les stages supérieurs, auxquels ils ne sont plus appropriés, et y pervertir les opinions et les activités dominantes. Pour bien des gens, la conception des devoirs de l'Etat qui convenait aux sociétés grecques, convient encore aux sociétés modernes. Socrate imagina et Platon [3] approuva une organisation sociale réputée la meilleure, qui assujettissait absolument les classes laborieuses aux classes placées au-dessus d'elles. Dans sa *Politique*, Aristote [4] considère la famille comme devant normalement se composer d'hommes libres et d'esclaves, et en-

[1] Platon. *Les Lois*, livres VI et VII, et *République*, livre V.
[2] Aristote. *République*, livre VII, 14-16.
[3] Platon. *République*, IV, 19.
[4] Aristote. *République*, livre VII, 9-10.

seigne que dans un État bien réglé, aucun travailleur ne sera citoyen, et que tous les cultivateurs du sol seront réduits en servitude. Cependant on ose soutenir que nous ferions bien d'adopter la théorie grecque des devoirs de l'État. Aristote nous dévoile sa conception du juste et de l'injuste par l'affirmation qu'il est impossible à un ouvrier ou à un serviteur à gages de pratiquer la vertu, et nous ferions, assure-t-on, acte de sagesse en nous inclinant devant sa conception du juste et de l'injuste en matière sociale ! Les idées appropriées à une société uniquement organisée sur les relations du *statut*, s'adapteraient à une société uniquement organisée sur la base des rapports contractuels ! Une morale politique appartenant à un système de coopération obligatoire, s'appliquerait à un système de coopération volontaire !

§ 119. — Les admirateurs de ce système pourraient, à la vérité, invoquer l'excuse que, dans une certaine mesure chez nous et dans une mesure beaucoup plus large sur le Continent, la vie militaire, à l'état potentiel, sinon actuel, joue encore dans la vie sociale un rôle si considérable et souvent si extrême, qu'elle approprie ces doctrines traditionnelles aux circonstances du présent.

La pratique oblige la théorie à des compromis constants entre ce qui est nouveau et ce qui est ancien ; en somme, la théorie est forcée de se conformer à la pratique. Aussi ne nous attendons-nous pas à voir l'opinion générale admettre que l'action gouvernementale doive être assujettie à des restrictions impératives. La doctrine que le contrôle de l'État ne peut légitimement s'exercer qu'au dedans d'une sphère limitée, n'est à sa place que dans une société du type pacifique et industriel pleinement développée ; elle n'est naturelle ni au type militaire, ni aux types de transition entre le régime militaire et le régime industriel. L'existence, entre la collectivité et ses unités, de relations uniquement basées sur la justice, est impossible tant que la collectivité et ses unités se livrent, conjointement ou séparément, à la perpétration de l'injustice au dehors. Des hommes qui louent leurs services pour obéir au commandement de faire feu sur d'autres hommes, sans se soucier de l'équité de la cause qu'ils défendent, sont incapables de fonder des arrangements sociaux équitables. Tant que les nations européennes persisteront à se partager, avec une indifférence cynique pour les droits des peuples inférieurs, les parties de la Terre qu'habitent ceux-ci, il sera insensé d'espérer que le gouvernement de chacune de ces nations sera plein d'égards pour les droits des individus, et se laissera détourner de telle ou telle mesure que la politique paraît recommander. Aussi longtemps que la force qui fait des conquêtes à l'étranger conférera des droits aux territoires conquis, l'opinion de la mère-patrie persistera dans la doctrine qu'un Acte du Parlement est tout-puissant et que la volonté de l'agrégat a le droit de s'imposer sans limite aux volontés individuelles.

La raison permet à la vérité d'alléguer que, dans les conditions actuelles, la foi dans l'autorité absolue de l'État est indispensable. On peut défendre l'hypothèse tacite que le rouage dirigeant, qu'une communauté a choisi ou accepté, ne doit être assujetti à aucune restriction, puisqu'à défaut de cette hypothèse il serait impossible d'assurer l'union combinée des actions individuelles, union que les événements rendent parfois nécessaire. A la guerre, le manque de confiance dans le général en chef peut être une cause de défaite; de même le scepticisme, qui s'attaque à l'autorité du gouvernement, peut entraîner des hésitations et des dissensions fatales. La doctrine de l'autorité illimitée de l'État pré-

vaudra donc aussi longtemps que la religion de l'inimitié
influera aussi puissamment sur la religion de l'amitié.

§ 120. — Nous sommes remontés à l'origine de la conception courante des devoirs de l'État et nous avons vu
par quelles causes elle a survécu, bien qu'elle ne s'adapte
plus que partiellement aux conditions modernes. Nous n'en
sommes que mieux préparés à embrasser la vraie conception
des devoirs de l'État. Ayant reconnu qu'il est probable,
sinon certain, que la théorie concernant la sphère d'action
du gouvernement, qui s'adaptait aux sociétés organisées
sur le principe de la coopération obligatoire, ne peut pas
s'adapter aux sociétés organisées sur le principe de la coopération volontaire, nous pouvons maintenant continuer et
nous demander quelle est la théorie qui est appropriée à ces
dernières.

Chaque nation constitue une variété de la race humaine.
Le bien général de l'humanité est réalisé par la prospérité
et l'expansion de ses variétés supérieures. Au sortir du stage
de l'évolution basé sur la déprédation, alors que l'humanité
aura atteint le stage où la concurrence entre sociétés
s'accomplira sans violence, elle assistera à la prédominance
croissante, toutes choses égales d'ailleurs, des sociétés qui
donneront naissance au plus grand nombre d'individus supérieurs. La production et l'entretien de ces individus ne
peuvent se réaliser que par la conformité à la loi qui veut
que chacun recueille les résultats, bons ou mauvais, de sa
propre nature et de la conduite qui en résulte : dans l'état
social, la conduite productive de ces résultats doit, pour
chaque individu, se confiner dans la limite qu'impose la présence d'autres individus se livrant de même à leurs activités
et en recueillant les conséquences. Il en résulte que, toutes

choses étant égales d'ailleurs, le maximum de prospérité et
de multiplication des individus efficients se produira lorsque
chacun d'eux sera constitué de façon à pouvoir accomplir
les exigences de sa nature, sans entraver l'accomplissement
des mêmes exigences chez autrui.

Quel sera alors le devoir de la société prise dans sa capacité corporative, c'est-à-dire de l'État? Il n'aura plus à se
garder contre les dangers extérieurs ; à quelles obligations
lui restera-t-il à satisfaire? Si le desideratum, tant pour les
individus que pour la société et la race, est que les individus
puissent comme tels accomplir leurs vies particulières en se
soumettant aux conditions précitées, la société dans sa capacité corporative sera donc tenue de veiller au respect de ces
conditions. Qu'en l'absence de guerres un gouvernement
ait ou n'ait pas d'autres obligations à remplir, il est clair que
celle-ci lui incombe. Et il est également clair que cette obligation implique l'interdiction de rien faire qui entrave son
accomplissement.

La question des limites des devoirs de l'État se pose donc
ainsi : l'État peut-il, sans enfreindre la justice, accepter une
autre mission que celle d'assurer le maintien de la justice?
La réflexion va nous prouver qu'il ne le peut pas.

§ 121. — Si l'État sort de l'accomplissement du devoir
que nous avons spécifié, il devra, séparément ou simultanément, adopter une des deux méthodes suivantes, qui,
séparément ou simultanément, s'opposent à l'accomplissement de ce devoir.

Des actions ultérieures qu'il entreprendra, une première
catégorie tombera sous la définition des actions qui restreignent la liberté de quelques individus au delà de ce
qu'exige le maintien de la liberté analogue d'autrui, actions

qui constituent par elles-mêmes des violations de la loi
d'égale liberté. Puisque la justice affirme que la liberté de
chacun n'est limitée que par les libertés analogues de tous, il
est injuste de lui imposer une limite nouvelle, que le pouvoir qui impose cette restriction émane d'un seul homme ou
d'un million d'hommes rassemblés. Nous l'avons reconnu à
toutes les pages de ce livre : le principe général que nous avons
formulé, et les droits spéciaux que nous en avons déduits,
n'existent pas en vertu de l'autorité de l'État ; c'est l'État
qui n'existe qu'à titre de rouage chargé de les protéger et
de les défendre. Si, au lieu de les défendre, il les entame,
il commet une injustice au lieu de la prévenir. Notre société,
si ce n'est toutes les sociétés, considérerait probablement
comme un assassinat le fait de tuer les enfants trop débiles au
gré de l'autorité publique ; son appréciation ne se modifie-
rait pas si plusieurs individus au lieu d'un seul, leur don-
naient la mort. A la différence des époques primitives, le
fait de lier les hommes à la terre, où ils sont nés, et de leur
interdire d'autres professions que celle que la loi leur prescrit, passerait de nos jours pour une intolérable agression.
Mais à côté de ces atteintes extrêmes, il en est de moins
saillantes. Cependant un vol reste un vol, que l'objet volé
soit un sou ou une pièce d'or ; de même une agression,
qu'elle soit grave ou légère, demeure toujours une agression.

Dans l'autre catégorie, l'injustice est indéfinie et indirecte
au lieu d'être directe et spéciale. Prendre son argent au
citoyen, non pas pour payer les frais de la protection de sa
personne, de ses biens et de sa liberté, mais pour payer les
frais d'actions auxquelles il n'a pas donné son assentiment,
c'est lui infliger une injustice au lieu de la prévenir. Les
noms sous lesquels on la déguise, et l'accoutumance voilent
tellement la nature des choses que l'impôt n'est pas commu-

nément considéré comme une restriction de la liberté, et
cependant c'en est une. L'argent prélevé représente une
certaine somme de travail; le prélèvement du produit de
ce travail ou bien laisse l'individu dépourvu de l'avantage
qu'il en avait tiré, ou bien l'oblige à se livrer à un surcroît
de travail. La servitude partielle, qui en résulte, s'étalait au
grand jour à l'époque féodale, lorsque, sous le nom de
corvées, les classes sujettes devaient à leurs seigneurs des
redevances spécifiées comme temps ou comme travail; la
commutation pécuniaire de ces services a changé la forme
de cette charge, mais n'a pas changé sa nature[1]. Une
corvée d'État reste une corvée, quoique, au lieu de l'acquitter en genres spécifiés de travail, les contribuables
l'acquittent sous forme de sommes d'argent équivalentes:
comme la corvée sous sa forme originelle et non dissimulée,
la corvée moderne et dissimulée constitue une privation de
liberté. En fait, les autorités disent aux citoyens : « Nous
emploierons telle partie de votre travail suivant notre bon
plaisir et non suivant le vôtre » ; et les citoyens sont
esclaves du gouvernement proportionnellement à l'étendue
de ses exigences.

« Mais c'est en vue de leur bien qu'ils sont esclaves, nous
répondra-t-on, l'argent qu'on leur prend assurera leur bien-
être d'une manière ou d'une autre. » Telle est bien la
théorie, mais elle est contredite par la masse énorme de
législation malfaisante qui encombre nos recueils de lois.
D'ailleurs, cette réponse n'en est pas une. La question que
nous discutons est, avant tout, une question de justice.
Admettons, ce qui n'est pas, que les avantages payés au
moyen de ces dépenses publiques extraordinaires soient

---

[1] Bonnemère. *Histoire des Paysans*, I, 269.

équitablement répartis entre tous ceux qui y ont contribué ; il n'en est pas moins vrai que cette manière de faire est en contradiction avec le principe fondamental d'un ordre social équitable. Du moment qu'il y a contrainte, la liberté est violée, même si ceux qui contraignent s'imaginent agir pour le bien du citoyen contraint. En imposant de force leurs volontés à sa volonté, ils violent la loi d'égale liberté dans sa personne : leur mobile importe peu. Le nombre des agresseurs ne sanctifie pas une agression, qui serait criminelle si un seul la commettait.

Sans doute la plupart de mes lecteurs liront avec étonnement cette condamnation du pouvoir illimité de l'État et l'assertion que le gouvernement est coupable, toutes les fois qu'il franchit les limites que nous avons prescrites. Partout et toujours, les croyances qui s'associent aux institutions et aux coutumes établies, ont semblé irréfutables à leurs adeptes. Partout la fureur de la persécution religieuse s'est appuyée sur la conviction que la dissidence des croyances reçues impliquait la méchanceté préméditée ou la possession démoniaque. Aux jours où le Pape était le maître suprême des rois, il passait pour monstrueux de douter de l'autorité de l'Église ; aujourd'hui, dans certaines régions de l'Afrique, il paraît monstrueux de s'écarter des croyances locales. « Ces hommes blancs sont insensés », s'écrient les nègres en parlant de l'incrédulité des Européens. Il en est de même pour la politique. Naguère encore, à Fiji, un homme attendait, libre d'entraves, qu'on le mît à mort, déclarant que « la volonté du roi devait s'exécuter [1] » ; nul ne songeait à mettre en doute le droit du souverain. En Europe, tant que la doctrine du droit divin des rois a été

---

[1] Williams et Calvert. *Fiji and the Fijians*, 2 vol., 1858, I, 30.

universellement acceptée, l'immense majorité considérait
comme le plus noir des crimes de déclarer que tous ne
doivent pas obéissance à un seul. Il y a un siècle à peine,
la populace était prête à massacrer au cri de : « Vive
l'Église, vive le Roi », un prédicateur, coupable d'avoir publiquement exprimé sa désapprobation de la forme politique et
ecclésiastique du gouvernement établi [1]. Il en est encore plus
ou moins ainsi, et la plupart des hommes traiteront assurément de fou ou de fanatique celui qui rejette l'autorité illimitée de l'État. Nous avons remplacé « l'auréole divine qui
ceint la tête des rois » par l'auréole divine qui entoure le
Parlement. Le gouvernement à plusieurs centaines de têtes
qu'élit la foule ignorante et qui a succédé au gouvernement
à une seule tête qu'on croyait désignée par le Ciel, réclame
et obtient les mêmes pouvoirs illimités que ce dernier. Le
droit sacré de la majorité, généralement stupide et ignorante, à contraindre la minorité souvent plus intelligente
et plus instruite, s'étend à toutes les injonctions qu'il lui
plaît de promulguer, et cet arrangement paraît d'une recti-
tude et d'une évidence absolues.

De même que nous ne nous attendons pas à voir s'incliner
devant la prescription du pardon des injures, les hommes
qui croient au « devoir sacré de la vengeance sanglante »,
de même, nous ne devons pas espérer que les politiciens
qui s'arrachent les suffrages à coups de promesses d'innombrables subsides de l'État, vont accorder la moindre attention à une doctrine des devoirs de l'État, qui anéantirait la
plupart de leurs projets favoris. Mais, en dépit de leur blâme
et de leurs dédains, nous n'en sommes pas moins tenu
d'affirmer et de répéter que leurs projets sont en contradic-

---

[1] Huxley. *Science and Culture*, Londres, 1881, p. 103.

tion flagrante avec le principe fondamental d'une vie sociale harmonieuse.

§ 122. — Cette partie des « *Principes de l'Éthique* » devrait à la rigueur s'arrêter ici. Nous avons énoncé le verdict de la morale absolue concernant les devoirs de l'État et reconnu les restrictions qu'admet la morale relative tenant compte des nécessités qu'engendre l'agressivité internationale. Nous avons reconnu que pendant le passage de la forme sociale militaire à la forme sociale industrielle, une conception exagérée de l'autorité de l'État (naturelle et en grande partie nécessaire), a entraîné l'État à commettre une multitude d'actions injustes. Il n'y a rien à ajouter à la sentence prononcée par l'éthique. Néanmoins, il est désirable de développer la preuve que ces actions, injustes en théorie, sont impolitiques en pratique.

Le sujet est vaste et ne sera pas épuisé dans l'espace dont nous disposons. Tout ce que nous pourrons faire, sera d'indiquer les grandes lignes de notre argumentation, et d'y joindre quelques exemples qui sont nécessaires pour en apprécier la portée.

Nous traiterons d'abord de l'État en général, considéré comme instrumentalité et opposé à d'autres instrumentalités. Nous examinerons ensuite si sa nature le rend capable de porter remède à d'autres maux que ceux qui résultent de l'agression extérieure ou intérieure. Nous étudierons la validité des raisons qu'on invoque pour lui assigner le devoir et lui attribuer le pouvoir de réaliser des bienfaits positifs. Enfin, nous rechercherons si l'extension de ses activités serait favorable ou défavorable à la fin ultime qu'on a en vue, c'est-à-dire au développement progressif de la nature humaine.

Nota. — Pour les conclusions que j'expose dans les trois chapitres suivants, il est bon de prévenir le lecteur que leur validité ne doit pas uniquement se mesurer aux témoignages que je vais invoquer et aux arguments que je vais employer. Pour leur défense complète et la liste des faits à l'appui, je renvoie aux différents Essais que j'ai publiés par intervalles sur cette question ; on les trouvera dans l'édition de bibliothèque de mes Essais, qui est en cours de publication. Voici leurs titres : *De l'Excès de Législation* — *Le Gouvernement Représentatif* — *A quoi bon ?* — *De l'Ingérence de l'État en matière de Monnaies et de Banques* — *La Sagesse Collective* — *Le Fétichisme Politique*, et *L'Administration Spécialisée*. On pourra y joindre plusieurs chapitres formant la dernière partie de la *Statique Sociale*, ouvrage que j'ai retiré de la circulation, mais dont j'espère republier bientôt des parties choisies.

CHAPITRE XXVII

Les Limites des Devoirs de l'État.

(Suite.)

§ 123. — Nous avons reconnu au chapitre XXIII qu'arrivée à un degré supérieur de son évolution, une société peut acquérir une nature fondamentalement différente de celle qu'elle avait aux degrés inférieurs. Nous en avons déduit le corollaire qu'une théorie des devoirs de l'État appropriée à la première en date de ces natures, doit cesser d'être appropriée à sa nature postérieure. Nous allons déduire un second corollaire de cette constatation ; c'est que le changement de nature survenu décharge l'État de plusieurs fonctions dont il avait commencé par être l'agent le plus capable, et donne naissance à de nouveaux agents plus aptes à exercer ces mêmes fonctions.

Tant que la guerre est demeurée la grande affaire de la vie, tant que l'organisation militaire s'est imposée, tant qu'une règle coercitive a été indispensable pour discipliner les hommes imprévoyants et courber leurs natures anti-sociales, il a été impossible aux forces non gouvernementales de se développer. Les citoyens n'avaient ni les moyens, ni l'expérience, ni les caractères, ni les idées qu'exige la coopération privée organisée sur une vaste échelle. Toutes les grandes entreprises tombèrent à charge de l'État. Le seul instrument capable de creuser des canaux, de construire des routes, de bâtir des aqueducs, c'était le pouvoir gouvernemental commandant à des légions d'esclaves.

Le déclin du régime militaire ou système du *statut* et la croissance de l'industrialisme ou système du *contrat* rendirent peu à peu possible et déterminèrent la formation graduelle d'une foule d'associations de citoyens, constituées à l'effet de s'acquitter de fonctions variées et nombreuses. Ce résultat obtenu a été la conséquence de modifications dans les mœurs, dans les penchants et dans la manière de penser, produites, à chaque génération successive, par l'échange journalier de services librement débattus venant se substituer aux services qu'avait journellement imposés la contrainte. Cette évolution permet de réaliser aujourd'hui, et sans intervention du pouvoir gouvernemental, des fins diverses dont lui seul était jadis capable de venir à bout.

Dans la discussion de la sphère propre à l'action de l'État, nous devons nous pénétrer, non seulement de ce fait qui a une portée profonde, mais encore d'une de ses conséquences manifestes : c'est que les changements signalés sont loin d'être achevés et que nous sommes en droit de conclure que des progrès nouveaux justifieront l'abandon ultérieur par l'État de fonctions dont il s'acquittait dans le passé.

§ 124. — Pour toute personne au courant des lois de l'organisation, cet abandon par l'État de certaines de ses fonctions et leur reprise par d'autres agents constituent un progrès manifeste. Malheureusement cette vérité semble échapper à ceux qui ont commencé par faire des vers ridicules sur les bancs de l'école et qui occupent leur âge mûr à faire des lois destinées à capter la confiance de la foule. Pour les organismes, tant individuels que sociaux, il est avéré que le progrès d'un état inférieur vers un état supérieur se caractérise par l'hétérogénéité croissante des structures et la subdivision croissante des fonctions. Dans les

deux cas, la dépendance mutuelle des parties s'accroît à
mesure que le type s'élève, accroissement qui implique,
d'une part, la localisation croissante de chaque fonction dans
la partie de l'organisme qui lui correspond, et, de l'autre.
une aptitude croissante de la partie à la fonction.

Il y a cinquante ans, Milne Edwards donna à ce principe
de développement chez les animaux le nom de « division
physiologique du travail » et reconnut le parallélisme qui
existe entre l'économie vitale et l'économie sociale. Quoique ce parallélisme soit de plus en plus admis, même la
minorité cultivée n'en a encore qu'une notion assez vague,
malgré l'extension de la division du travail qui se déploie
au grand jour dans les parties industrielles de l'organisme
social, et malgré ses bienfaits que publie l'économie politique.
Cependant on ne paraît guère s'apercevoir que ce principe
s'applique également à la partie gouvernante de la société
et à ses relations avec les autres parties du corps social.
Même à défaut des exemples qui la mettent en lumière,
nous pourrions être certains que la spécialisation et la limitation qui en résultent, se produisent normalement dans les
structures régulatives comme dans toutes les autres structures sociales, que cette spécialisation et cette limitation
sont profitables, et que tout changement dans la direction
opposée constitue un recul.

Notre conclusion reste donc la même que précédemment.
Un État aux fonctions universelles caractérise un type social
arriéré ; un abandon de fonctions par l'État caractérise le
progrès vers un type social supérieur.

§ 125. — La plupart de mes lecteurs n'auront qu'une foi
médiocre dans ces conclusions générales. Je vais m'efforcer
de les confirmer par des arguments qu'ils seront plus enclins

à apprécier. Au § 5 j'ai signalé le fait que la prospérité de tout corps vivant dépend de l'affectation particulière et convenable de chaque partie à sa fonction particulière, et cet autre fait que la compensation nécessaire entre les facultés de chaque partie s'effectue en vertu de leur concurrence constante en vue de la subsistance, et de l'afflux vers chacune de la quantité de subsistance qui correspond au travail dépensé. Il est superflu de démontrer que dans les parties industrielles de la société la concurrence assure une même compensation par des moyens analogues, et que le maintien constant, dans la mesure du possible, de ce rapport entre l'effort et l'avantage recueilli, dessert avec le maximum de succès l'ensemble des besoins sociaux.

Cette compensation s'opère spontanément pour toutes les coopérations non gouvernementales, qui constituent la plus grande partie de la vie sociale moderne. Je n'insiste pas sur l'action de la loi de l'offre et de la demande, qui régit toute notre organisation industrielle, et il suffit d'indiquer en passant que ce principe régit toutes les entreprises non gouvernementales, telles que les associations volontaires en vue de l'enseignement religieux, les associations philanthropiques et les unions ouvrières. Toutes sont actives et grandissent, ou demeurent stationnaires et déclinent, suivant le degré de satisfaction qu'elles procurent aux besoins existants. Ce n'est pas tout encore. Il est impossible de trop répéter que, sous la pression de la concurrence, chacune de ces organisations est forcée de s'acquitter du maximum possible de fonction en échange d'une quantité donnée de subsistance. En outre, la concurrence les pousse à se perfectionner; dans ce but, elles ont recours non seulement aux rouages les plus parfaits, mais font appel aux

hommes les plus intelligents et les plus dévoués. Le rapport
direct, qui relie l'effort à la prospérité, oblige toutes ces
coopérations volontaires à travailler à haute pression.

Au lieu du spectacle du rapport direct entre la fonction
et la nutrition, les coopérations imposées, qui effectuent les
actions gouvernementales, nous donnent au contraire le
spectacle de rapports très indirects. Tous enrégimentés
militairement, tous entretenus au moyen d'impôts prélevés
de force, tous uniquement responsables vis-à-vis de chefs
que des raisons de parti ont le plus souvent fait nommer,
les départements publics ne dépendent pas immédiatement
pour leurs moyens de subsistance et de développement,
des hommes qu'ils sont destinés à desservir. Aucune
crainte de la faillite ne les excite à l'accomplissement complet et rapide de leur devoir : aucun concurrent travaillant
à des conditions plus économiques ne menace de leur enlever leur clientèle ; aucune augmentation de bénéfices ne
résulterait pour eux de l'adoption, encore moins de l'étude
d'améliorations à introduire. Aussi leurs défauts s'épanouis-
sent-ils au grand jour. Parlant dernièrement à un fonction-
naire et lui signalant la négligence d'un de ses collègues :
« Bah, me dit-il, il est bien payé et ne veut pas qu'on l'en-
nuie ». La conséquence de ce rapport indirect entre les
résultats réalisés et les émoluments perçus, c'est que les
administrations gouvernementales continuent à vivre et à
subsister pendant des années et parfois des générations,
alors qu'elles ne rendent plus aucun service. Pour corriger
leur mollesse, leur lenteur et leur négligence, il n'y a d'autre
moyen que de mettre en branle la machine gouvernementale, cette machine si lourde et si compliquée, qu'une pression extrême, répétée avec une infatigable persévérance,
parvient seule à en obtenir la réforme réclamée.

§ 126. — Chaque jour les journaux apportent des exemples à l'appui de ces vérités, qui s'appliquent même aux fonctions essentielles que nous sommes bien forcés de réserver à l'État. Le fonctionnement désordonné des rouages de la protection nationale et individuelle est une cause d'interminables scandales.

Dans l'administration de l'armée, nous voyons le commandement en chef réservé à un duc de la famille royale, la création multiple de généraux ayant pour unique objet la satisfaction d'intérêts de classe, les promotions, qui ne sont que dans une faible mesure la récompense du mérite. L'administration cache à nos officiers des perfectionnements qu'elle étale aux officiers étrangers, pendant que les secrets de nos arsenaux sont divulgués par les confidences des employés. Citons encore les étonnantes découvertes qu'on a faites concernant nos magasins d'approvisionnements, les baïonnettes qui se tordent, les sabres qui cassent, les cartouches qui ne glissent pas dans le canon, les projectiles de dimensions mal calculées; aussi la commission d'Enquête de 1887 a-t-elle pu écrire : « Notre système actuel est dirigé au hasard et n'est soumis à aucune règle précise; il n'a pris aucune mesure régulière et publique pour l'approvisionnement et la fabrication de nos réserves de guerre, pour établir les responsabilités des fonctionnaires en faute, et ne s'est pas même mis en peine de rechercher les abus ».

Un concert de plaintes, d'enquêtes et de dénonciations, prouve que la Marine est aussi mal gérée que l'armée. Tout le monde se rappelle l'histoire des manœuvres navales destinées à célébrer le Jubilé : sans avoir subi l'épreuve d'un combat naval, plus de douze bâtiments, grands et petits, vinrent à mal à la suite de collisions, d'explosions et d'accidents de machines. Peu après survinrent les accidents d'une importance moindre, mais tout aussi significatifs, qui marquèrent la croisière dans la Manche de vingt-quatre de nos torpilleurs ; au cours de celle-ci, huit torpilleurs sur vingt-quatre furent plus ou moins désemparés. On rapporte à tout moment des récits de bâtiments qui ne gouvernent pas, de canons qui éclatent, de navires qui échouent. Un vaisseau de guerre de première classe, *le Sultan*, coule après avoir touché sur un roc, et l'Amirauté le regarde comme perdu, lorsque — contraste significatif — survient une Compagnie particulière qui le renfloue et en opère le sauvetage. De plus, le Rapport sur l'administration de l'Amirauté, paru au mois de mars 1887, déclare que « la gestion dont il rend compte est telle, qu'en peu de mois elle conduirait une maison de commerce à la banqueroute ».

Il en est de même du travail de législation et d'administration des lois. La divulgation de la folie et du désarroi qui y règnent, est tellement continue, que l'opinion publique a cessé de s'en émouvoir. La procédure parlementaire nous fait assister aux extrêmes de la précipitation et de la plus sotte incurie : tantôt un *bill* est lancé au galop et sans discussion à travers les lectures réglementaires, et tantôt, après avoir été retardé par un épluchage minutieux, il est oublié et doit à la session suivante repasser par toute la filière parlementaire. Voulant tout prévoir, on accumule amendement sur amendement ; l'Acte, une fois voté, va se perdre dans l'amoncellement chaotique des lois antérieures, dont il ne fait qu'augmenter la confusion. Les plaintes et les réclamations ne servent de rien. En 1867, une commission de légistes et d'hommes d'État — les Cranworth, les Westbury, les Cairns et d'autres encore — publie un rapport concluant à la nécessité d'un digeste comme préliminaire d'un travail de codification, et déclare avec énergie que c'est un devoir national de fournir aux citoyens les moyens de connaître les lois auxquelles ils sont tenus d'obéir. Et cependant, quoique la question ait été soulevée à diverses reprises, rien n'a été fait par l'État, tandis que des individus isolés lui donnent l'exemple : l'*Index des Cours d'Équité* de Chitty et le *Digeste de la Loi Criminelle* de Sir James Stephen sont venus dans une certaine mesure renseigner nos législateurs sur leur œuvre et celle de leurs prédécesseurs. La coutume nous aveugle et nous empêche de discerner le caractère monstrueux du fait que voici : tant que les dispositions d'une loi nouvelle n'ont pas servi aux juges à motiver leurs jugements, même les hommes de loi ignorent les cas auxquels elle s'appliquera. De leur côté, les juges s'élèvent contre la législation mal venue qu'on les force d'interpréter. N'a-t-on pas entendu l'un d'eux dire d'un article de loi qu'il ne croyait pas que « le sens en avait été compris, ni par celui qui l'avait rédigé, ni par le Parlement qui l'avait adopté » ? Un autre n'a-t-il pas déclaré « qu'il n'était pas possible à l'ingéniosité humaine de trouver des termes plus ambigus et plus embarrassants » ? Comme conséquence naturelle, nous voyons les appels succéder aux appels, les jugements cassés à plusieurs reprises et les plaideurs pauvres forcés de céder la place aux plaideurs riches, qui peuvent les ruiner en les traînant de juridiction en juridiction. La disproportion incroyable des condamnations est une autre cause de scandale journalier. A Faversham, un moissonneur est envoyé en prison pour avoir mangé la valeur d'un sou des fèves qu'il fauchait : un homme riche, qui s'est livré à des voies de fait violentes, en est quitte pour une amende qui ne le gêne guère. Le traitement subi par les inculpés antérieurement à toute condamnation et par les accusés reconnus innocents après coup, est encore plus révoltant : les uns sont enfermés en prison pendant des mois, jusqu'au jour du procès qui établit leur innocence; les autres, ayant déjà souffert un châtiment prolongé, obtiennent, quand leur innocence est reconnue, un « libre pardon », mais sans aucune indemnité pour les souffrances qu'ils ont endurées et pour le péril qu'ils ont couru.

Tous les jours, le plus mince incident — le paiement d'un cocher ou l'achat d'une cravate — nous fait constater la maladresse administrative; mais où éclate-t-elle davantage que dans la fabrication de la monnaie? Nous avons un système mixte de monnaie décimale, duodécimale et d'autre monnaie indéfinissable. Récemment encore, les pièces de trois et de quatre pence étaient difficiles à distinguer: il y a quatre ans, on frappa, à l'occasion du jubilé, les pièces de six pence qu'il a fallu retirer de la circulation : elles simulaient si parfaitement les demi-souverains qu'il suffisait de les dorer pour les faire passer comme tels. Il faut un examen minutieux pour distinguer la nouvelle pièce de quatre shillings de la pièce ancienne de cinq shillings. Le plus souvent, un renseignement indispensable, l'énonciation de la valeur officielle de la pièce, brille par son absence. Ici encore, l'État ne parvient pas à ajuster l'offre à la demande, car partout on réclame à grands cris de la petite monnaie sans parvenir à s'en procurer.

Dans trois départements publics essentiels et dans un département secondaire, l'induction confirme donc par des témoignages accumulés la conclusion que nous avons tirée des lois générales de l'organisation.

§ 127. — Nous avons encore à noter deux déductions capitales de la proposition générale que nous venons d'exposer sous une forme abstraite et d'appuyer d'exemples concrets.

Si le public tolère l'extravagance, la stupidité, l'incurie, l'obstruction qui se manifestent journellement dans notre administration militaire, navale et légale, il se montrera encore bien plus indulgent lorsque ces vices se manifesteront dans des départements qui n'ont pas la même importance vitale et qui n'attirent pas autant son attention. Les vices du fonctionnarisme sont inévitables dans toute espèce d'organisation officielle et pulluleront avec un tout autre excès dans celles où la nécessité de les réprimer sera moins urgente. La raison nous dit que si l'État se charge de fonctions non essentielles, venant s'ajouter à ses fonctions essentielles, non seulement il s'en acquittera tout aussi mal, mais qu'il s'en acquittera d'une manière plus déplorable encore.

La seconde de ces déductions, c'est que l'État, dont l'attention et l'énergie seront détournées sur des fonctions non essentielles, s'acquittera encore plus médiocrement de ses fonctions essentielles. La faculté de veiller à un petit nombre d'entreprises se trouve forcément affaiblie quand on y ajoute des entreprises nouvelles; la critique du public, s'éparpillant dans tous les sens, sera moins efficace que lorsqu'elle se concentrait sur un petit nombre de points. Si, au lieu de donner presque tout son temps à mille sujets divers, le Parlement s'occupait presque exclusivement des administrations qui ont pour objet la protection nationale extérieure et intérieure, nul ne niera que celle-ci serait mieux assurée. Nul n'affirmera que si les discussions de la presse et des réunions électorales s'attachaient presque exclusivement à la gestion de ces administrations spéciales, au lieu de se gaspiller sur d'autres questions, le public tolèrerait l'incurie qu'il supporte aujourd'hui.

Que nous cherchions à éviter la multiplication de fonc-

tions mal remplies par l'État ou que nous cherchions simplement à assurer un accomplissement plus sérieux de ses
fonctions essentielles, une limitation est également nécessaire. La spécialisation des fonctions assure directement
l'accomplissement de chaque fonction par l'adaptation de son
organe, et indirectement celui des autres fonctions, en permettant à chacune d'acquérir son organe approprié.

§ 128. — La majorité du public sera peu sensible aux
raisons qui établissent que, pour l'administration des affaires
sociales, l'accord est complet entre la justice et l'utilité politique. Quand il s'agit de phénomènes vitaux, même le
monde scientifique ne témoigne pas une foi bien vive dans
la loi naturelle et l'universalité de la causalité; chez le vulgaire, elle est des plus faibles. Les arguments qui reposent
sur des faits que chaque jour révèle, ont seuls quelque chance
de porter ; encore la foule niera-t-elle leur valeur.

Il est donc nécessaire de les renforcer par d'autres arguments basés sur des témoignages directs et pertinents. Nous
allons leur consacrer un chapitre.

CHAPITRE XXVIII

Les Limites des Devoirs de l'État.
(Suite.)

§ 129. — « Dans les problèmes simples, il faut se méfier de la perception directe ; pour arriver à des conclusions certaines, il faut adopter quelque mode de contrôle propre à corriger les imperfections des sens. Au contraire, pour les problèmes complexes, la réflexion pure et simple suffit : nous pouvons adéquatement additionner et compenser les preuves sans les rapporter à quelque vérité générale. »

Cette proposition absurde fait-elle sourire un de mes lecteurs ? Pourquoi le ferait-elle ? Il y a dix chances contre une que, sous une forme déguisée, elle fait partie de ses opinions tacites. Un ouvrier rit-il des thermomètres et se prétend-il capable de juger de la température d'un liquide en y plongeant la main, ce lecteur, sachant que la sensation du chaud et du froid varie considérablement selon la température de la main, discerne immédiatement l'absurdité de cette présomption, fille de l'ignorance. Mais il ne voit rien d'absurde dans la tentative d'arriver, en se passant de la direction d'aucun principe, à une conclusion exacte concernant les conséquences d'un acte qui affectera d'une foule de manières des millions d'êtres humains : dans ce cas, il lui semble superflu d'user d'un critérium quelconque destiné à contrôler la correction de ses impressions directes. Prenons qu'il s'agisse de recommander le système de la rétribution des maîtres dans les écoles de l'État en raison des résultats qu'ils auront obtenus : il sera certainement convaincu que ce stimulant offert aux maîtres sera bienfaisant pour les élèves. Il ne songe pas à se demander si la pression qui en résultera, ne sera pas excessive ; il ne se dira pas qu'elle favorisera peut-être une réceptivité mécanique et que l'excès de matières enseignées pourra déterminer une aversion enracinée pour l'instruction. Il ne se dit pas que les élèves intelligents seront l'objet d'une attention spéciale aux dépens des élèves mal doués ; qu'un système qui n'estime pas l'instruction pour elle-même, mais comme moyen de gagner de l'argent, ne produira probablement pas la santé de l'intelligence, et réduira les maîtres eux-mêmes à l'état de machines. S'imaginant percevoir clairement les résultats immédiats et ne percevant pas les résultats éloignés ou les négligeant, il ne doute pas de l'excellence du projet. Lorsque, vingt ans plus tard, les effets de celui-ci sont jugés mauvais au point qu'on l'abandonne, après qu'il a compromis la santé de millions d'enfants et infligé une somme inouïe de souffrance physique et mentale, sa méprise n'a rien appris à notre homme, qui dès le lendemain est tout prêt à juger de quelque nouveau projet en suivant exactement la même méthode, c'est-à-dire en se contentant d'un examen superficiel et d'une compensation de probabilités. C'est bien ce que nous avons dit au début de ce chapitre : le recours aux principes généraux est jugé indispensable pour les questions simples, mais estimé superflu pour les questions les plus complexes.

Cependant, un instant de réflexion ferait voir qu'il est probable, non seulement que ces jugements dépourvus de direction doivent être erronés, mais encore qu'il doit exister une direction capable d'assurer la correction de nos jugements. Car quoi de plus contraire au bon sens que de s'imaginer que les affaires sociales sont soustraites à la causalité naturelle? Et comment repousser l'accusation de folie quand, tout en admettant l'existence de la causalité naturelle, on promulgue des lois qui n'en tiennent aucun compte? Nous l'avons démontré dans un chapitre précédent : si la causalité n'existe pas, toutes les lois se valent, et légiférer est une occupation ridicule. Si toutes les lois ne sont pas d'égale valeur, il faut admettre que telle loi opère d'une manière plus salutaire que telle autre sur les hommes assemblés en société; dans ce cas, cette opération plus salutaire implique donc un certain degré d'adaptation à la nature des hommes et à leurs modes de coopération. Par rapport à ceux-ci, il existe donc des principes généraux, des uniformités très profondes, et l'effet définitif d'une législation doit dépendre de la mesure dans laquelle elle tient compte de ces uniformités pour s'y subordonner. Quoi donc de plus insensé que d'agir avant de s'en être informé?

§ 130. — Il est insensé, pour les sociétés comme pour les individus, de se mettre à la poursuite du bonheur sans tenir compte des conditions qui rendent sa réalisation possible. L'erreur des sociétés est même pire que celle des individus, car l'individu réussit souvent à éluder les conséquences de son imprévoyance, tandis que par suite de leur répartition sur un grand nombre d'individus, la société ne parvient pas à s'y soustraire.

Tout criminel a pour méthode d'estimer les conséquences probables de chacun de ses actes, en faisant abstraction de toute autre sanction générale que celle de la poursuite du bonheur. Il se décide à agir si la probabilité penche du côté de l'acquisition d'une jouissance et s'il voit la chance d'éviter une souffrance. Négligeant les considérations d'équité qui devraient le retenir, il s'attache aux résultats rapprochés de préférence aux résultats éloignés, et il arrive qu'il calcule juste pour ce qui concerne les résultats rapprochés et qu'il parvient à recueillir les jouissances que lui procurent ses gains mal acquis et à se soustraire à tout châtiment. Mais à la longue, les désavantages finissent par l'emporter pour lui sur les avantages, en partie parce qu'il n'échappe pas invariablement aux pénalités, et en partie parce que le genre de nature que développent en lui ses actions, est incapable de jouissances élevées.

Le politique empirique suit dans un dessein altruiste la ligne de conduite que suit le violateur des lois dans un dessein égoïste. Non pas en vue de son bien personnel, mais, du moins il le pense, pour le bien d'autrui, il calcule la probabilité des plaisirs et des souffrances, et peu soucieux des préceptes de l'équité pure, adopte les méthodes qui, à ses yeux, assureront les premiers et éviteront les secondes. S'il s'agit de doter de livres et de journaux les soi-disant bibliothèques populaires, il vise des résultats qu'il considère comme bienfaisants et ne se demande pas si, dans la pratique, il est juste de prendre par contrainte l'argent de A, de B et de C afin de procurer des jouissances à D, à E et à F. S'il poursuit la répression de l'ivrognerie et des maux qu'elle engendre, il ne voit que son but, et, résolu à imposer à autrui ses propres opinions, il s'efforce de restreindre la liberté des échanges et de supprimer des industries où des capitaux se sont engagés sous le couvert de l'assentiment légal et social. Comme l'agresseur égoïste, l'agresseur altruiste ne prend pour guide que l'appréciation des fins immédiates, et la pensée que ses actes violent le premier principe d'une vie sociale harmonieuse, ne suffit pas à l'arrêter.

Il saute aux yeux que cet utilitarisme empirique, qui fait du bonheur la fin immédiate, est en contradiction flagrante avec l'utilitarisme rationnel, qui en vise les conditions de réalisation définitive.

§ 131. — Les partisans de l'empirisme politique ne seront pas en droit de se plaindre si nous soumettons leur méthode à l'épreuve de leur propre critérium. Puisque, dédaigneux des principes abstraits, ils nous invitent à ne considérer que les résultats, soit calculés à l'avance, soit vérifiés par l'expérience, nous ne pouvons mieux faire que d'appliquer leur méthode à la méthode empirique elle-même. Nous allons le tenter.

Le 19 mai 1890, un débat s'éleva à la Chambre des Lords, au sujet d'un projet de législation d'un caractère socialiste ; le Premier Ministre s'exprima en ces termes :

« Avant d'adopter une proposition, nous ne nous enquérons pas de son origine ou de sa dérivation philosophique, pas plus qu'un homme sensé ne s'informe, avant d'engager un valet de pied, des certificats que peut avoir le grand-père de ce dernier. »

Ayant ainsi tourné en ridicule l'hypothèse qu'il existe des lois générales régissant la vie sociale, auxquelles la législation est tenue de se conformer, il continua en affirmant « qu'il convient pour chaque espèce de se régler sur les circonstances ». La méthode que lord Salisbury préconisait ainsi ouvertement, est d'ailleurs universellement suivie par les hommes politiques qui se piquent d'être pratiques et qui se rient des « principes abstraits ».

Malheureusement pour eux, leur méthode a été, pendant des milliers d'années, celle des législateurs dont les lois funestes ont accru les formes multiples de la misère humaine à un degré qui échappe à toute mesure. L'apprécia-

tion des circonstances particulières « à chaque espèce » a inspiré Dioclétien fixant le prix des marchandises et le montant
des salaires, et a guidé les gouvernements européens qui,
à chaque siècle et dans des cas innombrables, ont décidé
quelle somme d'argent devait être donnée pour telle quantité de produits. Dans notre pays, après la Peste noire, elle
a inspiré le Statut des Laboureurs et fait éclater la révolte
des Paysans. La même soumission « aux circonstances de
chaque espèce particulière » a dicté les lois sans nombre
qui, en Angleterre et ailleurs, ont prescrit les qualités à
fabriquer et les procédés de fabrication à employer, et
nommé les commissaires chargés de s'assurer de l'observation de ces lois et de remédier aux inconvénients signalés.
Les prescriptions adressées aux cultivateurs concernant la
division de leurs terres en pâturages et en terres arables,
sur la tonte des moutons et les attelages de leur charrue,
celles qui imposaient certaines cultures et en proscrivaient
d'autres, avaient toutes en vue les « circonstances de chaque
espèce en particulier ». Il en était de même des primes
allouées à la sortie de certains produits et des restrictions
qui arrêtaient l'entrée des autres, des pénalités qui frappaient les accapareurs, et du traitement qu'on infligeait aux
usuriers assimilés à des criminels. Chacun de ces innombrables règlements était exécuté par des nuées de fonctionnaires qui, en France, en vinrent presque à étrangler l'industrie ; cette réglementation à outrance fut une des causes
de la Révolution Française et, cependant, chacun de ces
règlements semblait aux hommes qui l'avaient dicté, justifié
par les « circonstances de l'espèce ». Ils découvraient une
égale nécessité aux centaines de lois somptuaires que les
rois et leurs ministres s'efforcèrent d'imposer à chaque
génération successive. Du Statut de Merton jusqu'en 1872,

plus de quatorze mille Actes du Parlement ont été abrogés
en Angleterre : les uns ont été fondus dans les lois générales,
quelques-uns semblèrent superflus, d'autres sont tombés
en désuétude ; combien en a-t-on abrogé pour avoir exercé
des effets malfaisants? La moitié? un quart? moins d'un
quart? Mettons qu'au bas mot, trois mille Actes du Parlement aient été abrogés à la suite de la constatation de leurs
effets nuisibles. Que dire de ces trois mille lois qui ont
entravé le bonheur des hommes et accru leur misère pendant des années, des générations ou des siècles?

Puisque nous devons prendre pour guides l'observation et
l'expérience, quel verdict l'expérience et l'observation pro-
noncent-elles sur cette méthode de gouvernement? Ne
prouvent-elles pas au-dessus de toute évidence que cette
méthode a subi défaite sur défaite? « Permettez, nous répondra-t-on peut-être, vous oubliez que si des lois nombreuses
ont été abrogées après avoir produit des effets nuisibles,
d'autres ont été reconnues bienfaisantes et n'ont pas été
abrogées ». Sans doute, mais cette réponse n'en est pas
moins malheureuse. En effet, qu'est-ce que des lois bienfaisantes? Ce sont celles qui se conforment aux principes
fondamentaux dont les politiques pratiques se plaisent à
faire fi. Ce sont les lois qu'approuve la philosophie sociale
dont lord Salisbury parle avec tant de dédain, celles qui
reconnaissent et sanctionnent les corollaires de la formule
de la justice. Car, nous l'avons vu dans plusieurs chapitres,
l'édiction progressive des lois que ratifie l'éthique, a suivi
l'évolution sociale. Les faits prononcent donc une double
condamnation de l'utilitarisme empirique et démontrent
irréfutablement l'insuccès de cette méthode et le succès de
la méthode opposée.

Remarquons encore que ni lord Salisbury, ni aucun des

adhérents de cette école, ne font preuve d'esprit de suite et qu'ils se gardent de rester uniformément fidèles à la méthode qui juge « chaque espèce en particulier ». Au contraire, pour les catégories les plus importantes, ils adoptent la méthode qu'ils ont ridiculisée. Mettez-les à l'épreuve, et vous les verrez répudier énergiquement la direction des « circonstances de chaque espèce en particulier », s'ils se trouvent en face de questions dont la solution est simple et claire.

Cherchant les causes de la facilité avec laquelle parviennent à s'échapper les voleurs qui infestent nos rues, l'auteur d'une lettre adressée à un journal[1] raconte qu'ayant assisté à un vol, il demanda à un passant pourquoi il n'avait pas arrêté le voleur qui, dans sa fuite, avait passé près de lui. « A quoi bon arrêter ce pauvre diable, répondit l'autre, il a plus besoin des objets qu'il a dérobés que l'homme à qui il les a pris ». C'était, de son propre aveu, juger d'après « les circonstances de l'espèce », estimer les degrés relatifs de bonheur du voleur et du volé et déclarer que le résultat de la comparaison justifiait le vol. « Mais le droit de propriété doit être défendu, répondrait lord Salisbury. La société s'effondrerait si chacun avait le droit de prendre le bien d'autrui en se couvrant de l'excuse qu'il en a un plus grand besoin que le possesseur dépouillé. » Parfaitement, mais en parlant ainsi, lord Salisbury ne jugeait plus d'après « les circonstances de l'espèce », mais en se conformant à un principe général. La différence essentielle entre les deux méthodes est celle-ci. Les leçons léguées par des milliers d'années attestent que la société progresse en raison de la conformité de plus en plus stricte aux corollaires de la formule de la justice, et qu'il sera donc sage de s'y conformer pour

---

[1] La date de cet article a été égarée.

chaque cas nouveau. Cependant lord Salisbury estime qu'il
est inutile de s'y conformer si une majorité pense « qu'en
l'espèce », les circonstances exigent qu'on s'en écarte.

§ 132. — Il est vraiment surprenant qu'après avoir lu les
faits que relatent quotidiennement les journaux, on puisse
encore s'imaginer que les conséquences des mesures prises
concernant « chaque espèce » seront circonscrites à l'espèce en question. La lecture quotidienne des journaux ne
rend pas les hommes plus sages ; comment se l'expliquer,
sinon qu'après avoir constaté qu'un changement introduit
dans une partie de la société détermine des changements im-
prévus dans d'autres parties, il s'en trouve pour croire qu'un
Acte du Parlement ne produira que des effets prévus et ne
produira aucun effet imprévu. Dans tout agrégat de parties
mutuellement dépendantes, il faut tenir compte de ce que
j'ai décrit ailleurs, sous le nom de causalité fructifiante.
Les effets d'une cause deviennent eux-mêmes des causes et
des causes souvent plus actives que les effets qui les ont
engendrées; à leur tour, leurs effets deviennent des causes
nouvelles. Que se passa-t-il, il y a quelques années, lors de
la grande hausse du prix des charbons? La dépense de
chaque ménage en fut affectée et les pauvres gens souffrirent
cruellement. Toutes les usines furent atteintes, les salaires
furent réduits et les prix de vente relevés. La fonte du fer
devint une opération plus coûteuse, et le prix de tous les
articles, comme les chemins de fer et les machines, où le fer
entre en grande quantité, fut forcé de monter. Notre capacité de concourir avec les industries étrangères s'affaiblit:
moins de navires furent affrêtés pour exporter nos produits,
et l'industrie de la construction navale souffrit, comme les
industries qui s'y rattachent. Il en fut de même dans des

industries trop nombreuses pour être énumérées. Voyez encore les effets de la dernière grève des Docks, ou plutôt de la sympathie inintelligente, qui, se fiant aux « circonstances de l'espèce », a poussé le public et la police à tolérer la violence à laquelle les grévistes ont eu recours pour atteindre leurs fins. L'emploi couronné de succès des voies de fait, des menaces, de la mise à l'index, a partout excité les grèves, menées par les mêmes procédés, qui ont éclaté à Southampton, à Tilbury, à Glasgow, à Nottingham. Les peintres, les corroyeurs, les ébénistes, les fabricants de balances, les ouvriers boulangers, les charpentiers, les typographes, les hommes-affiches, suivirent l'impulsion donnée. Des mouvements encore moins scrupuleux furent instigués en Australie et en Amérique. Il en est résulté comme effets secondaires des arrêts et le trouble jeté dans les industries en cause et dans celles qui s'y rattachaient, et un amoindrissement correspondant dans la demande de travail. Comme résultats tertiaires, nous pouvons citer l'encouragement donné à la chimère qu'il suffit aux ouvriers de se coaliser pour obtenir les conditions qu'ils réclament, et l'éveil donné à des prétentions qui conduiraient le travail à la mort. Comme résultats plus éloignés encore, l'essor fut donné à une législation tâtillonne, et au développement des idées socialistes.

Les effets indirects qui se multiplient et se reproduisent, engendrent souvent à la longue un état de choses tout à fait contraire à celui qu'on attendait. Le passé et le présent nous fournissent également des exemples de ces déviations. Prenons dans le passé un Acte de la huitième année d'Elisabeth, destiné à protéger les habitants de Shrewsbury contre la concurrence, et interdisant à tous, sauf aux bourgeois, de faire le commerce des cotonnades galloises. Six

ans plus tard, les mêmes habitants de Shrewsbury[1] sollici-
tèrent son abrogation « à cause de l'appauvrissement et de
la misère des pauvres artisans et autres, à la requête
desquels l'Acte avait été passé ». Les tisseurs de Spitalfields
nous fournissent un exemple parallèle. Pour le présent,
citons certaines lois passées dans les États de l'Ouest de
l'Amérique. « Ces lois ont été votées à l'effet de favoriser
l'extermination des éperviers et des loups, disait, le 8 janvier 1885, le gouverneur Grant dans son Message à la Légis-
lature du Colorado, mais les loups et les éperviers ont
pullulé sous le couvert des primes qu'elles ont instituées » ;
du moins à en juger d'après le total des primes payées. La
même expérience a été faite dans l'Inde.

Depuis l'époque où les mendiants fourmillaient aux portes
des monastères, jusqu'à celle où notre ancienne Loi sur les
Pauvres avait inondé certaines paroisses d'un flot d'indigents, l'expérience a uniformément prouvé que des mesures
dictées par les « circonstances apparentes de chaque espèce »,
ont produit des résultats exactement contraires à ceux qu'en
attendaient leurs auteurs : elles ont accru la détresse au lieu
de l'atténuer. Des faits récents fournissent le même témoignage. Écrivant au *Spectator*, du 19 avril 1890, le président
de l'*Union* de Bradfield établit que dix-sept années d'une
administration basée sur un principe au lieu de l'être sur le
sentimentalisme, a réduit le nombre des pauvres, à l'intérieur du *Workhouse* de 259 à 100 et à l'extérieur de 999
à 42 ; il termine sa lettre en exprimant sa conviction que « les
secours distribués au dehors créent la plupart des indigents ».
Écrivant de Tennyson Settlement, dans la colonie du Cap,
M. Arnold White insiste sur l'urgence qu'il y a à se garder

---

[1] Stanley Jevons. *The State in Relation to Labour*. Londres. 1882. p. 57.

des nécessités apparentes. « Un plan de colonisation, dit-il dans sa lettre du 10 janvier 1891 au *Spectator*, est voué à un échec certain s'il ne prévoit pas ouvertement la mort pour les paresseux, qui se refusent à travailler... Comme un fer chaud, l'expérience chèrement payée de longues et amères années a gravé en moi cette leçon. » En matière de charité, si nous nous laissons gouverner par les circonstances apparentes de « chaque espèce particulière », nous enflammerons le mal au lieu de le guérir.

Le jugement du législateur qui nargue la philosophie et ne veut voir que les faits mis sous ses yeux, ne mérite pas plus de respect que celui de l'ouvrier qui se joint à ses compagnons pour vociférer et réclamer à grands cris des travaux publics, par l'unique raison qu'ils lui donneront de de l'ouvrage. Celui-ci aussi n'envisage que les conséquences immédiates et prévues « en l'espèce », et ne se soucie pas des conséquences éloignées. Les effets d'une application de capital à une entreprise qui ne rapportera aucun produit correspondant, lui importent peu; il ne recherche pas à quelles entreprises probablement plus rémunératrices et par là même plus utiles, ce capital aurait pu être employé, et ne s'inquiète pas de l'occupation qu'y auraient trouvée d'autres industriels et d'autres ouvriers. Nos législateurs prévoient peut-être les effets d'un peu plus loin, mais, en réalité, ils sont aussi éloignés que l'ouvrier d'avoir la conception nette des ondes ultimes du changement qui se réfractent et se répercutent dans le sein de la société.

§ 133. — Qui nous égare le plus, de la foi qui croit sans preuves ou du refus de croire en présence de témoignages accablants? La foi de celui qui persiste à croire sans faits

à l'appui, est contraire à la raison, mais il en est de même
de celui qui s'obstine à ne pas croire en dépit de l'accumu-
lation des faits qui devrait le convaincre. Je doute si ce
genre de scepticisme n'est pas plus dangereux que la crédulité excessive.

Comme le citoyen ordinaire, et malgré les exemples à
l'infini qui l'établissent, le législateur ordinaire n'a aucune
foi dans l'action bienfaisante des forces sociales. Il s'obstine
à se figurer une société sous les dehors d'une machine et
non pas sous la forme d'une croissance ; ses yeux restent
fermés au fait que l'organisme vaste et complexe qui permet
à la vie de s'accomplir, est le produit des coopérations spontanées des hommes se livrant à la poursuite de leurs fins
particulières. Cependant s'il se demande comment la surface
de la Terre a été défrichée et rendue fertile, comment les
villes ont grandi, comment les industries les plus diverses
se sont développées, comment les arts ont pris naissance,
comment la science s'est accumulée, comment est née la
littérature, il est bien forcé de reconnaître que tous ces
progrès ne sont pas l'œuvre des gouvernements, mais que
plusieurs d'entre eux ont eu au contraire à souffrir de l'obstruction gouvernementale. Néanmoins, dans son ignorance,
il invoque le Parlement toutes les fois qu'il s'agit de réaliser
un bien ou de prévenir un mal. Il a une foi aveugle dans
un agent qui ne compte plus ses défaites, mais il n'en a
aucune dans la force qui compte d'innombrables succès.

Chaque catégorie des sentiments divers qui poussent les
hommes à l'action, a son rôle dans la production des structures et des fonctions sociales. Nous avons reconnu que le
premier effet des sentiments égoïstes, toujours actifs et puissants, a été de développer les arrangements concernant la
production et la distribution de la richesse : toutes les fois

que s'ouvre une sphère nouvelle, susceptible d'être occupée
avec avantage, ils sont prompts à élargir leur cercle d'activité. Qu'il s'agisse de creuser le canal de Suez ou de bâtir
un pont sur la Forth, d'assurer les maisons, la vie, les
récoltes ou les vitrines des boutiques, d'explorer des régions
inconnues, d'organiser des excursions de touristes, d'installer des distributeurs ou des lorgnettes automatiques dans
les gares ou dans les théâtres, l'entreprise privée a le don
d'ubiquité et varie ses formes à l'infini ; repoussée par l'Etat
dans une direction, elle s'élance d'un autre côté. L'énergie
de l'entreprise privée et l'esprit d'obstruction du fonctionnarisme éclatent depuis l'organisation, à Londres, sous
Charles II, d'une poste aux lettres à un sou [1], que le gouvernement supprima, jusqu'à la récente tentative de suppression de la Compagnie des Petits Messagers *(Boy Messengers
Company)* [2]. Au besoin, les *American Express Companies*
nous fourniront un exemple de plus de la supériorité des
entreprises spontanées. L'une d'elles compte 7,000 succur-
sales, organise ses propres trains express, transporte annuellement 25 millions de paquets, est employée par le
gouvernement, a un système de mandats postaux qui sup-
plante celui de l'Administration des Postes, et a étendu
ses affaires à l'Europe, à l'Inde, à l'Afrique, à l'Amérique
du Sud et à la Polynésie.

A côté des sentiments égoïstes dont les forces combinées
ont développé l'organisme qui fait subsister les sociétés, se
manifestent encore chez les hommes le sentiment égo-
altruiste et le sentiment altruiste — l'amour de l'approbation
et la sympathie — qui les incitent à de nouvelles actions
isolées ou combinées et donnent naissance à des institu-

---

[1] *Encyclopédie Britannique*, XIX, 565.
[2] Voir les journaux de mars 1891.

tions diverses et variées. Il est inutile de remonter au passé
pour signaler leur action sous forme de donations affectées
à des œuvres de charité et d'éducation. Notre époque fournit d'abondants témoignagnes de leur puissance. Chez nous,
et plus encore en Amérique, des legs considérables sont
chaque jour consacrés à fonder des collèges et, plus souvent
encore, à doter des chaires ou des bourses d'études ;
d'énormes sommes d'argent sont données pour bâtir et
garnir les bibliothèques publiques ; des particuliers offrent
des parcs et des jardins aux municipalités, et de riches
collections sont léguées à la nation. Le *Standard*, du
11 avril 1890, publie un tableau établissant qu'en 1889 les
legs faits aux hôpitaux, aux asiles, aux missions et aux
sociétés charitables, ont atteint le total de 1,080,000 livres
sterling ; à la fin du premier trimestre de 1890, ils s'éle-
vaient déjà à 300,000 livres. Dans le *Nineteenth Century*
de février 1890, M. Huish a montré que, dans le cours de
ces dernières années, les dons des particuliers en faveur
des arts se sont élevés à 347,500 livres en bâtiments, et
à 559,000 livres en tableaux ou en argent ; nous pourrions
y ajouter un don récent de 80.000 livres que le donateur a
affecté à la création d'une galerie d'art britannique.

N'oublions pas l'activité infatigable d'une foule de phi-
lanthropes se vouant à l'une ou l'autre propagande de bienfaisance en faveur de leurs concitoyens. D'innombrables
associations disposant d'un revenu collectif immense, se
forment dans des buts désintéressés : toutes sont conçues
dans un but de bienfaisance, bien que leurs résultats
laissent parfois à désirer. Loin de s'affaiblir, les mobiles
largement, sinon uniquement altruistes, qui déterminent
leur fondation et leur fonctionnement, gagnent continuellement du terrain.

Ces forces ont beaucoup fait et font preuve d'une puissance croissante; nous pouvons compter sur leur efficacité future, et il est raisonnable de prévoir qu'elles réussiront à accomplir de grandes choses, dont nous n'entrevoyons pas encore la possibilité.

§ 134. — Même sans tenir compte des restrictions éthiques et des déductions à tirer de la spécialisation progressive qui se manifeste dans les sociétés, nous n'en avons pas moins de solides raisons de rester convaincu qu'il convient de restreindre les fonctions de l'État plutôt que de les étendre.

Leur extension à la poursuite d'un bien espéré, a invariablement tourné en désastre. Les histoires de toutes les nations nous révèlent également les maux incalculables qu'ont produits les législations qui ne se guidaient que sur « les circonstances de chaque espèce en particulier » ; elles s'accordent au contraire à proclamer le succès de celles qui ne s'inspiraient que de considérations d'équité.

Tous les matins, nous avons sous les yeux les témoignages de l'action qu'exerce sur le corps politique une causalité fructifiante si complexe que l'intelligence la plus vaste est incapable d'en prévoir tous les résultats. Le prétendu politique pratique, qui se figure que l'influence de ses mesures s'arrêtera aux limites du domaine qu'il a en vue, est en réalité le plus chimérique des théoriciens.

Son insuccès constant à obtenir les effets attendus et à éviter les effets inattendus, devrait ébranler sa foi aux moyens artificiels qu'il prône sans cesse, et cependant il demeure incrédule au sujet des forces naturelles qui ont tant fait dans le passé, qui sont encore plus actives de nos jours, et qui nous promettent un avenir de plus en plus fécond.

CHAPITRE XXIX

Les Limites des Devoirs de l'État.
(Fin.)

§ 135. — De toutes les raisons qui exigent la restriction de l'action gouvernementale, la plus forte reste à exposer. La formation du caractère est la fin qui pour l'homme d'État devrait l'emporter sur toutes les autres: or la conception exacte de ce que doivent être, et le caractère qu'il s'agit de former et les moyens qui sont propres à le former, exclut les interventions multiples de l'État.

« Comment, va-t-on sans doute s'écrier, la formation du caractère n'est-elle pas la fin vers laquelle tend toute la législation que nous préconisons? Ne soutenons-nous pas que la mission capitale de l'État est de faire de bons citoyens? N'est-ce pas en vue de l'amélioration de la nature humaine que sont conçus nos systèmes scolaires, nos bibliothèques gratuites, nos gymnases et nos institutions sanitaires? »

A cette réplique interrogative, énoncée sur un ton d'étonnement et avec la conviction sous-entendue qu'il ne nous reste qu'à nous taire, nous répondrons que le succès dépend de la bonté de l'idéal qu'on nourrit et du choix des moyens de le réaliser. Tous deux sont ici entachés d'erreur radicale.

Ces deux paragraphes indiquent suffisamment quelles sont les opinions rivales que nous allons discuter. Abordons sans plus tarder leur discussion systématique.

§ 136. — Aussi bien chez les hordes sauvages que chez
les nations civilisées, des exemples sans nombre attestent
qu'une préparation est nécessaire pour produire un solide
guerrier. Dès le jeune âge, il doit s'exercer au maniement
des armes ; l'ambition de sa jeunesse est de devenir un bon
tireur à l'arc, de lancer le javelot ou le *boomerang* avec
force et avec précision, et de devenir habile à la défense et à
l'attaque. Il cultive sa rapidité à la course et son adresse,
et soumet sa vigueur à des épreuves nombreuses. Il est
encore plus nécessaire au but qu'il a en vue, qu'il se courbe
sous la discipline de l'endurance; parfois il va jusqu'à
s'offrir à la torture. Bref, l'éducation de tout membre mâle
de la tribu est dirigée en vue de son adaptation aux visées
de la communauté et au concours qu'il devra fournir, tantôt
à sa défense ou à l'assujettissement des voisins, tantôt à
l'une et à l'autre de ces deux entreprises combinées. Cette
éducation ne constitue pas une éducation par l'État au sens
moderne du mot, mais elle n'en est pas moins une éducation dictée par la coutume et imposée par l'opinion
publique, affirmant tacitement, sinon ouvertement, qu'il
appartient à la société de façonner l'individu.

Formant des communautés plus étendues et régulière-
ment gouvernées, le progrès social développe de plus en
plus l'éducation par l'État. Non contents de cultiver de
propos délibéré la vigueur, l'adresse, la force de résistance
nécessaire, les peuples se mettent à cultiver la subordination indispensable à l'exécution des opérations militaires.
ainsi que la subordination aux chefs et aux gouvernants,
sans laquelle l'emploi des forces combinées ne pourrait pas
s'effectuer d'une manière satisfaisante. La Grèce, et Sparte
en particulier, nous fournissent l'exemple de cette phase du
progrès.

Une théorie appropriée s'est associée à ces usages. La croyance que l'individu n'appartenait ni à lui-même, ni à sa famille, mais appartenait à la cité, a naturellement engendré la doctrine que la cité avait le droit de le façonner et de l'adapter à ses fins. Platon et Aristote nous exposent tous deux des plans détaillés de la préparation des enfants et des jeunes gens aux obligations du citoyen, et affirment sans hésiter que dans un État bien réglé, l'éducation est une question d'intérêt public.

Évidemment, tant que la guerre reste la principale occupation de la vie, il est normal que le dressage des individus s'effectue d'après un modèle propre à assurer la victoire, et soit confié à un agent gouvernemental. Dans ce cas, l'expérience fournit l'idéal approximatif que l'on poursuit et dirige le choix des méthodes propres à le réaliser. On s'attache à transformer autant que possible tous les hommes libres en machines militaires obéissant automatiquement aux ordres qu'ils reçoivent : une discipline unifiante est indispensable à cette transformation. En outre, de même que dans le type militaire, le système de règle coercitive qu'implique l'enrégimentation, s'étend des parties combattantes à l'ensemble des parties auxiliaires, qui leur fournissent la subsistance, de même s'établit naturellement la théorie que le gouvernement doit façonner et adapter à leurs fonctions, non seulement les soldats, mais encore tous les autres membres de la communauté.

§ 137. — Méconnaissant la distinction fondamentale entre une société dont la guerre est l'occupation capitale et qui lui subordonne la sustentation, et une société qui fait de la sustentation son occupation capitale et lui subordonne l'activité guerrière, bien des gens sont convaincus qu'une discipline et une politique appropriées à la première le sont également à la seconde. Mais les relations entre l'individu et l'État diffèrent absolument dans ces deux cas. Différent du Grec, qui ne s'appartenait pas, mais appartenait à la cité, l'Anglais n'appartient guère à la nation dont il fait partie, mais s'appartient au contraire et d'une manière très accentuée. A la vérité, s'il a l'âge voulu, le gouvernement peut, en cas de danger imminent, s'emparer de sa personne et le forcer à participer à la défense nationale ; toutefois, cette éventualité ne restreint que légèrement son droit de possession de sa personne et de direction en propre de ses actions.

Dans toute une série de chapitres, nous avons constaté qu'en établissant progressivement les droits déduits par l'éthique, la loi écrite a sanctionné le libre usage de soi pour tout individu, non seulement vis-à-vis d'autres individus, mais encore, sous bien des rapports, vis-à-vis de l'État lui-même : sans renoncer à le défendre contre les agressions d'autrui, l'État a, de plus d'un côté, renoncé à diriger des agressions contre lui. Dans un état de paix permanente — le corollaire est évident — le renversement de relation serait complet.

Quelle influence cette conclusion exerce-t-elle sur la question qui nous occupe ? Elle implique que tandis que la société avait jadis à façonner l'individu et à l'adapter à ses desseins, c'est maintenant à l'individu à façonner la société et à l'adapter au but qu'il poursuit. La société n'est plus un corps politique solidifié, poussant à l'action la masse de ses unités combinées ; elle a perdu son organisation coercitive, et ne retenant plus ses unités que par les liens de la coopération pacifique, elle n'est plus que le milieu où se déploient leurs activités. Je le répète et j'insiste sur ce point : puisque la société en sa capacité corporative n'est pas douée de la faculté de sentir et puisque cette faculté réside uniquement dans ses unités, l'unique raison qui justifiait la subordination des vies sentantes des unités à la vie non-sentante de la société, ne peut être invoquée que sous le régime militaire et seulement parce qu'alors cette subordination offre le meilleur moyen de protéger les vies sentantes des unités ; cette raison s'affaiblit avec le déclin du militarisme et disparaît à l'avènement du régime industriel illimité. Le droit de la société à discipliner les citoyens s'évanouit du coup et il ne reste aucune autorité qui ait qualité pour prescrire la forme que doit prendre la vie individuelle.

« Mais assurément, nous dira-t-on, la société agissant en sa capacité corporative et guidée par les intelligences combinées de l'élite de ses membres, rendra service en élaborant la conception de la nature individuelle le mieux adaptée à une vie industrielle harmonieuse, et la conception de la discipline qui sera propre à réaliser cette nature ? » Ce plaidoyer sous-entend le droit de la communauté à imposer ses desseins par l'entremise de ses agents, prétendu droit qui est en contradiction formelle avec les conclusions déduites dans quelques-uns des chapitres précédents. Mais, sans nous arrêter à ce point, demandons-nous si la société est bien apte à décider du caractère qu'il convient de poursuivre chez l'individu et à choisir les moyens propres à le créer.

§ 138. — Que l'idéal choisi ou que le procédé choisi pour le réaliser, soit bon ou mauvais, le fait de choisir implique trois conséquences inévitables, dont chacune suffit à condamner ce système.

Celui-ci pousse nécessairement à l'uniformité. Si les mesures adoptées ont un effet quelconque, cet effet sera de produire une certaine ressemblance entre les individus : le nier équivaudrait à nier l'action des mesures qu'on veut prendre. Mais le progrès sera retardé proportionnellement au degré d'uniformité obtenu. Quiconque a étudié l'ordre de la nature, sait que sans variété il n'y a pas de progrès possible, et que la variété a seule permis à la vie d'évoluer. Conclusion inévitable : l'arrêt de la genèse de la variété implique l'arrêt de tout progrès ultérieur.

Ce système a encore pour conséquence la production d'une réceptivité passive de toute forme qu'il plaira à l'État d'imprimer à l'individu. Que l'esprit de soumission fasse ou ne fasse pas partie de la nature que la société incorporée se propose de donner à ses unités, elle ne parviendra à réaliser ses projets que si elle rencontre ou crée cet esprit. D'une manière avouée ou dissimulée, le caractère souhaité devra comprendre la disposition de chaque citoyen à se soumettre ou à soumettre ses enfants à la discipline qu'il plaira à d'autres citoyens plus ou moins nombreux de lui imposer. Certaines gens considéreront peut-être comme un trait de haute humanité de livrer ainsi la formation de la nature humaine au bon plaisir d'un agrégat composé en grande partie d'unités inférieures. Nous ne leur ferons pas l'honneur de discuter avec eux.

Ce système implique encore le dilemme que voici : ou bien il n'existe aucun procédé naturel en vertu duquel les citoyens sont en voie d'adaptation, ou bien il convient que ce procédé naturel soit supplanté par un procédé artificiel. Affirmer qu'il n'existe aucune adaptation naturelle, c'est affirmer que contrairement à ce qui se passe pour les autres êtres, qui tendent invariablement à s'adapter aux circonstances environnantes, l'être humain ne tend ni à s'y adapter, ni à subir les modifications qui le rendent capable de mener

la vie que les circonstances lui imposent. Autant dire que les
variétés du genre humain sont des effets sans cause ou
qu'elles ont eu pour cause l'action gouvernementale. En
dehors de cette proposition, il faut bien admettre que les
hommes s'ajustent continuellement et naturellement aux
exigences d'un état social développé; et quiconque admet
ce point, hésitera à affirmer qu'une adaptation artificielle
serait préférable à leur adaptation naturelle.

§ 139. — Passons de ces aspects abstraits de la question à
ses aspects concrets.

Supposons qu'on ait décidé de créer des citoyens ayant la
forme requise par la vie de la société dont ils font partie.
D'où doit dériver la conception de cette forme ? Les hommes
ne reçoivent pas seulement en héritage les constitutions
physiques et mentales de leurs ancêtres, ils héritent aussi de
l'ensemble de leurs idées et de leurs croyances. La conception courante de ce que doit être un citoyen, sera donc un
produit du passé, légèrement modifié par le présent : c'est-
à-dire que le passé et le présent imposeront leur conception
à l'avenir. Toute personne envisageant la question à un point
de vue impersonnel, ne pourra manquer de s'apercevoir
qu'on se prépare à répéter, dans une autre sphère, les
folies commises, en tout temps et chez tous les peuples,
par rapport aux croyances religieuses. Partout et toujours,
l'homme ordinaire se figure que la foi dans laquelle il a été
élevé, est la seule véritable. Quoiqu'il soit forcé d'admettre
qu'assurément toutes les croyances qui ont été professées
avec une confiance égale à la sienne, doivent, à l'exception
d'une seule, être fausses, cependant, à l'exemple de chacun
des autres hommes, il est convaincu que sa croyance à lui
constitue cette exception. Les gens qui voudraient imposer

à l'avenir leur idéal du citoyen, sont imbus d'une présomption tout aussi absurde. Ils ne doutent pas que le type qu'ils
conçoivent et que les nécessités du passé et du présent
ont engendré, soit un type approprié aux temps à venir.
Mais les caractères que le passé jugeait convenables, diffé-
raient de ceux que nous croyons tels; pour s'en convaincre
il suffit de remonter au passé éloigné, qui méprisait le
travail et pour qui vertu était synonyme de hardiesse, de
valeur et de bravoure. Dans un temps moins reculé, un
homme de haute naissance était qualifié de noble, tandis
que travailleur et vilain étaient des désignations équivalentes: le premier des devoirs, c'était la soumission abjecte
de chaque rang au rang immédiatement supérieur, et le bon
citoyen, à quelque classe qu'il appartînt, était tenu d'accepter
humblement la croyance que l'État lui prescrivait. Ce qui
n'empêche pas les représentants médiocrement sages d'électeurs presque tous ignorants, de se préparer avec une
arrogance vraiment pontificale à promulguer quelle est la
forme d'une nature humaine désirable, et à façonner la
génération prochaine en vue de cette forme.

Ils sont aussi affirmatifs sur les moyens à employer que
sur le but à poursuivre, quoique le passé nous atteste
l'échec complet des méthodes adoptées de siècle en siècle.
Au sein d'une chrétienté débordant d'églises et de prêtres,
de livres pieux, d'observances destinées à inculquer une
religion d'amour, louant la miséricorde et prêchant le
pardon, sévit l'esprit d'agression et de vengeance que nous
rencontrons partout chez les sauvages. Lisant chaque jour
leur Bible, assistant aux offices du matin, consacrant des
semaines à la prière, les mêmes gens dépêchent aux races
inférieures des messagers de paix auxquels succèdent des
expéditions de flibustiers officiels qui les dépouillent incon-

tinent de leurs terres ; les naturels qui résistent, sont traités
de « rebelles », on appelle « assassinats » les morts qu'ils
infligent par représailles, et tout ce système de conquête
violente s'appelle une « pacification ». Nous avons donc
d'excellentes raisons de rejeter comme erronée dans son but
et dans ses moyens, la méthode qui prétend artificiellement
façonner les hommes. Nous en avons de tout aussi bonnes
pour avoir foi dans la méthode naturelle de leur adaptation
spontanée à la vie sociale.

§ 140. — Le spectacle de l'ensemble du monde organique
nous enseigne par des exemples infinis en variété et en
nombre, que des évolutions directes ou indirectes adaptent
les facultés de toutes les espèces aux nécessités de la vie,
et que l'exercice de toute faculté adaptée devient en outre
une source de jouissance. Dans l'ordre normal, non seulement un agent se présente pour chaque fonction, mais le
sentiment conscient se compose des sentiments plus ou moins
agréables qu'engendre l'activité de ces agents. Cette organisation implique encore qu'à la suite d'une perturbation,
l'harmonie se rétablit graduellement et d'elle-même ; un
changement de circonstances a-t-il mis la discordance entre
les facultés et les nécessités, elles reviennent lentement à
s'accorder, soit par la survie des mieux adaptés, soit par
la transmission héréditaire des effets de l'accoutumance et
de la désuétude, soit enfin par le concours simultané de
ces deux opérations.

Régissant également les êtres humains, cette loi
implique que si l'on n'y porte pas obstacle, la nature que
nous a transmise un passé non civilisé, et qui ne s'adapte
encore que très imparfaitement au présent partiellement
civilisé, s'adaptera d'elle-même et lentement aux nécessités

d'un avenir pleinement civilisé. Elle implique encore qu'aux facultés diverses, aux capacités, aux goûts qui se seront graduellement établis, s'associeront les satisfactions que procure l'accomplissement des obligations diverses qu'entraîne la vie sociale. Les sociétés civilisées ont déjà acquis sur les sociétés sauvages l'avantage d'une somme considérable d'aptitude au travail ; la faculté de coopération bien ordonnée à la suite d'un accord volontaire s'est développée ; déjà les hommes sont capables de sommes de restriction de soi telles, que la plupart accomplissent leurs vies sans graves empiétements réciproques ; déjà l'intérêt altruiste que les citoyens portent aux affaires sociales en général, détermine la combinaison spontanée d'efforts individuels en vue de la réalisation de fins d'intérêt public, et déjà les sympathies des hommes sont devenues suffisamment actives pour engendrer une multitude peut-être excessive d'entreprises philanthropiques. Puisque la discipline de la vie sociale est parvenue à réaliser d'aussi vastes résultats en quelques milliers d'années, n'est-il pas insensé de la croire à bout de forces et de s'imaginer qu'elle ne réussira pas, avec l'aide du temps, à aller jusqu'au bout de sa tâche?

Il reste encore une vérité à énoncer. L'adaptation artificielle est impuissante à obtenir ce qu'obtient l'adaptation naturelle. En vertu de l'essence même de l'adaptation spontanée, l'aptitude de chaque faculté à sa propre fonction s'accroît à mesure qu'elle s'en acquitte. Si la fonction s'accomplit par un agent substitué, l'ajustement de nature fera défaut, car la nature se déformera pour s'adapter aux arrangements artificiels qu'on substitue aux arrangements naturels. Bien plus, l'entretien des agents substitués l'épuise et la débilite. Il en résulte non seulement une nature rabougrie, atrophiée, privée des jouissances que procure la satisfaction de la tâche accomplie, mais comme la subsistance des instrumentalités dirigeantes se prélève sur la sustentation des êtres dirigés, les existences de ceux-ci sont minées et leur adaptation subit une entrave nouvelle.

J'insiste donc une fois de plus sur la distinction fondamentale à observer. Tant que la guerre reste l'unique affaire de la vie, la coopération imposée qu'elle entraîne, implique que l'agrégat façonnera les unités à ses propres desseins, mais après l'avènement et la prédominance de la coopération volontaire qui caractérise l'industrialisme, c'est l'adaptation spontanée de soi à la vie de coopération volontaire qui doit effectuer ce moulage. Aucun autre procédé ne sera capable d'assurer une adaptation satisfaisante.

§ 141. — Nous voici revenus au principe général que nous avons énoncé au début. Nous avons reconnu l'inanité de toutes les raisons invoquées contre la loi primaire de la vie sociale; il ne reste de salut que dans la conformité à cette loi.

Si nous parvenions à amener un de nos politiques amoureux d'ingérences de l'État à se rendre compte de la portée de ses projets, le sentiment de sa propre témérité le paralyserait à jamais. Ce qu'il veut, c'est suspendre, d'une manière et jusqu'à un point quelconques, la marche suivant laquelle toute vie a évolué, et prononcer le divorce entre la conduite et sa conséquence. Violant en partie la loi de la vie générale, il s'attache de préférence à la violer sous sa forme sociale. Opposant son ingérence au principe de justice commun à toutes les choses vivantes, il s'acharne tout particulièrement à résister au principe de la justice humaine, qui exige que chaque individu jouisse des avantages qu'il a recueillis en respectant les limites nécessaires de l'action;

et entend procéder à une répartition nouvelle des avantages obtenus. Les résultats des expériences accumulées dans toute société civilisée, qui, enregistrés dans les lois, ont d'âge en âge établi les droits humains avec une clarté toujours croissante, il entend les ignorer à son gré et porter atteinte à ces droits. Tandis que dans le cours des siècles, les pouvoirs régulateurs des sociétés ont de plus en plus efficacement protégé les droits réciproques des hommes et se sont de plus en plus abstenus d'y porter atteinte, notre faiseur de projets législatifs prétend renverser le courant et resserrer la liberté d'action, qui est allée en s'élargissant. Ne tenant aucun compte du premier principe de la vie en général, ni du premier principe de la vie sociale en particulier, sa politique ignore de parti pris les généralisations tirées des observations et des expériences de milliers d'années. Et quels titres invoque-t-il? Il n'en a d'autres à faire valoir que certaines raisons d'utilité apparente, et nous avons constaté qu'aucune d'elles n'est digne de nous inspirer confiance.

Mais à quoi bon le réfuter en détail? Quelle absurdité plus extrême que de se proposer d'améliorer la vie sociale en commençant par violer la loi fondamentale qui la régit?

APPENDICES

Appendice A

L'Idée du Droit d'après Kant.

D'innombrables esprits ont dans le cours des siècles abordé les différentes routes qui s'ouvrent à la pensée humaine, et il faut admettre que presque toutes ont été suivies, sinon explorées à fond. Il n'est donc pas probable qu'une doctrine quelconque soit absolument nouvelle. Cette remarque m'est suggérée par ma propre expérience, au sujet d'une supposition que j'avais faite et qui s'est trouvée erronée.

Dans ma *Statique Sociale ou Spécification des Conditions partielles du Bonheur humain et Développement de la première de ces Conditions*, ouvrage publié pour la première fois vers la fin de l'année 1850, j'avais déjà exposé le principe fondamental énoncé dans le chapitre intitulé : « La Formule de la Justice ». Je croyais alors avoir été le premier à reconnaître que la justice, telle qu'elle découle de divers exemples concrets et telle qu'elle doit se résumer en termes abstraits, se formule par la loi d'égale liberté. Cependant je me trompais. Dans le second de deux articles intitulés : « La Théorie de la Société, de M. Herbert Spencer », que M. F. W. Maitland, aujourd'hui professeur de Droit à Cambridge, a publiés dans le journal « Mind », vol. VIII, p. 508 (1883), l'auteur signalait le fait que Kant avait déjà énoncé en d'autres termes une doctrine analogue. Hors d'état de lire les citations allemandes de M. Maitland, il m'était

impossible de me rendre compte de l'importance de son assertion. Lorsque j'ai repris ce sujet et que je suis arrivé au
chapitre de « La Formule de la Justice », je n'ai pu me dispen-
ser de rechercher quelles étaient les opinions de Kant. J'ai eu
recours à la traduction récente (1887) de M. W. Hastie, portant le titre de : *La Philosophie du Droit, Exposé des Principes fondamentaux de la Jurisprudence envisagée
comme Science du Droit*, et j'y ai rencontré la phrase
que voici[1] :

« Le droit est donc l'ensemble des conditions au moyen
desquelles l'arbitre de l'un peut s'accorder avec celui de
l'autre, suivant une loi générale de liberté. » Immédiatement après, vient ce qui suit :

PRINCIPE UNIVERSEL DU DROIT. (P. 44.)

« Est conforme au Droit ou juste toute action qui permet, ou dont
la maxime permet au libre arbitre de chacun de s'accorder, suivant
une loi générale, avec la liberté de tous.

Quand donc mon action ou en général mon état peut s'accorder
avec la liberté de chacun suivant une loi générale, celui-là porte
atteinte à mon droit (*thut mir Unrecht*), qui m'y fait obstacle ; car
cet obstacle (cette opposition) ne peut s'accorder avec une liberté
réglée par des lois générales.

Il suit de là encore qu'on ne peut exiger de moi que ce principe
de toutes les maximes soit lui-même ma maxime, c'est-à-dire que
je m'en fasse une maxime de conduite ; car, quand même la liberté
des autres me serait entièrement indifférente, et quand je ne serais
guère disposé à la respecter de cœur, ils n'en sont pas moins libres
dès que je n'y porte point atteinte par mes *actions extérieures*. C'est
uniquement à l'éthique qu'il appartient d'exiger de moi que je me
fasse une maxime d'agir conformément au droit.

Ainsi, cette loi universelle du droit : « Agis extérieurement de
telle sorte que le libre usage de ton arbitre puisse s'accorder avec
la liberté de chacun suivant une loi générale », m'impose sans doute

---

[1] Les deux citations suivantes sont empruntées à la traduction française de M. Jules Barni intitulée : *Éléments Métaphysiques de la Doctrine du Droit* (p. 43). Paris. 1853. (*Note du traducteur.*)

une obligation, mais elle n'attend pas du tout, et elle exige encore moins, qu'en vertu de cette obligation je me fasse même un *devoir* de soumettre ma liberté à cette restriction ; seulement la raison dit que, d'après l'idée qu'elle nous en donne, notre liberté est soumise à cette restriction, et que les autres peuvent aussi la contraindre de s'y soumettre en effet ; voilà ce qu'elle proclame comme un postulat, qui n'est susceptible d'aucune autre preuve. Si donc on ne propose point d'enseigner la vertu, mais seulement d'exposer ce qui est conforme au droit, on peut et l'on doit même s'abstenir de présenter cette loi du droit comme un motif d'action. »

Ces passages prouvent que Kant était arrivé à une conclusion qui, si elle n'est pas tout à fait la même que la mienne, s'y rattache cependant par des liens intimes. Il convient toutefois de faire remarquer que, bien que de même nature, elle en diffère par l'origine et par la forme.

Dans une page précédente, Kant nous apprend qu'il est arrivé à sa conclusion après avoir « recherché la source de cette sorte de jugements dans le domaine de la Raison pure » ; ils font partie de la « Métaphysique de la Morale ». Tout au contraire, aux pages 67-68 de l'édition originale de la *Statique Sociale*, la loi d'égale liberté, d'abord ébauchée et ensuite énoncée, y est considérée comme l'expression de la condition primaire à laquelle doivent satisfaire des êtres semblables vivant côte à côte, pour pouvoir réaliser le plus grand bonheur. Kant énonce une exigence *a priori* et fait abstraction de toute fin bienfaisante, tandis que pour moi, dans les conditions de l'état social, la conformité à cette exigence *a priori* peut seule assurer la réalisation de ces fins.

Ces deux formes d'une même conception diffèrent en ceci. Quoique en déclarant qu'il n'existe « qu'un seul droit inné, la liberté », Kant reconnaisse certainement l'élément positif de la conception de la justice, cependant dans les passages cités, il nous représente le droit à la liberté individuelle comme résultant implicitement du caractère injuste des actes qui portent atteinte à cette liberté. Chez lui, l'élément négatif, en d'autres termes l'obligation de respecter les limites, constitue l'idée dominante. Au contraire, pour moi, l'élément positif — le droit à la liberté d'action — est l'élément primaire, et l'élément négatif, résultant des limitations qu'impose la présence d'autrui, n'est que l'élément secondaire. Cette distinction a son importance. Il est naturel de mettre l'obligation en évidence dans un état social de restriction politique rigoureuse, tandis que la mise en relief des droits semble naturelle dans un état social où l'individualité s'affirme avec énergie.

Appendice B

La Question de la Propriété de la Terre.

La « Nature, aux dents et aux griffes rouges de sang », a, sur un plan supérieur, suivi la même route que la civilisation. Le « sang et le fer » ont consolidé la réunion de faibles agglomérations d'hommes devenant peu à peu plus considérables, jusqu'au jour où, d'agglomération en agglomération, elles se sont formées en nations. Exécutée partout et toujours par la force brutale, cette opération historique a accumulé iniquités sur iniquités : les tribus sauvages se sont lentement fusionnées par des moyens barbares. Il serait impossible de reconstituer la chaîne complète des actes de violence effrénée que des millions d'années ont vu commettre, quand même nous y réussirions, nous resterions impuissants à en redresser les résultats.

Le droit de propriété de la terre s'est établi au cours de cette transformation, et sa genèse déborde de crimes commis, non pas seulement par les ancêtres de telle classe particulière de nos contemporains, mais par les ancêtres de tous les hommes qui existent de nos jours. Les arrière-grands-pères des Anglais contemporains étaient des brigands, qui ont volé la terre occupée par d'autres brigands, lesquels avaient dépouillé les brigands qui les avaient précédés. L'usurpation, ici partielle, là complète, des Nor-

mands, a englobé les terres qui, dans le passé, avaient été
confisquées en partie par des pirates danois ou norvégiens,
et en partie, mais à une époque encore plus reculée, par
des hordes d'envahisseurs angles ou frisons. Quant aux
propriétaires celtiques, expulsés ou réduits en esclavage
par ces derniers, ils avaient eux-mêmes commencé par
exproprier les peuplades troglodytes, dont nous retrouvons
parfois les traces. Qu'arriverait-il, si nous tentions de restituer les terres saisies jadis contre toute équité, — si les
Normands devaient les rendre aux Danois, aux Norvégiens
et aux Frisons, ceux-ci aux Celtes, et ces derniers aux
hommes des cavernes et de l'âge de pierre? On ne peut
imaginer qu'une manière de venir à bout de cette opération : ce serait de restituer tout le territoire de la Grande-
Bretagne aux Gallois et aux montagnards d'Écosse, qui ne
pourraient se soustraire à une restitution analogue, qu'en
invoquant l'excuse que, ne s'étant pas contentés de confis-
quer la terre des aborigènes, mais les ayant encore exterminés, ils ont légitimé de la sorte leurs titres de propriété !

Il n'y a rien que de louable à souhaiter, comme on le fait
souvent, que le droit de propriété de la terre finisse par se
conformer aux exigences de la pure équité ; chez quelques-
uns, ce souhait est dicté par la conscience. Cependant,
il ne serait pas mal d'étendre ce vœu équitable aux régions
que nous sommes en train de peupler. En attendant, nous
commettons au loin des appropriations iniques et réservons
notre indignation aux appropriations moins iniques commises chez nous dans le passé. Pourtant, le peuple en
masse, qui détient la prédominance politique et fournit
l'effectif non gradé de l'armée, est responsable des entreprises néfastes qui, par le monde entier, aboutissent à la
confiscation de nouveaux territoires et à l'expropriation de

leurs habitants. Nouveaux flibustiers, les Anglais contemporains recommencent, sur une plus vaste échelle, les expéditions de leurs ancêtres, mais s'ils flétrissent les usurpations anciennes, ils restent muets au sujet des usurpations modernes, bien autrement étendues : au contraire, ils les approuvent et aident à les perpétrer. Leur silence passif au sujet de cette spoliation des terres de l'univers, que leurs votes pourraient arrêter, et leur empressement à fournir les soldats qui l'exécutent, font peser sur eux la responsabilité de ce qui se passe. Ils commettent par délégation des injustices plus criantes et autrement nombreuses que celles dont leurs ancêtres ont été les victimes.

Il est naturel que la majorité, privée de terre, pense que la propriété foncière à titre personnel a été fondée sur l'injustice ; elle a, nous l'avons vu, quelque droit de soutenir cette opinion. Mais, avant d'examiner les moyens d'accueillir sa demande, nous nous heurtons à la question : Lesquels sont les spoliateurs et lesquels les spoliés ? Ne nous arrêtons pas au fait primaire, qu'en bloc les ancêtres des Anglais actuels, propriétaires ou non-propriétaires, se sont emparé de la terre par la violence et en expulsant les possesseurs antérieurs. Ne remontons qu'à la fraude et à la force par lesquelles certains de ces ancêtres ont arraché la terre à d'autres ancêtres, qui furent dépossédés ; nous n'en aurons pas moins à résoudre la question préliminaire : « Quels sont les descendants des uns et quels sont les descendants des autres ? » Nos démocrates sous-entendent que les propriétaires actuels constituent la postérité des usurpateurs, et les non-propriétaires celle des gens dont la terre a été usurpée. Mais il est loin d'en être ainsi. Les titres de quelques rares membres de la noblesse remontent à l'époque de la dernière usurpation, aucun ne remonte à l'époque de

l'usurpation première, et les noms de plusieurs propriétaires dénotent qu'ils descendent d'ancêtres artisans : ils
ne sont donc pas les descendants des spoliateurs. Par contre,
un grand nombre de non-propriétaires portent des noms
qui indiquent que leurs pères appartenaient à la classe
élevée; ce nombre, il faudrait même le doubler pour tenir
compte des mariages avec leurs descendants en ligne féminine : parmi ceux qui n'ont pas de terre, s'en rencontre
plus d'un dans les veines duquel coule le sang des usurpateurs. L'amertume, inspirée par l'étude du passé, avec
laquelle une grande partie des non-propriétaires considère
la classe propriétaire, est donc souvent déplacée. Eux-mêmes
sont souvent les descendants des coupables; ceux qu'ils
regardent d'un œil menaçant, sont souvent les descendants
des victimes.

Mais concédons tout ce qu'on rapporte des iniquités du
passé et ne nous arrêtons pas aux obstacles divers qui s'opposent à un redressement basé sur l'équité; il en est un,
me semble-t-il, qui a été oublié. Accordons — ce qui n'est
pas — que la race anglaise primitive ait légitimement acquis
la possession du territoire; accordons que les propriétaires
actuels soient la postérité des spoliateurs — ce qui n'est
vrai qu'en partie; admettons que les non-propriétaires
actuels représentent la descendance des spoliés — ce qui
n'est encore vrai qu'en partie; il resterait encore à effectuer une opération, qui entraverait considérablement la rectification des injustices commises. S'il nous faut revenir sur
le passé, il faut revenir sur le passé tout entier et tenir
compte, non seulement de ce que l'ensemble des classes
populaires a perdu à l'appropriation de la terre à titre privé,
mais encore de ce qu'elles ont perçu sous forme d'une part
de ses produits : nous devons, en un mot, tenir compte de

l'assistance, qui leur a été donnée en vertu de la Loi des Pauvres. M. T. Mackay, auteur d'un Livre sur *les Indigents en Angleterre*, a bien voulu me communiquer la note suivante, qui relève le total approximatif de ces secours pour l'Angleterre et le pays de Galles à partir de 1601 (Acte de la 43ᵉ année d'Élisabeth) :

Sir G. Nicholls, dans l'Appendice du second volume de son *Histoire de la Loi des Pauvres*, ne risque aucune estimation pour la période antérieure à 1688.

Pour cette année, il évalue le produit de la Taxe des Pauvres à environ 700,000 livres sterling. Jusqu'au commencement de ce siècle, les totaux ci-dessous sont plus ou moins estimatifs :

Pour 1601 à	1630, nous les estimons à.	3	millions.
1631	1700 (Nicholls donne 700,000 pour 1688).	30	—
1701	1720 (— 900,000 — 1701).	20	—
1721	1760 (— 1 ¼ mill. pʳ 1760).	40	—
1761	1775 (1775, évalué à 1 ½ million). . . .	22	—
1776	1800 (1784, — à 2 millions).	50	—
1801	1812 (1803, 4 millions; 1813, 6 millions).	65	—
1813	1840 (chiffres exacts donnés par sir G. Nicholls)	170	—
1841	1890 (tiré du *Dictionnaire de Statistique* de Mulhall) et du *Statistical Abstract*.	334	—

734 millions.

Ce tableau donne le total des *dépenses* au profit des indigents. Mais sous la rubrique générale de « Taxe des Pauvres », on a toujours levé des impôts appliqués à d'autres usages — taxes des comtés, des bourgs, de police, etc. Le tableau suivant en donne les relevés annuels en regard des dépenses annuelles au profit des indigents.

	Années.	Recettes totales.	Dépenses pour les pauvres.	Autres affectations, Solde.
Sir G. Nicholls. .	1803...	5,348,000	4,077,000	1,271,000 £ ?
	1813...	8,646,841	6,656,106	1,990,735 £ ?
	1853...	6,522,412	4,939,064	1,583,341 £ ?

	Années.	Dépenses totales.		Sommes dépensées.
Statistical Abstract.	1875...	12,694,308	7,488,481	5,205,727 £
	1889...	15,970,126	8,366,477	7,603,649 £

Il faut donc ajouter aux sommes figurant dans notre premier tableau, les sommes qui, dans notre siècle, se sont annuellement élevées de 1 1/4 à 7 1/2 millions sterling, et qui sont affectées à « d'autres usages ».

Mulhall, dont je me suis servi pour l'intervalle 1853-1875, ne fait pas mention « d'autres dépenses ».

Il est vrai que les 734,000,000 livres sterling qui, depuis trois siècles, ont été partagés entre les non-propriétaires indigents, ont été levés en partie sous forme de taxes sur les maisons; il convient donc de ne comprendre dans l'impôt levé sur la terre que la partie de la taxe qui grevait l'emplacement. Un propriétaire, qui est aussi une des sommités du barreau (*Queen's Counsel*) et fait autorité pour les questions de taxation locale, m'informe que si de la somme totale prélevée au profit des pauvres, 500,000,000 de livres sont considérées comme n'ayant frappé que la terre, cette évaluation restera inférieure à la réalité. Si cette somme graduellement prélevée avait été graduellement placée, elle aurait certainement produit sous une forme quelconque une somme bien plus considérable encore. Quoi qu'il en soit, il est certain qu'aux revendications des non-propriétaires, les propriétaires pourraient opposer une demande reconventionnelle peut-être plus élevée.

Notons bien que les non-propriétaires n'ont aucun titre valable à la terre dans son état présent de terre défrichée, drainée, close, fertilisée et couverte de bâtiments de ferme; ils n'auraient droit qu'à la terre dans son état primitif de terre pierreuse, marécageuse, couverte de forêts, de broussailles, de landes, etc. : la communauté n'est pas propriétaire d'autre chose. La question à résoudre est donc celle-ci : Quel rapport existe-t-il entre la valeur de la terre inculte comme la Prairie américaine, et les sommes que les plus pauvres des non-propriétaires ont perçues depuis

trois siècles? Les propriétaires seraient assurément fondés
à soutenir que 500 millions de livres sterling est un beau
prix pour la terre dans son état primitif et inculte, ne portant que des animaux et des fruits sauvages.

Dans ma *Statique Sociale*, publiée en 1850, j'ai tiré de la
loi d'égale liberté le corollaire que la communauté ne pouvait pas équitablement aliéner la terre, et soutenu l'opinion
qu'après avoir indemnisé les détenteurs actuels, la communauté est tenue de se l'approprier de nouveau : j'avais
négligé de tenir compte des considérations qui précèdent.
De plus, je ne me faisais pas à cette époque une idée exacte
du montant de l'indemnité qu'il y aurait à payer en échange
de la valeur qu'un travail plusieurs fois séculaire a donnée
à la terre. Je maintiens pourtant (voir Chap. XI) mon
adhésion à la conclusion à laquelle j'étais arrivé : l'agrégat
humain collectif est bien le propriétaire suprême du sol,
conclusion qui est du reste en harmonie avec notre doctrine juridique, et qui inspire journellement notre législation ; toutefois, un examen plus approfondi m'a conduit à la
conclusion qu'il faut également maintenir le droit individuel
de propriété de la terre, mais en l'assujettissant à la suzeraineté de l'État.

Un redressement des agissements iniques accomplis durant des milliers d'années fût-il possible, et un nouvel arrangement équitable pût-il être réalisé *in abstracto* sur la base
d'un système de compensation des titres et des revendications tant du présent que du passé, je suis convaincu que
l'état de choses qui en résulterait serait pire que celui
qui existe. Négligeant toutes les objections financières qui
s'adressent au projet de nationalisation du sol — elles
prouvent qu'il est impraticable, puisque l'opération, si elle
se faisait équitablement, laisserait une perte, — il suffit de

se rappeler combien l'administration publique est inférieure à l'administration privée, pour se convaincre que le système de propriété par l'État fonctionnerait d'une manière déplorable. Avec le système actuel, ceux qui exploitent la terre restent soumis au rapport direct entre l'effort et le résultat obtenu : avec le système de propriété par l'État, les exploitants seraient à l'abri des conséquences de ce rapport direct. Les vices inhérents au fonctionnarisme entraîneraient des maux immenses et inévitables.

Appendice C

___

Le Motif moral.

Quelques mois après la publication, dans la *Nineteenth Century*, des cinq premiers chapitres de ce volume, le Rev. M. J. Llewelyn Davies en fit paraître une critique dans le *Guardian*, du 16 juillet 1890. Je passerai sur la partie de cette critique qui traitait d'autres questions, et ne m'arrêterai qu'à celle qui se rapporte au sentiment du devoir et à la sanction de ce sentiment. Voici ce que disait M. Davies :

Quoique souvent invité à le faire, M. Spencer n'a jamais, à ma connaissance, expliqué d'une manière satisfaisante comment sa philosophie lui permet de se servir du langage et de partager le sentiment ordinaire des hommes lorsqu'ils parlent du devoir... J'ai à répéter une critique que j'ai déjà formulée dans mon article précédent. M. Spencer me paraît sous-entendre ce qu'il professe ne pas reconnaître. Dans son élaboration de l'idée et du sentiment de la justice, il sous-entend l'existence d'une loi régissant l'entendement humain et la conduite humaine, c'est-à-dire qu'il implique que le bien de l'espèce est désirable en soi, que l'entendement humain accepte cette loi et y répond sans exiger d'autre justification. Tant que M. Spencer se contentera de retracer la marche de l'évolution, il ne sera pas en droit d'employer le terme : devoir. Que pourrait-il ajouter au verdict de Kant et comment parviendrait-il à le réfuter?

Pour des yeux uniquement fixés sur les phénomènes de la nature, le mot *devoir* reste dépourvu de sens. Il est aussi absurde de se demander ce que la nature *doit* être que de se demander quelles sont les propriétés que *doit* avoir le cercle. La seule question possible est celle-ci : Que se passe-t-il dans la nature ? de même que nous ne pouvons que demander : Quelles sont les propriétés actuelles du cercle ?

21

Lorsque M. Spencer s'élève avec une sincère véhémence morale contre l'agression et les autres formes du *mal-faire*, quand il proteste, par exemple, contre « ce *laissez-faire* mesquin, qui regarde d'un œil impassible les hommes se ruiner à tenter d'obtenir de la loi le redressement de leurs griefs les plus fondés », il emprunte notre tonnerre, il ravit le feu du ciel.

M. Davies termine sa lettre et son argumentation en m'invitant « à justifier l'emploi que je fais de termes éthiques alors que je professe ne décrire qu'un *processus* naturel et nécessaire ».

M. Davies m'ayant adressé le numéro du *Guardian* qui renfermait sa lettre, ma réponse prit la forme d'une lettre, que le *Guardian* reproduisit le 6 août. A l'exception d'un passage, qui se rapportait à un autre sujet et que j'omets, elle était conçue en ces termes :

Fairfield Pewsey, Wilts, 24 Juillet 1890.

Cher Monsieur Davies,

Le *Guardian* vient d'arriver et j'ai lu votre critique avec un vif intérêt. Hélas! pourquoi la critique n'est-elle pas toujours écrite dans cet esprit?

. . . .

En affirmant que je fais un usage illégitime des mots « devoir, justice, obligation », vous rappelez à ma mémoire les critiques de M. Lilly. Malgré les différences qui vous séparent, votre communauté d'opinions sur ce point vous conduit l'un et l'autre à soutenir que l'idée du « devoir » ne peut avoir qu'une origine surnaturelle.

Votre hypothèse implique que les actions des hommes ne sont déterminées que par la reconnaissance de leurs conséquences ultimes, et que si cette reconnaissance est impuissante à les faire agir selon la justice, ils ne peuvent avoir aucun motif de s'y conformer. Mais leurs préférences, en dehors de toute prévision de résultats éloignés, déterminent directement la grande masse des actions des hommes, et leurs actions ainsi déterminées sont souvent productives du bien d'autrui. Quoique la réflexion nous fasse voir que ces actions s'accordent avec les fins estimées les plus hautes, ce n'est pourtant pas la prévision de ces fins qui les détermine.

Un exemple familier fera mieux saisir le rapport qui existe entre

les motifs directs et les motifs indirects. Tous les parents constitués normalement consacrent beaucoup de temps et de réflexion
à travailler au bien-être de leurs enfants; pendant des années, jour
par jour, leur affection immédiate les y pousse et ne leur permet pas
d'agir autrement. Malgré tout, quoiqu'ils ne soient pas mus par
la pleine conscience de leur *devoir*, si vous leur demandez pourquoi
ils s'imposent ce sacrifice de soi, ils répondront que cette obligation
leur incombe; poussez votre interrogatoire à fond, et vous les amé-
nerez à déclarer que si les hommes en général n'agissaient pas ainsi,
la race finirait par s'éteindre. Quoique la conscience de leur devoir
puisse servir à sanctionner, et, dans une faible mesure, à fortifier
l'impulsion de leurs attachements naturels, cette impulsion est
amplement suffisante par elle-même.

Il en est de même de l'idée de l'obligation qui règle notre conduite
envers le prochain. Ainsi que votre expérience personnelle a dû
vous l'apprendre, cette conduite est susceptible d'être très active-
ment incitée par un penchant immédiat, sans aucun souci de conséquences autres que les bienfaits conférés. Et quoique ceux-ci ne
soient que le produit d'un simple penchant à les conférer, si vous
insistez et demandez pourquoi on les a conférés, vous obtiendrez
pour réponse qu'il est de notre devoir de contribuer au bien-être de
l'humanité.

Vous prétendez que ma théorie de la direction morale ne m'autorise pas à m'indigner au spectacle d'une agression ou d'un méfait
quelconque; vous ajoutez qu'en le faisant, je vous emprunte *votre*
tonnerre. Vous sous-entendez donc que seuls les hommes qui acceptent les croyances courantes, ont le droit de s'indigner au spectacle
de l'iniquité. Mais je ne puis vous laisser le monopole d'une juste
indignation. Si vous me demandez ce qui me pousse à dénoncer l'injuste traitement qu'on inflige aux races inférieures, je vous répondrai que je suis poussé par un sentiment qui s'éveille en moi sans la
moindre intervention de la notion du devoir, de toute pensée de
préceptes divins, de toute considération de récompense ou de châtiment en ce monde ou au delà. Ce sentiment résulte en partie de
ce qu'une souffrance a été infligée, et de ce que la connaissance que
j'en ai détermine un sentiment pénible; il résulte aussi de l'irritation
qu'éveille en moi la violation d'une loi de la conduite au service de
laquelle j'ai enrôlé mes sentiments, d'une loi à laquelle, d'après moi,
le bien de l'humanité exige que tous, sans exception, obéissent. Si
vous objectez que ma théorie ne me fournit aucune raison de ressentir ce sentiment, je répondrai que je ne suis pas maître de ne
pas l'éprouver, et si vous ajoutez que ma théorie ne me fournit
aucune raison de m'intéresser à ce principe, je vous répondrai qu'il
m'est impossible de ne pas m'y intéresser. Quand l'analyse vient

par la suite me démontrer que le respect de ce sentiment et de ce principe assure le progrès du genre humain vers une forme supérieure et susceptible de plus de bonheur, je constate que, bien que mon action ne soit pas immédiatement déterminée par le sentiment de l'obligation, elle se conforme cependant à mon idée de l'obligation.

Des motifs ainsi produits peuvent agir d'une manière adéquate. Pour vous le prouver, il me suffira de vous rappeler certains mouvements, auxquels nous avons été tous deux mêlés, il y a de cela huit ans. Vous vous souviendrez que des hommes mus par les sentiments et les idées que je viens de décrire, et insensibles aux motifs que fournissent les croyances courantes, ont témoigné une sollicitude plus vive que celle de bien des chrétiens, pour demander que nos relations avec les peuples étrangers soient dirigées par ce que le monde appelle des principes chrétiens[1].

Agréez, etc.

HERBERT SPENCER.

P. S. — Si vous désirez publier ma lettre comme réponse à votre appel, j'y consens volontiers. Toutefois, d'autres occupations ne me permettront pas de pousser plus loin la discussion.

Ma lettre fut insérée dans le *Guardian*, où M. Davies la fit suivre d'une réplique que je reproduis, en omettant de nouveau ce qui concernait une autre question :

Kirkby Lonsdale, **28 Juillet 1890.**

Cher Monsieur Spencer,

Je vous remercie d'avoir répondu en des termes aussi bienveillants à l'invitation que je m'étais permis de vous adresser. Vous ne m'en voudrez pas, je l'espère, si, malgré votre post-scriptum, je communique au public quelques-unes des réflexions que votre lettre m'a suggérées.

. . . .

Je rends l'hommage le plus éclatant au zèle généreux pour l'humanité et à l'indignation contre l'oppression, qui ont été déployés par

---

[1] Dans mon projet de lettre se trouvaient deux phrases que je ne transcrivis pas, de peur de susciter une controverse nouvelle. Les voici : « Un journal religieux a constaté le contraste étonnant qui se manifestait entre l'énergie de ceux qui ne professent pas le christianisme et l'apathie de ceux qui le professent. En remontant de quelques années en arrière, vous constaterez qu'un contraste analogue a signalé la constitution du Comité de la Jamaïque ».

vous et par d'autres hommes, qui ne reconnaissent aucune sanction surnaturelle de la loi morale. Le Christianisme contemporain a contracté une grande dette envers votre ardeur pour l'humanité et les vigoureuses protestations des disciples de Comte. J'espère qu'il en a profité. Un chrétien doit obéissance, non pas à l'opinion du monde chrétien, ni même au Christianisme, mais à la loi du Christ et à la volonté du Père Céleste ; rien ne s'oppose à ce qu'il confesse que des agnostiques l'ont emporté sur bien des chrétiens par leurs actions et leurs sentiments chrétiens, de même que le Samaritain a fait honte au prêtre et au lévite.

Je n'éprouve pas plus de difficulté à reconnaître que la sympathie et la joie de s'y livrer puissent déterminer l'accomplissement d'offices de bienfaisance. Mais je ne comprends pas pourquoi « l'hypothèse que l'idée du devoir a une origine surnaturelle » impliquerait que « les actions des hommes ne sont déterminées que par la reconnaissance de conséquences ultimes, et que, si cette reconnaissance ne les conduit pas à agir selon la justice, ils ne peuvent avoir aucun motif de s'y conformer ». Je n'ai jamais douté que, pour une grande partie de leur conduite, les hommes n'agissent d'après les motifs que vous dépeignez. Ce que je désirerais savoir, c'est pourquoi, quand l'idée du devoir surgit, un homme se croirait *tenu* de faire, bon gré mal gré, ce qui tendra à la préservation de l'espèce.

Je conçois fort bien que vous « ne vous sentiez pas maître » de ne pas tenter de protéger les autres hommes contre l'injustice ; ce que je n'arrive pas à discerner clairement, c'est comment votre philosophie vous autorise à adresser des reproches à ceux qui *se sentent maîtres* d'agir bien ou mal à leur gré. C'est la Nature, dites-vous, qui inspire la sollicitude des parents, qui fait que l'homme généreux se sacrifie au bien du prochain. Mais la Nature fait aussi des parents égoïstes, absolument indifférents aux intérêts de leurs enfants ; elle fait aussi des criminels endurcis. S'ils ne sont pas les maîtres d'être ou de ne pas être ce qu'ils sont, quel sens, à votre point de vue, attachez-vous à la phrase : qu'ils agissent comme ils ne devraient pas agir ? Leur semblera-t-il que vous invoquez leur sentiment du devoir, quand vous leur expliquez que, conformément à l'ordre de la Nature, la race tendrait à disparaître, si d'autres hommes faisaient ce qu'ils font ? D'après la philosophie de M. Huxley, un penchant pour la bonne conduite appartient à la même catégorie de qualités qu'une oreille sensible à la musique, — on l'a ou on ne l'a pas ; permettez-moi de vous demander si c'est là le dernier mot de votre morale. Je ne vois pas comment un homme, à qui on a enseigné qu'il n'agit qu'en vertu d'une impulsion naturelle, peut raisonnablement se demander s'il est tenu de faire une chose ou de s'en abstenir ; je ne vois pas non plus comment, sachant qu'il n'agit

qu'en vue de la satisfaction de ses désirs, il pourra raisonnablement
se sacrifier à l'avantage d'autrui.

Ne sachant trop ce que la « croyance courante » enseigne concernant la question que nous débattons, je prends la liberté de résumer ma propre croyance : « Le Pouvoir Invisible va graduellement créant le genre humain par des procédés de développement; la conscience humaine est produite de manière à correspondre à l'autorité de ce Pouvoir ; la justice est l'ordre progressif que le Créateur établit entre les êtres humains, et elle oblige chaque homme à mesure qu'il en acquiert les notions ; il sent qu'elle l'oblige, parce qu'il est la créature de son Auteur ».

Veuillez, etc.

J. LLEWELYN DAVIES.

Avant de poursuivre la discussion du point spécial qui nous occupe, je tiens à faire remarquer que pour la question plus générale à laquelle fait allusion le dernier paragraphe de la lettre de M. Davies, il existe une affinité curieuse et intime entre son opinion et celle que j'ai moi-même plus d'une fois exprimée. Parlant des hésitations du penseur, je disais au § 34 de mes *Premiers Principes :*

« Ce n'est pas pour rien qu'il a en lui de la sympathie pour certains principes et de la répugnance pour d'autres. Avec toutes ses facultés, ses aspirations, ses croyances, il n'est pas un accident, il est le produit du temps. Qu'il se rappelle que, s'il est fils du passé, il est père de l'avenir; que ses pensées sont ses enfants et qu'il ne doit pas les laisser périr dans l'abandon. Ainsi que tout autre homme, il peut se considérer à juste titre comme une des mille et mille forces par lesquelles agit la Cause Inconnue; et quand la Cause Inconnue produit en lui une certaine croyance, il n'a pas besoin d'autre titre pour la manifester et la répandre. » (*Premiers Principes*, traduction de M. Cazelles, p. 132.)

Et dans la *Morale Évolutionniste*, § 62, à propos des différents types de doctrine éthique dont chacun représente l'un ou l'autre aspect de la vérité, je disais encore :

« La théorie théologique contient une autre part de la vérité. Si à la vérité divine que l'on suppose révélée d'une manière surnaturelle, nous substituons la fin révélée d'une manière naturelle vers laquelle tend la puissance qui se manifeste par l'évolution, alors, puisque l'évolution a tendu et tend encore vers la vie la plus élevée, il s'ensuit que se conformer aux principes par lesquels s'achève la vie la plus élevée, c'est favoriser l'accomplissement de cette fin. »

(Traduct. fr., p. 148.)

Revenons à notre sujet spécial. Je ferai d'abord remarquer que M. Davies et ses partisans posent en principe que la conception du « devoir » est une conception universelle et fixe; tandis que cette conception est variable, et qu'elle dépend en grande partie des nécessités sociales de l'époque. Dans un article sur « l'Éthique de Kant » publié dans la livraison de juillet 1888 de la *Fortnightly Review*, et inséré dans le troisième volume de mes *Essais*, j'ai énuméré sept autorités à l'appui de la conclusion que « il est permis d'affirmer que les races humaines inférieures manquent de l'idée du droit » : elles n'ont pas le sentiment du « devoir », qui s'est généralisé parmi nous; s'il se rencontre chez elles, il prend souvent une direction toute différente. Plusieurs peuplades sauvages tiennent que le *devoir* de la vengeance par le sang est le plus sacré de tous. A Fidji, une tribu d'esclaves déclarait « qu'il était de leur devoir de devenir les aliments et les victimes des sacrifices offerts à leurs chefs », Jackson cite un chef fidjien, que la conviction que son dieu était irrité de ce qu'il n'avait pas tué un plus grand nombre d'ennemis, avait jeté dans un accès de frénésie religieuse. Ce n'est pas seulement parmi les races inférieures que nous rencontrons des conceptions du « devoir » absolument différentes de celles auxquelles, d'après M. Davies, les hommes attachent la plus haute autorité. Sur la côte du Maroc, le plus cruel outrage qu'on puisse adresser à un pirate du Riff, c'est de lui dire que son père est mort dans son lit et n'est pas tombé en combattant dans quelque expédition de piraterie : cette

insulte sous-entend qu'il *aurait dû* mourir ainsi. Il en est de
même en Europe pour les duels. L'insulté se sent *obligé* de
provoquer l'insulteur, et l'insulteur, se sent *obligé* d'accepter
la provocation; tous, insulté, insulteur et témoins, sentent
qu'ils sont *tenus* de faire ce que leur religion condamne.
L'approbation donnée récemment par l'empereur d'Allemagne aux clubs de duellistes, qui, d'après lui, impriment
« à la vie sa véritable direction », est un plaidoyer formel
en faveur d'un usage qui contredit absolument les principes d'une conduite droite, tels qu'ils sont acceptés en
théorie.

A mon avis, la conception du « devoir » dérive en partie
des sentiments prédominants de l'individu, en partie des sentiments et des croyances déposés en lui par l'éducation, et en
partie du courant d'opinion publique qui a prévalu : tous ces
facteurs se combinent en proportions variables. La vérité,
c'est que tout désir poursuit une satisfaction et entraîne
avec lui l'idée que cette satisfaction est convenable ou juste :
toutes les fois que le désir est violent et que la satisfaction
qu'il poursuit lui est refusée, il donne naissance à l'idée
que ce refus est injuste. Ce que j'avance est tellement vrai,
qu'un sentiment propre à inspirer une action mauvaise, mais
qui a été réprimé avec succès, engendre dans certains cas le
regret que l'action mauvaise n'ait pas été commise; inversement le remords suivra une bonne action jurant avec d'ha-
bituelles actions mauvaises : tel l'avare qui s'est laissé aller
à un acte de libéralité. De même, le sentiment du « devoir »,
tel qu'il existe chez les hommes appartenant à des types
supérieurs, n'est que l'organe de certains sentiments direc-
teurs qu'ont développés les formes supérieures de la vie
sociale : les croyances héritées et l'opinion courante les
fortifient en chaque individu et leur fournissent une

sanction bien plus puissante que celle dont jouissent les sentiments inférieurs.

Dans ma *Morale Évolutionniste*, j'ai donné sous une forme différente et bien plus détaillée, une réponse complète à la question posée par M. Davies. La genèse du sentiment de l'obligation y est exposée tout au long dans le chapitre intitulé : « Le Point de vue Psychologique », particulièrement aux §§ 42 à 46.

Peut-être M. Davies persistera-t-il à me demander : — Pourquoi, ayant le sentiment de l'obligation, un homme lui céderait-il? La réponse sera d'une nature tout aussi générale que celle qu'on pourrait faire à la question; — Pourquoi un homme se sentant en appétit se met-il à manger? Dans l'ordre normal, un homme mange pour satisfaire sa faim et sans conscience définie d'un objet plus éloigné. Cependant, à l'invitation de se justifier, il répondra qu'il est nécessaire de céder à l'appétit afin d'entretenir la santé, la vigueur et la faculté de vivre et de travailler. De même, si vous demandez à un homme qui vient d'accomplir un acte que lui recommandait son sentiment du devoir, en vertu de quelle raison il a agi, il vous répondra apparemment qu'il a cédé à son sentiment sans en rechercher les conséquences lointaines, mais qu'il sait bien que, dans la moyenne des cas, les conséquences lointaines de cette conformité sont bienfaisantes, non seulement pour autrui, mais à la longue pour soi. Qu'on me permette de répéter une vérité sur laquelle j'ai déjà insisté ailleurs. Il ne faut prendre de nourriture que pour apaiser la faim; la prendre en l'absence de toute inclination implique un état de dérangement physique. De même, un acte de bienfaisance ou d'obligation n'est vraiment accompli dans une intention droite que s'il est dicté par un sentiment immédiat; son accomplissement en vue de ses conséquences dernières, soit dans ce monde, soit dans un autre monde, implique au contraire un état moral imparfait.

. . . .

Nota. — Après la publication de la première édition de cet ouvrage, j'ai reçu de M. Davies une lettre contenant entre autres le paragraphe suivant :

« Permettez-moi de protester contre une allégation de votre Appendice concernant le *Motif moral*. Je ne crois pas, quant à moi, que la conception du « devoir » soit « une conception *fixe* ». Je tiens que les notions humaines du droit varient avec les variations et avancent avec le progrès de l'ordre social.

Il apparaît donc que, sur ce point encore, les opinions de M. Davies ne s'écartent pas des miennes autant qu'elles le semblaient d'abord.

Appendice D

La Conscience chez les Animaux.

Peu de temps après la publication dans le *Guardian* de la correspondance reproduite dans l'Appendice précédent, je reçus du Devonshire la lettre suivante :

Monsieur,

Quelques observations sur des animaux autres que l'homme, observations que j'ai recueillies avec soin, sont de nature à vous intéresser; elle viennent à l'appui de votre idée que l'idée du « devoir » ou de « l'obligation » n'est peut-être pas d'origine « surnaturelle ». J'emploie le mot « surnaturelle » dans son acception usuelle, en réservant mon opinion sur ce sujet.

Mon chien a horreur de maltraiter une chair vivante ou un objet quelconque ayant reçu une façon. Il lui faut une provocation *extrême* pour qu'il morde un animal quelconque. Si je lui appuie la pointe aiguë d'un couteau sur la peau du dos, il saisit mon poignet entre ses molaires; s'il serrait la mâchoire, il broierait les os et les chairs, mais quelles que soient l'intensité et la durée de la pression que j'exerce, il ne veut pas me serrer au point de laisser une empreinte sur mon bras. J'ai répété indéfiniment cette expérience et d'autres analogues. J'ignore comment l'idée du « devoir » s'est implantée en lui. Elle n'est pas héréditaire, car son père, quoique nullement méchant, se battait volontiers, et sa mère était *excessivement méchante*; toutefois, je n'ai jamais permis à cette dernière de s'approcher de son petit, si ce n'est à la brune, afin d'éviter toute imitation ou éducation inconsciente.

Jusqu'à l'âge de trois ans, je n'ai jamais entendu « Punch » pousser un grognement de colère. Un jour, je m'assis par accident sur sa queue, qui se replia sous mon poids; il poussa un grognement d'un *timbre* tout à fait différent de ceux que j'avais entendus jusque-là. Ce qu'il y a de plus curieux, c'est que lorsque je me levai, le chien me demanda pardon de son humeur et de son ton inaccoutumés, d'une manière qui ne me permettait pas de douter de son intention. Il reconnaissait évidemment avoir violé une « obligation » dont l'idée existait dans son esprit (manifestation de la conscience).

De plus, si je le taquine du bout d'un bâton non taillé, il le saisit et le met en pièces; mais si je me sers de ma béquille (je suis infirme) ou de mon appuie-main, il se contente de le saisir; jamais il ne laissera la marque de ses dents sur un objet ayant subi une « façon » quelconque.

La notion du « devoir » peut s'établir sous la forme de la notion d'une obligation envers un esprit supérieur, et cela malgré les excitations des sentiments les plus puissants chez les animaux.

J'ai eu, il y a longtemps, une chienne qui se montrait très sensible aux avances des chiens. Je la retenais rien que par la voix. Ces réprimandes fixèrent tellement en elle l'idée de « l'obligation » que — du moins je n'ai aucun motif d'en douter — elle mourut vierge à l'âge de treize ans et demi. Jamais elle n'avait pourtant été attachée. A l'âge de quatre ans, toute avance d'un mâle l'irritait, et à l'âge de sept ans, elle était devenue une vieille fille acariâtre que la seule présence des mâles suffisait à mettre en colère.

Les chiens sont capables de se former la notion d'un « étalon convenable » d'adresse ou d'aptitudes. Cette chienne nageait à merveille. Un jeune chien terrier écossais à poil lisse était devenu l'hôte de la maison; lui et la chienne se firent compagnons de jeu, chassant et courant par toute la propriété. Un jour nous prîmes le bac de Prince's Street à Bristol. Comme de coutume la chienne sauta à l'eau : le jeune chien la suivit, mais faillit se noyer. Le voyant se débattre, elle le saisit par la nuque et nagea avec lui vers la terre, où elle le déposa. Quelques instants après, elle le saisit de nouveau et le secoua avec violence. Depuis ce temps, elle le mordait ou le bousculait invariablement s'il tentait de jouer avec elle.

(Elle le méprisait sans doute en raison de la découverte qu'elle avait faite, qu'il manquait d'une aptitude qu'elle considérait apparemment comme normale ?)

La faculté de « s'indigner » n'est pas spéciale aux hommes. Je m'amusais souvent à faire semblant de battre ma jeune sœur, qui de son côté faisait alors semblant de pleurer. La chienne se jetait sur moi; si nous intervertissions les rôles, elle grognait et se jetait sur ma sœur. L'expérience, souvent reprise avec d'autres acteurs, eut toujours le même résultat. A moins d'une aversion antérieure, la sympathie de la chienne se manifestait toujours *en faveur de la personne attaquée.*

Ayant à la longue observé que ces attaques n'étaient qu'une feinte, elle se mit à y prendre part avec une joie bruyante, mais il lui fallut des observations répétées pour déterminer cet état d'esprit.

Pardonnez-moi si ces notes et observations vous paraissent banales. Je ne connais malheureusement vos ouvrages qu'en partie et votre champ d'expériences est peut-être plus étendu que le mien.

Recevez, etc.

T. Mann Jones.

Northam, Devon, 14 août 1890.

Je répondis à M. Jones pour le remercier et pour lui exprimer mon appréciation de la valeur des faits qu'il m'avait racontés. Une seconde lettre de lui, suivit :

Faites l'usage que vous voudrez de cette lettre ; toutefois je crois de mon devoir de vous prévenir que j'ai communiqué quelques-uns des faits qu'elle rapporte à M. le professeur Romanes. Vous pouvez être certain de l'exactitude de mes observations. J'ai appris l'art d'observer à l'école des naturalistes de Belfast, MM. Pattison, Thompson et autres, et j'ai accoutumé ma femme, avant son mariage, à ne pas se contenter de simples impressions.

L'idée du « devoir » a une puissance anormale sur Punch, le chien dont je vous ai entretenu ; ses goûts aussi sortent du commun. Il préfère les mets sucrés à la viande. Dès l'âge de six mois, je découvris qu'il distinguait le *Oui* du *Non*. Je lui ai offert des centaines de fois un morceau de sucre ; lorsqu'il est sur le point de le prendre, je dis : Non ! il recule. S'il l'a saisi, un Non ! prononcé à voix basse suffit pour qu'il le laisse tomber. Si je l'entoure de morceaux de sucre en disant : Non, à voix basse, il n'y touche que lorsque j'ai dit : Oui ! Mais ce chien diffère de l'homme ! Il se contentera rarement du *premier* : Oui ! quoiqu'il obéisse toujours au premier : Non ! L'expérience lui a appris qu'un Oui ! *peut être suivi d'un Non !* et il attend en conséquence. *Il ne s'empresse pas de se dégager d'une obligation en prenant la première excuse qui se présente* (C'est là sans doute un cas spécial, qui n'est pas général parmi les chiens). *L'esprit des chiens distingue entre les grands et les petits écarts* de leur étalon de l'obligation. Si je laissais tomber un gros morceau de sucre, ni Fanny (la chienne), ni Punch ne se considéraient le moindre droit d'y toucher. Si le morceau était très petit, tous deux hésitaient, et si aucun Non ! n'était prononcé, ils finissaient par le croquer. J'ai essayé de graduer la grosseur des morceaux afin de découvrir à quel moment l'idée du « devoir » entrait en jeu. J'ai constaté que le chien a la conscience plus délicate que la chienne. Inutile de vous dire que j'évitais de crier et que je m'abstenais de toute gesticulation.

No! Oh! So! Go! (Non! Ho! Tout beau! Allez!) sont des équivalents pour l'oreille du chien, mais la sifflante doit être très douce. Il en est de même de *Yes, Bess, Press,* mais l'un et l'autre reconnaissent l'équivalence de diverses formes d'expression. Pour Punch, *Yes!* (Oui) ou *You may have it!* (Tu peux l'avoir!) ont la même valeur. J'ai un poney, qui est nerveusement désireux de faire son « devoir ». *Woh! Hall! Stop!* sont de même valeur pour lui. Le chien me paraît, moins que le poney, étudier le *ton* de la voix, et s'attacher davantage au son et au volume. Leurs actes à l'un et à l'autre me font l'effet d'être des actes du « culte » sous sa forme la plus simple; je citerai par exemple le fait que je crois avoir déjà cité, du désir que témoigna le chien, alors âgé de trois ans, de « me rendre propice » à l'occasion de son premier grognement de colère. A ce moment je n'avais pas encore reconnu l'existence de la notion du « devoir » dans l'esprit de mon chien et je ne l'avais jamais puni.

M. Jones joignait à sa lettre une série de notes, toutes instructives et très intéressantes, qui attestaient en même temps l'esprit de critique consciencieux avec lequel il avait dirigé son enquête, et la confiance que méritaient ses conclusions. Je la reproduis en omettant quelques paragraphes.

Notion du « devoir » chez une chienne. Elle viole de propos délibéré le principe qu'elle a reconnu. Elle simule l'indignation à la vue de la violation du devoir par un chat.

Déjà antérieurement, en 1885, je m'étais assuré que les animaux domestiques ont la notion du devoir. Je voulus toutefois me procurer un animal aussi dégradé que possible afin d'expérimenter : 1° si l'idée du « devoir » ne peut pas procéder de deux catégories de motifs très différents que je m'étais accoutumé à classer comme étant (A) le motif *rectal-moral* et (B) le motif *égoïste* ou *conventionnel-moral;* 2° je désirais soumettre à l'expérience la théorie de certains théologiens affirmant que « l'animal le plus méchant est *innocent* », et m'assurer s'il est vrai que l'homme est le seul être qui soit moralement responsable.

J'avais à différentes reprises observé à la gare de Mardock une très jolie chienne qui, au signal d'arrivée d'un train, chassait de la ligne et du quai une troupe nombreuse de volailles appartenant au chef de gare.

Je m'informai de son histoire et j'appris qu'elle avait été accidentellement perdue quelques mois auparavant par une dame voyageant en première classe. Je présumai qu'elle avait été gâtée ; comme elle était vieille, il était probable qu'elle ne perdrait pas aisément ses mauvaises habitudes. J'appris encore qu'elle était gourmande, colère, quoique sournoise, lascive, lâche, qu'elle n'aimait pas les enfants, ne s'attachait à personne et qu'elle avait des habitudes de malpropreté. Elle me parut tout à fait ressembler au spécimen le plus avili de « l'humanité tombée », la prostituée, et je ne posai qu'une question de plus : « Elle est très intelligente ; lui avez-vous appris à faire évacuer la gare à heure fixe ? » « Elle est très maligne, fut la réponse, mais je ne lui ai rien appris du tout : ayant observé l'employé exécutant sa consigne, elle s'en est ensuite chargé comme d'un devoir. Quoique très gourmande, si nous descendons tard, elle se passe de manger jusqu'à une heure avancée de la journée plutôt que de manquer à faire évacuer la gare. » Ce trait me décida. Je me dis que si je l'emmenais, elle renoncerait à sa dernière « obligation » qui ne fût pas égoïste et deviendrait foncièrement mauvaise.

Je la pris chez moi. Elle me suivit sans peine et sans crainte et se mit à l'aise aussitôt arrivée. Je l'enfermai pendant vingt-quatre heures dans une dépendance, et la fis bien nourrir; puis je la reconduisis à la gare, où elle ne témoigna que peu de joie de revoir son maître et que peu d'inclination à reprendre son ancien service. Au bout de quinze jours, elle ne se souciait ni de l'un, ni de l'autre.

Trois jours après, Ben, le palefrenier, vint me trouver. « Monsieur, dit-il, Judy est sûrement enragée. Je balayais l'écurie près d'elle, et me suis baissé pour la caresser. Elle m'a mordu à la main et à la jambe » (les deux blessures saignaient) « et depuis, elle est assise, acculée dans un coin ». Je descendis à l'écurie, lui parlai amicalement et me baissai pour la caresser. Méchamment, elle chercha à me mordre. Sans raidir ni les doigts, ni le poignet, je la frappai avec force au-dessus des yeux. Elle chercha de nouveau à mordre et, chaque fois, je la frappai. La lutte dura cinq minutes, au bout desquelles je la quittai, aveuglée et épuisée. Deux heures plus tard, je demandai à Ben ce qu'elle faisait. « Oh! je crois bien qu'elle est enragée. Elle est dans son coin aussi sournoise que jamais. » J'y allai: elle s'approcha pour me flagorner. *Depuis ce jour, je ne l'ai jamais frappée*, et vis-à-vis de moi, elle est toujours restée obéissante, de bonne humeur, douce et désireuse de me plaire. Elle a montré jusqu'à un certain point le même caractère vis-à-vis de ma femme et de ma cuisinière qui a des allures très décidées, mais a continué à manifester son ancien caractère vis-à-vis d'une domestique plus jeune, du palefrenier et d'autres personnes encore. En réalité, elle a mené une vie double, changeant de caractère aussitôt qu'elle entendait mon pas. Je reconnus que son sentiment du devoir et sa docilité n'avaient aucune valeur morale, n'étaient que des effets de la peur et, dans une certaine mesure, de l'espoir d'une récompense. Ces deux qualités étaient feintes et ne faisaient pas partie de son caractère véritable.

J'eus soin de lui faire donner une nourriture abondante, choisie et variée, afin qu'elle n'eût aucun motif de voler. Quinze jours après que je l'eus achetée, la cuisinière dit à ma femme : « Madame, il me manque à tout moment quelque chose sur la table de la cuisine. Ou bien l'un des chats est devenu voleur ou bien Judy est la coupable, mais je ne m'explique pas comment elle atteint les objets qu'elle dérobe. Je ne lui laisse jamais une chaise à portée de la table ; de plus, elle est si raide et si longue d'échine que, si elle essaie de monter sur une chaise, elle glisse en bas du côté opposé ».

Pour la clarté, je joins un plan de la cuisine et de ses environs.

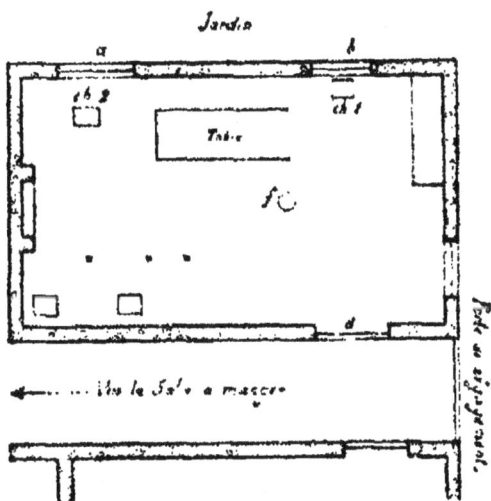

Je fis apporter de la salle à manger et poser sur la table plusieurs plats et reculer la chaise, de façon à ce que la chienne ne pût pas s'en servir. Puis, j'envoyai quelqu'un dire à la salle à manger qu'on s'y tînt tranquille jusqu'à mon appel. Laissant les deux chats et Judy à leur assiette *f*, je sortis au jardin, mais revins m'embusquer derrière la fenêtre *b* ; un rideau de mousseline foncée me permettait de me dissimuler. Aussitôt que tout fut tranquille, Judy quitta son assiette pour aller à la porte *d*, écouter avec attention et regarder plusieurs fois dans le couloir pour voir si personne n'approchait. Ceci fait, elle se dirigea vers le coin *x*, se dressa sur ses pattes de derrière et marcha ainsi à reculons pour inspecter ce qui se trouvait sur la table. Son inspection terminée, elle poussa un des chats vers la chaise. Le chat finit par la comprendre, sauta d'abord sur la chaise, puis sur la table, s'empara d'un os et le traîna vers l'assiette *f*. Judy le repoussa, prit l'os et se mit à le ronger. Je donnai le signal et une jeune domestique entra à pas légers dans la cuisine. *Aussitôt que Judy entendit son pas — c'est-à-dire lorsque la jeune fille fut sur le seuil de la porte — elle sauta en grognant sur le chat, le houspilla et finit par le poursuivre jusque dans une haie distante de deux cents pieds.*

Je vis cette comédie se jouer deux fois en entier, à plusieurs reprises en partie ; d'autres personnes aussi en furent les témoins. Chaque fois, nous constatâmes la même précaution à s'assurer que « la place était libre », le même rôle imposé à l'un ou à l'autre chat, la même indignation feinte et la même tentative d'accuser par gestes le chat d'être le voleur.

J'étais fondé, me semble-t-il, à conclure que Judy reconnaissait le tort du chat qui allait voler sur la table, qu'elle l'instiguait à cette violation de son devoir et qu'elle simulait la colère afin de lui endosser la responsabilité, dont la notion était présente à son esprit.

La place et le temps me manquent pour vous donner d'autres détails sur son caractère. Cette chienne était un type extrême, mais j'ai eu d'autres animaux qui, comme elle, reconnaissaient plus ou moins leur devoir ou « l'obligation morale » à titre de chose exigée par un supérieur, tout en ne s'en acquittant que par pur espoir d'une récompense ou par crainte d'un châtiment, parfois par suite de cette forme de la prédilection (qui n'est pas de la sympathie), qui provient de la jouissance ou du profit que l'objet fournit au « sujet qui témoigne la prédilection ». Dans tous les cas, l'idée du devoir, de la justice, de « l'obligation », était le produit de l'égoïsme. Je les rangeais dans la catégorie du devoir « égoïstement moral », conventionnel-moral, d'une morale à la mode ou d'usage, bref du « Judyisme » tout court.

Je passe à une analyse succincte du « sens du devoir » ou de « l'obligation » chez mon chien Punch, un autre de mes sujets d'étude. J'ai déjà donné sur lui des détails sommaires. Il ne consent à faire de mal à aucun être animé, ni à aucun objet dont la forme atteste que cet objet a reçu une façon. En voici l'exemple le plus frappant : je ne suis jamais parvenu à le déterminer à me mordre, ni même à me menacer, quand je faisais l'expérience de lui causer des souffrances vives et prolongées en comprimant ou même en piquant les nerfs sous-cutanés. Mordu par d'autres chiens, même avec violence, il ne les mord pas. Je découvre dans cette conduite un « sens du devoir » ou de « l'obligation », qui diffère

22

spécifiquement de toutes les variétés de cette notion que j'ai dénommées le Judyisme.

Je me demande pourquoi il ne mord jamais ?

Étant données les relations qui existent entre nous, il n'a certainement pas peur de moi. J'apprécie trop son mérite comme « sujet » précieux pour faire la sottise de lui inspirer de la peur. Je ne songe pas plus à le maltraiter, qu'un électricien ne songe à manier avec rudesse son électroscope le plus délicat. Nous sommes en rapports si intimes que, si le chien désire se faire ouvrir la porte ou retirer une épine ou un insecte, il vient à moi — à mon pupitre, — se dresse, pose sa patte droite sur mon bras et me touche l'épaule de la patte gauche jusqu'à ce que je m'occupe de lui. Aussitôt il me montre ce qu'il veut et, s'il s'agit d'une épine ou d'un insecte, il indique, à moins d'un pouce de distance, l'endroit où ils se trouvent placés.

On dira peut-être qu'il ne me fait pas de mal parce qu'il a foi ou confiance en moi, et qu'il pense que je ne le fais pas souffrir volontairement. A première vue, cela paraît admissible, et cette hypothèse est d'autant plus vraisemblable, qu'à l'âge d'un an, un garde-chasse lui logea, à quelques pas, dans la tête et le corps, une trentaine de grains de plomb que j'ai extraits moi-même. Le souvenir de cette opération lui fait sans doute considérer la pression de mon couteau comme une opération curative.

Mais que devient cette explication en présence de sa conduite envers mon appuie-main qu'il respecte dans des circonstances où il mettrait en pièces un bâton non taillé ? Ce n'est pas par lâcheté qu'il n'use pas de représailles envers un autre chien, qui l'a mordu. Attaqué, il pousse un aboiement de reproche, comme lorsque nous jouons trop rudement, mais il ne consent pas à s'enfuir. Je ne parviens jamais à le faire s'éloigner, ce qui lui vaut d'être souvent mordu cruellement. Un incident survenu il y a quelques jours éclaire d'une lumière plus vive l'idée de « justice » telle qu'elle existe dans l'esprit de Punch ou Monkey, les deux noms auxquels il répond indifféremment. Je suivais la rue très étroite de West-Appledore, quand un chien beaucoup plus grand se jeta sur lui et le mordit si violemment à la tête que le sang coula. Pour la première fois de sa vie, du moins à ma connaissance, Punch résista, mais d'une résistance savamment combinée à la quaker. Il saisit fortement son assaillant par la patte au-dessus du talon et souleva celle-ci de façon à le maintenir dans un état d'équilibre instable. L'autre chien ne bougeait pas, craignant évidemment de tomber sur le dos et de se mettre ainsi à la merci de Punch. Il ne souffrait pourtant pas, car Punch ne le mordait pas et se contentait de le maintenir vigoureusement. A la fin, l'assaillant essaya de tourner la tête pour mordre ; Punch para l'attaque en soulevant de plus en plus la jambe et en tournant de manière à la maintenir dans la même ligne, mais opposée à la tête de son adversaire, et à garder toujours sa distance. Au bout de deux minutes, je dus intervenir à cause de l'approche d'une charette. Le chien s'éloigna la queue basse, tandis que Punch se mit à sauter et à rebondir comme une balle, témoignant sa joie par des aboiements bruyants.

Des centaines d'exemples analogues m'ont convaincu que ce chien a dans l'esprit un sens du devoir d'un *genre* absolument *différent* de celui que j'ai exposé sous le nom de *Judyisme*. C'est en réalité le « Faites à autrui ce que vous voudriez qu'on vous fît ». J'ai observé cette espèce du sens du devoir, de l'obligation ou de la moralité chez de nombreux animaux, et j'ai donné à ce *genre* le nom de « Sens Rectal du Devoir », et divisé la moralité en moralité *égoïste*, émotionnelle, de clique ou à la mode, ou Judyisme, et en moralité rectale.

Je n'ai jamais rencontré deux autres types aussi extrêmes de la prédominance de l'un ou de l'autre de ces genres de motifs. La plupart des animaux sont déterminés à la fois, mais dans des proportions variables, par les deux espèces du sens du devoir, quelques-uns ne le sont que par la moralité « égoïste ou à la mode » ; quelques rares individus paraissent presque réfractaires à l'un et à l'autre et forment la catégorie absolument « immorale ». Tout ce que je puis induire de mes observations sur les animaux, c'est que la division du « sens du devoir » en sens rectal et en sens conventionnel, comprend tous les cas et n'en omet aucun. Tous les actes qui impliquent la reconnaissance d'une « obligation », rentrent dans l'une ou l'autre de ces catégories.

L'animal diffère remarquablement selon le sens du devoir qui prédomine et l'espèce de moralité qui règle sa vie. Si c'est le sens rectal, on peut se fier à lui ; si c'est le sens conventionnel, il faut s'en méfier, car il est versatile et changeant. En plus de ce qui se rapporte à la conduite extérieure, j'ajouterai, qu'à mon avis, la moralité conventionnelle agit comme dissolvant de l'esprit ou du sens moral. J'ai fait cette observation sur les animaux, mais je n'ai pas pu la pousser aussi loin que je l'aurais voulu. (Question : Je présume que toute consistance de caractère est basée sur le sens rectal du devoir ; le sens « conventionnel » a plutôt le caractère d'une habitude mentale acquise.)

Par contre, pour employer la phraséologie philosophique, le sens rectal du devoir est, chez les animaux, une force agissante. La moralité rectale grandit avec le temps. Quelques théologiens pourraient l'appeler une force de « régénération » ou de salut. (Ceux qui pensent que la profession d'un *credo* est la seule force sanctifiante ne

lui attribueraient peut-être que la valeur de « l'obligation » conventionnelle ; peut-être même, dans certains cas, lui attribuent-ils
une valeur inférieure.)

· Quant à l'origine du sens rectal du devoir ou de la moralité rectale,
tout ce que mes observations me permettent d'affirmer, c'est qu'elle
n'est entachée d'aucun égoïsme. Ce sens me paraît se rapprocher
infiniment de la « sympathie » opposée au genre de « sentiment »
que j'ai défini. Chez les animaux supérieurs, ceux qui suivent le
« sens rectal » sont, d'après mes observations, remarquables par
leur aptitude à « se mettre à la place d'autrui », faculté qui est à la
base de la vraie « sympathie ». Leur tendance uniforme est de « faire
ce qu'ils voudraient qu'on leur fît ». Dans la plupart des cas, cette
tendance paraît innée, mais elle se développe avec l'âge.

Je n'ai nulle part vu formuler la division en moralité rectale et en
moralité conventionnelle (mores) de l'idée du devoir et, par suite, de
toute moralité, que des centaines d'observations sur des individus
d'espèces différentes m'ont permis d'établir. *Il est cependant probable
que d'autres observateurs ont noté cette distinction.* La plupart des plus
anciens écrits que je connais, la reconnaissent tacitement. La
reconnaissance de la valeur de la moralité rectale traverse, comme
un filon d'or dans du quartz, la plupart des livres de la *Bible*, ainsi
que les apocryphes de l'*Ancien* et du *Nouveau Testament*; elle
constitue l'élément protagoniste ou « substance centrale et nerveuse »
de la plus grande partie de l'enseignement du Christ. Plusieurs
ouvrages de théologie admettent tacitement cette distinction, quoique je me croie en droit d'affirmer — sauf correction — qu'ils ne
reconnaissent pas suffisamment le fait que la principale, si ce n'est la
seule utilité du sens du devoir « conventionnel » ou de l'obligation
« égoïste » est de prévenir les frottements dans le cours de la vie
humaine.

*Certains animaux (autres que l'homme) suivent non seulement la notion
de « l'obligation » qu'ils ont dans l'esprit, mais les actes des plus intelligents témoignent qu'ils s'attendent à la rencontrer dans l'esprit de certains hommes.*

Au mois d'août 1886, j'étais sorti en voiture et conduisais moi-
même mon poney Prince, tout en discutant avec ma femme une
question scientifique intéressante. Généralement, je ne le guidais
que de la voix, mais dans la chaleur de la discussion, il m'arriva
d'appuyer mes arguments de coups de fouet appliqués sur le flanc
du poney. Le fouet avait une mèche neuve et à nœuds. Au troisième
coup, le poney s'arrêta et tourna la tête pour me regarder. Ma femme
s'en aperçut. « Prince, me dit-elle, vous adresse des reproches : vous
l'avez cinglé fortement. » Dans le cours de la promenade, il a dû
m'arriver de le cingler encore. Lorsqu'on l'eut dételé, je me trouvais

en *dehors de la ligne droite qui le menait à la porte de l'écurie*. Au lieu
d'y entrer tout droit suivant son habitude, il vint à moi, et, après
s'être efforcé à plusieurs reprises d'attirer mon attention, il me
toucha de ses naseaux et porta ceux-ci aussi près que possible des
marques qu'avait laissées le fouet. Il répéta ce manège jusqu'à ce
que je les eusse fait baigner.

Deux mois plus tard, dans une occasion analogue, il tint la même
conduite.

Dans le courant de l'automne de 1886, je fus à Ware avec mon
poney. Sortant d'une boutique, j'allais monter en voiture quand
j'observai que Prince me suivait des yeux. D'ordinaire le domestique
sautait dans la voiture lorsque celle-ci était déjà en marche. Je dis
à ma femme de le faire démarrer. Elle l'essaya en vain, il ne
consentit à se mettre en route que lorsque je fus installé. (L'expérience a été répétée plusieurs fois). Il est curieux de noter le raisonnement compliqué qui déterminait une « obligation » différente
suivant qu'il s'agissait d'un infirme ou d'un homme alerte et vigoureux.

Le même automne, nous allions en voiture de Wearside à Hadham.
Sur la route nous rencontrâmes un groupe d'enfants, dont deux en
vélocipède. Ils occupaient des positions embarrassantes pour nous :
plusieurs enfants se tenaient tout contre la haie à gauche, d'autres
enfants et un des vélocipèdes étaient plus loin à droite, l'autre vélocipède encore plus à droite, ainsi que je l'ai représenté sur le plan

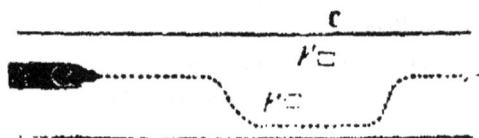

ci-contre : les distances entre C, p^1, p^2 et la haie de gauche étant à
peu près égales. Il y avait largement l'espace de passer entre p^1 et
p^2, mais les enfants formaient un groupe confus et couraient dans
tous les sens : « Voyons, me dit ma femme, si Prince réussira à les
éviter ». Je laissai flotter les rênes. Prince continua d'un trot rapide
jusqu'à 7 ou 8 *yards* des enfants, se mit au pas, prit à droite et
rasa la haie de droite, tournant de plus en plus la tête et s'assurant
qu'il évitait le vélocipède de gauche. Quand il l'eut laissé de 3 *yards*
en arrière, il reprit brusquement le côté gauche de la route [1] et
se remit au trot sans aucune intervention de ma part.

[1] En Angleterre, les voitures prennent la gauche au lieu de prendre la
droite, comme en France. (*Note du traducteur*).

Au mois de novembre 1887, après la mort de ma femme, une parente vint demeurer chez moi et eut à conduire le même poney. Elle était trop sourde pour entendre qu'une voiture allait la dépasser. Assis à côté d'elle, je lui faisais signe de tirer à gauche à l'approche d'une voiture qui gagnait sur nous.

Un jour qu'elle conduisait et que nous gravissions, les rênes flottantes, une côte assez raide sur la route de Ware, j'entendis le camion d'un brasseur qui nous rejoignait. Le conducteur avait bu et nous suivait de près, quoiqu'il y eût largement l'espace voulu pour passer à notre droite. Désireux d'observer ce que ferait le poney, je ne donnai pas le signal accoutumé à ma parente. Il semblait nerveux et agité et tournait la tête de toutes ses forces pour surveiller sa droite. Le camion nous serrait de près, mais le poney ne pouvait voir ni le camion, ni le cheval. Après trois ou quatre minutes d'angoisses (je me sers de ce mot à dessein, car le mouvement des oreilles et la tension des muscles du poney en justifient l'emploi) ne recevant aucune indication, il s'arrêta et se colla contre la haie de gauche. Le camion passé, il reprit un trot accéléré.

Plusieurs expériences répétées à plusieurs jours d'intervalle, me firent constater que lorsque je conduisais, le poney attendait le signal transmis par la rêne gauche; si c'était ma parente, il décidait, d'après le bruit, s'il était temps de pousser à gauche. Si elle tirait à droite, il lui désobéissait. Après un certain nombre d'expériences, j'acquis la certitude que conduit par elle, il se réglerait sur les indications de son ouïe ; elle le conduisit souvent toute seule et le poney prouva qu'il s'était rendu compte de ses nouvelles obligations.

Exemples d'animaux (autres que l'homme) prenant l'initiative d'une coopération morale. Les circonstances déterminent la naissance simultanée de l'idée du devoir.

Dans le courant de l'automne de 1886, j'étais parti de Baker's End pour reconduire en voiture quelques amis. A la descente d'un plateau, nous entrâmes dans un brouillard épais; la lumière des lanternes ne le pénétrait que de six pieds, et le brouillard la réfléchissait comme aurait pu le faire une muraille. A quelque distance de la station de Mardock, la route tourne à angle droit : nous manquâmes absolument le tournant et le poney, donnant en plein contre le talus, se cabra et retomba dans la haie qui le couronnait. Nous descendîmes tous et mes amis continuèrent leur route à pied. Je remis le poney dans la direction de la maison et remontai en voiture : il se mit en marche lentement, mais en pesant sur les rênes au point de presque me les arracher des mains. Comme nous étions habitués à le conduire d'une main très légère à la descente, et que la route descendait, je m'imaginai que les rênes s'étaient prises autour du brancard. Mais, m'étant assuré qu'il n'en était rien, je pris une des lanternes, et m'approchai de la tête du poney, qu'il tenait aussi bas que possible. Je reconnus alors que ses naseaux touchaient presque le dos de Jack, mon chien noir (le père de Punch), et que celui-ci avait le nez sur la route, dans la direction de la maison. Je remontai, dis : « Allez », et abandonnai les rênes, mais comme nous allions au pas, je m'assurais par intervalles, à l'aide du manche de mon fouet, de la distance où j'étais des deux haies qui bordaient la route. Le poney et le chien me ramenèrent sain et sauf dans la cour de ma maison : ils avaient tout le temps gardé le milieu de la route, sauf en un endroit où la route côtoie à droite un ravin profond, dont elle n'est séparée que par un parapet très léger. En ce moment, ils se rapprochèrent à 18 pouces de la haie de gauche, c'est-à-dire du côté opposé au ravin. La nuit était froide et notre allure celle d'un convoi funèbre ; cependant, quand nous arrivâmes dans la cour, le cheval était couvert de sueur, et le chien, tout pantelant, laissait pendre la langue, tant avait été vive l'angoisse où les avait mis le devoir dont ils s'étaient chargés. La route a six tournants resserrés, dont trois à angle droit et dont deux, d'après ma mémoire, qui est très fidèle, n'ont que la longueur du cheval et de la voiture.

Rentrés dans la cour, un épisode me montra l'analogie intime qui existe entre les sentiments des animaux et ceux des hommes placés dans les mêmes circonstances. Le cheval frottait sa tête contre le dos de Jack, tandis que Jack frottait du nez la tête du cheval. Tous deux se félicitaient mutuellement et d'une manière très significative d'avoir mené à bonne fin le devoir qu'ils s'étaient imposé.

Le parallélisme est frappant entre les conclusions que M. Jones tire de ses observations sur les motifs qui font agir les animaux et celles concernant les motifs humains que j'ai énumérées au chapitre IV : « Le Sentiment de la Justice ». Sa distinction entre la « morale rectale » et la « morale conventionnelle » correspond évidemment à la distinction que j'ai établie dans ce chapitre entre le sentiment altruiste et le sentiment pro-altruiste. Il importe d'autant plus de signaler cette correspondance qu'elle tend dans les deux cas à justifier la croyance en une genèse naturelle d'un sentiment moral, même développé. Si la discipline de la vie est capable de produire la pleine conscience du devoir chez certains animaux inférieurs, elle est *a fortiori* capable de la produire chez l'homme.

Plusieurs lecteurs auront remarqué que les anecdotes de M. Jones font songer au dicton : « L'homme est le dieu du chien » et qu'elles prouvent que le sentiment du devoir naît de la relation personnelle du chien envers son maître, de la même manière qu'il naît chez l'homme de sa relation envers son créateur. Cette interprétation est fondée pour les actions des chiens que M. Jones range dans la catégorie « conventionnelle-morale », mais elle ne l'est pas pour celles qu'il appelle « rectales-morales ». Il est particulièrement certain que le sentiment du devoir envers un supérieur ne déterminait pas le chien, qui, mordu, se refusait à mordre et se contentait de mettre son adversaire dans l'impossibilité de le mordre de nouveau : il témoignait ainsi un sentiment purement chrétien que ressent à peine un chrétien sur mille. Ce cas extrême vient à l'appui de la déduction déjà obtenue que son sentiment du devoir était indépendant du sentiment de la subordination.

Mais fût-il vrai qu'un tel sentiment du devoir, quand il existe dans l'esprit peu développé des animaux supérieurs, y est exclusivement engendré par leur relation personnelle envers leur supérieur, il ne s'ensuivrait nullement que dans l'esprit bien plus développé des hommes le sentiment du devoir ne puisse pas se produire en dehors de toute relation personnelle de cette nature. L'expérience nous apprend que dans l'intelligence plus étendue de l'être humain, à côté du motif qui le pousse à s'efforcer de plaire à Dieu, le désir de faire du bien aux autres hommes peut également intervenir à titre de motif : le sentiment du devoir est susceptible de s'associer à ce dernier motif comme au pre-

mier. Il est hors de doute que leur nature contraint beaucoup d'hommes à se vouer avec énergie à des objets philanthropiques, sans aucune préoccupation d'intérêt personnel.
Il s'en trouve qui se considéreraient comme insultés si on
leur disait qu'ils n'ont en vue que la faveur divine.

FIN

TABLE DES MATIÈRES

FIN DE LA TABLE DES MATIÈRES.

SAINT-DENIS. — IMPRIMERIE H. BOUILLANT, 20, RUE DE PARIS. — 6685.

www.ingramcontent.com/pod-product-compliance
Lightning Source LLC
Chambersburg PA
CBHW060124200326
41518CB00008B/925